유아교사를 위한

# 교재 교구 중심의 창의적 교수매체

김영애 · 이형선 지음

창지사

# 머리말

유아교육에서 교재 교구는 교수-학습과정에서 교육내용을 전달하는 매체로서 학습 활동의 질을 좌우하는 중요한 요인입니다. 영유아는 유아교육 현장에서 하루 일과 중 다양한 종류의 교재 교구와 상호작용하고 있습니다. 따라서 유아교사들은 영유아의 발달적 요구와 수준에 적합한 다양한 교재 교구를 제공해줄 필요가 있습니다.

이에 본 서는 예비교사와 유아교육기관의 유아교사들을 위해 다음과 같이 구성하였습니다.

1부에서는 교재 교구에 대한 이해를 돕기 위해 이론적 기초를 다루었습니다.

1장은 교재 교구의 개념 및 중요성을, 2장은 교재 교구의 역사적 배경을, 3장은 교재 교구의 기초이론을, 4장은 발달단계와 교재 교구를, 5장은 교육과정과 교재 교구를, 6장은 교재 교구의 선정과 제작을 다루었습니다. 책의 구성상 각각을 다른 장으로 구성하였으나, 각 장의 내용이 연계될 수 있도록 하였습니다.

2부에서는 영유아를 위한 교재 교구 제작에 있어 창의적 실제 활동을 제시하여, 예비교사와 현장교사들이 이해하고 제작하기 쉽도록 안내하였습니다.

1장은 최근에 영아를 위한 교재 교구가 현장에서 요구된 바, 유아와 구분하여 영아를 위한 교재 교구를 제시하였습니다. 2장은 유아의 발달에 적합한 교재 교구를 생활주제에 따라 제시하였으며, 관련 교구도 함께 소개함으로써 현장 적용의 가능성을 높일 수 있도록 구성하였습니다. 3장은 유아의 문학적 경험과 문해활동을 돕는 문학교수매체를 다루었습니다.

마지막으로 이 책이 나오기까지 도움을 주신 많은 분들에게 감사의 말을 전합니다. 아동문학과 유아교수매체 수업시간에 많은 아이디어를 제안하고 실행하면서 얻게 된 다양한 반응과 결과들이 본 서를 집필한 동기가 되었습니다. 이 자리를 빌어 수업시간에 열정을 다하여 참여해 준 서영대학교와 광신대학교 학생들에게 고마움을 전합니다.

또한 이 한 권의 책이 출간되기까지 오랫동안 기다리고 지지해주신 창지사 김기섭 사장님, 김영식 부장님, 이상대 부장님과 편집부 여러분께 깊이 감사드리며, 모쪼록 본 서가 예비교사와 현장 유아교사들에게 창의적 교재 교구에 대한 좋은 안내서가 되길 바랍니다.

교육은 너무나 위대하고 완성하기 어려운 예술이어서 한 평생을 두고 노력해도 자기 이상의 극점에 도달할 수가 없다고 합니다. 새로운 교육제도를 만드는 것은 이름 높은 교육자이로되 한 인간을 올바르게 이끄는 것은 무명의 교사입니다.

유능한 유아교사가 되기 위해 최선을 다하고 있는 많은 예비교사와 어려운 교육환경에서도 소명을 다하고 있는 모든 현장 유아교사들을 존경하고 사랑합니다.

2015년 8월

대표 저자 김영애

# 차례

# 제1부 교재 교구의 이론적 기초

# 01장 교재 교구의 개념 및 중요성

유아교육에서 교재 교구는 교수-학습과정에서 교육내용을 전달하는 매체로서 학습 활동의 질을 좌우하는 중요한 요인이다. 따라서 본장에서는 교재 교구의 개념, 교재 교구의 필요성과 중요성에 대해 살펴보고자 한다.

## 1. 교재 교구의 개념

교육활동에서 학습자의 학습 효과를 증진하기 위해 각종 매개체를 활용하게 되는데 이를 일반적으로 교육자료(educational materials)라고 하며, 이와 비슷한 용어로 교재 교구, 교수매체 (instruction materials), 교수 학습 자료(teaching learning materials) 등이 함께 사용되고 있다(김은심 외, 2013 : 권옥자 외, 2004 : 오연주 외, 2003). 교재 교구에서 교구란 교육활동에서 매체를 제시하는 구체물로서 유아들이 학습할 내용과 활동을 연결하여 학습목표를 달성하기 위한 내용을 여러 가지 형태로 제시하는 데 쓰이는 물품이라 할 수 있다. 이에 반해 교재란 교육목표를 달성하기 위해 유아들이 학습할 내용이며 각종 정보 제시 기기를 통하여 제시되는 교수자료로 볼 수 있다. 즉, 교재는 교수내용 그 자체가 담겨 있는 소프트웨어(soft ware)라 할 수 있고, 교구는 교수내용을 제시해 주는 하드웨어(hard ware)라 할 수 있다. 예를 들면, 녹음기 자체나 융판은 교구가 되고 동물들의 소리가 녹음된 녹음테이프나 동물그림은 교재가 된다(김정원 외, 2009).

그러나 교구 자체가 학습의 내용이 될 수 있으므로 교재와 교구를 명확히 구별 짓는 것도 어려운 일이다. 결국 교재 교구란 유아의 성장발달에 도움을 주는 모든 자료로서 교사가 주도하는 집단 활동, 자유선택활동 시간의 개별 활동, 그리고 실외활동 등에서 사용되고 필요로 하는 것들이라 할 수 있다. 즉, 유아들의 놀이 환경에 제공되는 모든 놀잇감이나 환경구성 자료, 그림 자료, 실물, 장난감 등을 포함한다.

## 2. 교재 교구의 필요성 및 중요성

유아기의 발달 특성상 유아들은 주변 환경에 대해 끊임없는 흥미와 호기심, 왕성한 활동성을 가지고 탐색하고 반응하며 감각 운동적 경험으로 주변세계를 이해하게 된다. 그러므로 효과적인 교육과정 운영 및 최적의 교육환경 구성을 위하여 양적으로 충분하고 질적으로 좋은 교재 교구뿐만 아니라 교재 교구의 적절한 활용이 필요하다.

### 1) 교재 교구의 필요성

유아의 특성과 관련하여 교재 교구의 필요성을 살펴보면 다음과 같다(오연주 외, 2003 : 이대균 · 송정원, 2001).

#### (1) 유아는 사물과 상호작용의 경험을 통해 배운다.

유아는 호기심을 갖고 물체를 직접 만져보고, 냄새 맡고, 두드려 보고, 관찰하고, 움직이는 과정을 통해 많은 것을 배운다. 유아의 이러한 특성에 맞도록 구체적인 경험을 줄 수 있는 풍부하고 다양한 교재 교구가 필요하다.

### (2) 유아는 자신이 살고 있는 주변 세계에 대해 흥미를 가지고 있다.

주위의 자연과 사물, 인간관계, 주변에서 일어나는 사건에 대해 관찰하고 참여해 볼 수 있는 경험이 필요하다. 주변의 동물이나 식물, 표본 자료, 그림 자료, 역할놀이 자료, 실제 상황을 축소 모형화한 게임자료, 동화와 동시자료 등이다.

### (3) 유아는 발달의 개인차가 있다.

유아는 발달수준이 각각 다르므로 유아에 맞는 다양한 교재 교구가 필요하다. 자유선택활동 시간에 유아의 개별 학습을 위해, 교사와 유아가 상호작용하는 데 도움을 줄 수 있는 교재 교구를 제공해 주어야 한다.

### (4) 유아는 끊임없는 에너지를 가지고 있다.

유아는 자신의 에너지를 발산시키기 위해 놀이를 하며, 놀이를 하기 위해 놀이터와 적절한 놀잇감이 필요하다.

### (5) 유아는 주의집중력이 짧다.

유아는 어른보다 집중력이 짧다. 이러한 유아의 관심과 흥미를 유발하기 위해서는 매력적인 교재 교구들이 필요하다.

이와 같이 교사는 유아에게 적합한 다양한 교재 교구를 제공해 주어야 하며, 유아는 자신의 능력이나 흥미에 맞는 교재 교구를 선택하여 놀이하는 동안 개념을 습득하게 되며, 문제해결력을 기르고, 타인을 이해하게 된다.

## 2) 교재 교구의 중요성

효과적인 교육을 실시하기 위해 학습목표가 설정되고 목표를 달성하기 위한 학습내용이 구성되면, 어떤 방법으로 학습내용을 학습자에게 전달하는 것이 효과적인지

가 매우 중요하다.

이때 교사는 교수전략으로 교사가 일방적으로 가르칠 것인지, 학습자 스스로 탐구하도록 할 것인지, 그 중간의 균형적 방법을 사용할 것인지를 결정해야 한다. 학습방법이 결정되면 그 이후 교재 교구의 선정이 중요한 과제가 된다.

교재 교구의 교육적 기능은 매개적 보조 기능, 정보 전달 기능, 학습경험 구성 기능, 교수 기능 등 네 가지로 나누어 볼 수 있으며, 각 기능을 설명하면 다음과 같다(권옥자 · 유혜숙, 1999).

**매개적 보조 기능**은 교사가 학습자를 가르칠 때 보조 수단으로 교재 교구를 사용하는 것으로 교재 교구를 사용하면 교사와 학습자가 의사소통을 보다 원활하게 할 수 있으며, 학습 시간을 줄일 수 있어 수업을 좀 더 효율적으로 수행하게 된다.

**정보전달 기능**은 매체가 지닌 여러 가지 장면, 시 · 공간을 초월하고 다감각적으로 정보를 전달할 수 있는 능력을 수업 상황에서 학습 내용과 학습자의 특성에 맞게 효과적으로 이용하는 것이다.

**학습경험 구성 기능**은 학습자는 교재 교구를 통해서 학습을 할 수도 있지만 교재 교구 자체를 학습 대상으로 삼아 기능적인 경험을 습득할 수 있다는 것이다.

**교수 기능**이란 교재 교구를 효과적으로 활용하여 학습자의 지적 기능을 개발시키는 것으로 다음과 같이 설명할 수 있다.

첫째, 교재 교구는 주의 집중을 할 수 있도록 동기를 유발하며 둘째, 교재 교구는 학습을 촉진시켜 주고 지적 활동을 원활하게 하고 셋째, 교재 교구는 지각, 인지, 표현 능력을 증진시켜 줄 수 있기 때문에 적절하게 사용한다면 교수 기능을 효율적으로 수행할 수 있게 된다.

유아교육에서 교재 교구가 갖는 교육적 가치는 유아의 학습 방식과 유형에서 찾아볼 수 있다. 즉, 유아는 직접 만져 보고, 흔들어 보고, 냄새 맡아 보는 등 감각적이며 직접적인 경험을 통해서 배우기 때문에 유아에게 이러한 구체적인 경험을 줄 수 있는 풍부하고 다양한 자료가 제공되어야 한다.

또한 유아의 활동 형태는 개별화 소집단 활동을 강조하기 때문에 이와 같은 활동이 쉽게 이루어질 수 있도록 교사는 교사 · 유아가 상호작용하는 데 매개적 역할을 할 수 있는 적절한 교재 교구를 제공하여야 한다.

교육 환경에서 교재 교구는 매우 중요한 요소이므로, 교사는 자신이 맡고 있는 유아들의 연령, 발달 단계 및 특성, 진행되는 주제 등을 고려하여 교재 교구를 제작하고 준비하여야 한다.

그렇게 함으로써 유아들은 자신의 능력이나 흥미에 맞는 교재 교구를 선택하여 활동하는 기회를 갖고 다양한 교재 교구를 통해 경험하고, 느끼고, 상호작용하는 동안 개념을 습득하고, 다른 사람의 생각을 이해하며, 자신을 표현해 보는 기회를 갖게 된다.

유아교육에서 교재 교구의 중요성을 살펴보면 다음과 같다(이현경 외, 2009 : 한성희 · 임연진, 2005 : 이대균 · 송정원, 2001).

### (1) 교재 교구는 교육의 내용과 질을 결정한다.

활동의 내용과 유아들의 발달에 적합한 교재 교구는 교사와 유아, 유아와 유아 간에 효과적인 상호작용이 이루어지도록 돕는 기회가 된다. 따라서 유아는 자발적으로 교재 교구를 활용함으로써 교육내용을 접하게 되고, 유아들의 활동이 극대화될 수 있다.

### (2) 교재 교구는 유아의 활동을 유발시키고 자극한다.

교재 교구를 통해 유아들은 활동에  흥미를 느끼고, 반복하게 된다. 따라서 행함으로써 배울 수 있도록 하며, 자발적으로 활동할 수 있도록 하여 자기 주도적 학습이 일어나게 한다.

### (3) 교재 교구는 유아의 활동을 심화, 확장한다.

교재 교구 활동을 통해 유아는 활동의 내용에 대해 이해하고 활동방법도 습득하여 새로운 것을 알아보려고 하는 동기를 가지게 된다.

### (4) 교재 교구는 유아의 전인적 성장과 발달에 도움을 준다.

유아의 놀이와 학습은 분리될 수 없다. 유아는 놀이를 통해 배우기 때문에 놀이가 곧 학습이다. 따라서 유아의 호기심을 자극하여 다양한 놀이 활동을 이끌어 낼 수 있는 다양한 교재 교구가 제공되어야 한다.

#### ① 교재 교구는 언어를 발달시킨다.

교재 교구를 활용할 때 유아에게 활동방법을 언어적으로 소개하게 되며, 활동 중에 교재 교구-유아, 유아-유아, 유아-교사 간에 상호작용이 빈번히 일어나게 되어 결과적으로 유아의 언어발달에 도움을 준다.

#### ② 교재 교구는 신체 및 감각 능력을 발달시키며, 감각 욕구를 충족시킨다.

유아가 교재 교구를 가지고 직접 조작하고, 냄새 맡고, 흔들고, 맛보고, 소리를 들어보고, 관찰해 보고, 신체로 활동해 보는 등 구체적으로 경험을 하는 기회를 갖는다.

#### ③ 협동과 이해, 양보 등 사회성을 발달시킨다.

유아들은 교재 교구 활동을 통해 규칙을 지키고, 차례를 지킬 줄 알며, 양보하고 협동하는 방법을 알게 되고, 교재 교구 사용 후 정리, 정돈 활동 등을 통해 자연스럽게 사회성이 길러진다.

#### ④ 교재 교구를 활용함으로써 창의성과 예술성 및 표현능력을 기른다.

표현활동 교재 교구란 미술, 음률, 극화, 문학 활동에서 사용되는 도구, 자료, 그림 그리기, 만들기 도구와 자료, 악기, 신체표현에 활용되는 리본, 끈, 스카프, 후프와 동극, 인형극에 필요한 가면, 인형, 동화구연에 활용되는 동화, 구연자료 등을 말한다, 도구나 주위에서 쉽게 구할 수 있는 사물을 통해 적절하고 창의적인 경험을 할 수 있다.

# 02장 교재 교구의 역사적 배경

유아교육에서 교재교구의 필요성은 여러 학자들에 의해 주장되어 오늘에 이르게 되었다. 본 장에서는 이들 학자 중 대표적인 코메니우스, 프뢰벨, 몬테소리 이론에 대해 살펴보고자 한다.

## 1. 코메니우스(Johann Amos Comenius, 1592~1670)

문예부흥과 종교개혁은 중세기적인 성인의 축소판으로서의 아동이 아닌 새로운 아동관을 갖게 하였다. 종교개혁은 권위주의적 교회에 대항하는 일련의 변화과정 속에서 특히 모든 계층의 사람에게 교육기회를 주고, 교육을 통한 사회개혁이 시도되었다(김신옥 외, 2006 : 오연주 외, 2003 : 이대균 · 송정원, 2001).

최초의 체계적인 교육학 저서로 알려져 있는 『대교수학(The Great Didactic, 1632)』에서 코메니우스는 조국의 해방과 세계평화 실현이라는 목표를 달성하기 위하여 모든 청소년을 체계적으로 교육해야 함을 주장하고 이를 위한 교육제도와 교수, 학습방법을 소개하였다.

『대교수학』은 인간의 발달단계에 따른 적절한 교수방법과 유아교육부터 대학교육에 이르는 교육제도를 다루었다. 특히 어머니와 보모를 위한 교육지침서인 『유아학교(Schola Ludus), 1654』 에서는 6세까지의 어린 자녀들은 어머니에 의해 교육을 받아야 함을 강조하고 교육방법은 자연질서에 따르는 것이어야 한다고 주장하였다. 즉, 유아기에는 실물을 통한 감각교육이 중요하며 감각에 의하지 않고 지성에 이르는 것은 없다는 입장에서 감각적 직관을 강조하였다(정확실 역, 1998).

이러한 맥락에서 사물과 언어를 통합하여 짧은 시간에 흥미있고 정확한 지식을 감각에 의해 얻도록 많은 사물의 그림이 포함되어 있는 『세계도회(Orbis Sensualium Pictus, 1658)』를 저술하였다. 이 책은 세계 최초의 그림을 이용한 교수방법을 적용한 것으로 감각을 통해서 지식을 얻고 이해할 수 있다는 교육신념을 반영하였으며 현대 시청각 교육의 효시로 평가되고 있다(김은경 · 이경영 역, 1998) (그림2-1 참조).

『세계도회』는 유아용 그림책으로서 '그림으로 보는 세계'라는 뜻을 지니고 있는 라틴어 교재이다. 그는 어린이들에게 라틴어를 가르치기 위해서 라틴어 교과서에 그림을 글과 함께 삽입함으로써 어린이들이 보다 쉽게 책의 내용을 이해할 수 있도록 배려하였다. 그는 어린이를 위한 책에 그림을 도입한 세계 최초의 인물로서 '세계도회'는 세계 최초의 감각을 사용한 교재라고 할 수 있다(차춘희 외, 2003).

( 1 )

Orbis Sensualium Pictus,

A World of Things Obvious to the Senses drawn in Pictures.

Invitation. I. Invitatio.

| *The Master and the Boy.* | *Magister & Puer.* |
| --- | --- |
| M. Come, Boy, learn to be wise. | M. Veni, Puer, disce sapere. |
| P. What doth this mean, *to be wise?* | P. Quid hoc est, *Sapere?* |
| M. To understand rightly. | M. Intelligere recte, |

〔그림2-1〕『세계도회(Orbis Sensualium Pictus, 1658)』

코메니우스는 17세기에 보편적으로 이루어지고 있던 엄격하고 추상적인 주입식 방식을 비난하고 자연성 개발에 적합한 인간적이고 실물 경험 중심의 교육방법을 제시하였다.

## 2. 프뢰벨(Fridrich Wihelm August Froebel, 1782~1852)

프뢰벨은 독일에서 출생하였으며, 코메니우스의 모친학교 사상, 루소의 자연주의교육 및 페스탈로치의 교육방법으로부터 많은 영향을 받았다(이기숙 외, 2013).

프뢰벨은 인간이 가지고 있는 신성은 활동, 창조, 노동이며, 어린이의 신성은 놀이를 통하여 나타난다고 하였다(곽노의, 1996). 놀이를 가장 순수한 정신적 활동으로, 인간 발달을 좌우하는 중요한 요소로 보았다. 프뢰벨은 페스탈로치의 노작교육을 받아들여 인간의 생산적인 활동의 의미와 가치를 인정하고 신성한 자신의 내적 본질을 구체적인 행위를 통하여 표현하도록 도와주어야 한다고 하였다.

프뢰벨의 교육 목적은 인간, 자연 그리고 신의 통합론이다. 즉, 인간에게 내재한 신성을 충분히 전개시키는 것이 교육의 본질이다. 이 신성은 곧 창조성이고 어린이의 성장은 이 창조성인 활동성에 의하여 이루어진다. 따라서 어린이의 성장은 신성의 발현으로, 어린이 속에 위치한 그 신성은 자유스러운 교육, 자발적 자기 활동, 노작 활동에 의해서 실현되는 것이라고 하였다(이상현, 2015).

프뢰벨은 체계적이고 조직적인 면에서 최초의 교육적 놀잇감인 '은물(gabe -신이 내린 은혜로운 선물, 1838년)'을 고안하였다. 유아들이 은물로 신과 인간과 자연에 대한 합일을 느낄 수 있으며, 유아들의 왕성한 창조적 활동을 만족시켜 줄 수 있다고 보았다. 은물은 완성된 교구가 아니라 도형의 가장 기본적인 모양으로 되어 있어 유아들이 스스로 만들도록 되어 있다.

프뢰벨은 은물과 함께 작업을 고안하였으며, 은물과 작업을 통해 유아들의 정신을 제대로 발현시킬 수 있다고 하였다. 은물은 시대가 변천함에 따라 여러 형태로 바뀌고 있으나 기본 형태인 최초 10종류를 살펴보면 다음과 같다(조성자 · 정동희, 2008 : 오연주 외, 2003 : 김정규 외, 2002).

## 1) 은물

은물은 10종류이고, 형태, 면, 선, 점의 순으로 되어 있다.

### ■ 제1 은물

• 구성

빨강, 주황, 노랑, 초록, 파랑, 보라색의 끈 달린 공 6개, 끈 없는 공 6개, 총 12개

• 특징

프뢰벨은 어린이에게 주는 놀잇감은 단순하고 기본적인 형태가 이상적이라고 보았으며, 은물의 기본은 구(공)이다. 구는 가장 완전한 전체로서 통일성을 지니고 있어, 아동을 주위 환경과 연결시키는 가장 좋은 상징물이다.

1은물은 부드러운 털실로 된 지름 5cm의 색깔 있는 공 12개로 구성되어 있으며, 이 중 6개는 끈이 달린 공이고, 나머지 6개는 끈이 없는 공이다.

아동은 끈이 없는 둥근 공을 만지고 굴리면서 공의 형태에 대해 이해하게 된다. 또한 끈 달린 공을 가지고 빙빙 돌려 보고 상, 하로 움직이면서 공간에서 보이는 공의 모습을 관찰하고 공에 대한 다양한 사고를 촉진하게 된다.

〔그림2-2〕 제1 은물

## ■ 제2 은물

### • 구성

구, 원기둥, 정육면체, 고리 달린 구, 고리 달린 원기둥, 고리 달린 정육면체, 받침 1개, 기둥 2개, 들보 1개, 기둥 2개, 고리 달린 실 3개, 놀이막대 2개

### • 특징

2은물의 구와 원기둥, 정육면체는 모든 형태의 기본이 된다. 이 세 가지 형태는 각기 독립된 완전한 것이기도 하지만 전체로서 통일을 이루고 있다.

2은물에서는 구의 성질에 대해 더욱 확실히 알 수 있게 될 뿐만 아니라 여러 가지 통일의 원리를 이해할 수 있다. 또한 2은물에서는 평면과 각을 갖고 있는 정육면체도 만날 수 있다. 정육면체는 동적인 성질을 가지고 있는 구와 달리 항상 정지상태를 유지하고 있다.

〔그림2-3〕 제2 은물

## ■ 제3 은물

### • 구성

한 변의 길이가 2.5cm인 정육면체 8개

• 특징

3은물은 2은물의 정육면체를 가로, 세로, 위. 아래로 자른 8개의 작은 정육면체로 이루어졌다. 1은물은 아동의 자발적인 행동을 유발시키고, 이어 2은물이 공간적 형태의 다양성으로 이끈다면 3은물은 비로소 프뢰벨의 놀이정신을 규정하는 신비한 수학적 법칙성과 아름다움을 보여주고 있다. 3은물을 통해 유아의 사고력, 상상력, 수개념, 미적 감정 등을 기르고, 자기활동을 활발히 하여, 자유롭게 창작 활동을 증진시킬 수 있다.

3은물은 쉽게 분해하고 쉽게 맞출 수 있으며, 이를 통해 부분과 전체를 이해할 수 있다. 또한 분해된 형태로부터 새로운 형태를 창작할 수 있어 아동의 상상력과 창의성을 기를 수 있다.

〔그림2-4〕 제3 은물

## ■ 제4 은물

• 구성

직육면체 8개

• 특징

4은물은 직육면체 8개로 이루어져 있다. 4은물의 직육면체는 서로 다른 세 가지 면을 가지고 있어서 3은물보다 복잡하고 실제에 가까운 건축을 할 수 있다. 4은물 전체의 모양은 정육면체이지만 부분의 모양은 직육면체이다. 정육면체에서 직육면체를 만들어 내고 직육면체를 모아서 다시 정육면체를 만들어낸다. 이것은 정육면체를 새로운 각도에서 관찰하는 경험으로, 앞으로 점점 복잡해져가는 정육면체의 분해를 이해할 수 있는 한 단계가 된다.

이러한 경험을 통해 은물은 아동의 심성 발달과 함께 알고자 하는 아동의 욕구와 사고력과 상상력 발달에 큰 도움을 줄 것이다.

〔그림2-5〕 제4 은물

## ■ 제5 은물

### • 구성

정육면체 21개, 큰 삼각기둥 6개, 작은 삼각기둥 12개

### • 특징

3은물 4은물을 경험한 유아는 더 복잡하고 아름다우며 실제에 가까운 것을 원하게 된다. 이러한 점에 착안하여 만들어진 것이 5은물이다. 5은물은 3은물 4은물의 정육면체보다 가로, 세로, 높이가 2.5cm 더 큰, 가로와 세로가 7.5cm인 정육면체이다.

먼저 이것을 잘라 작은 정육면체 27개를 만들고, 그 중 3개의 정육면체를 대각선으로 한 번 잘라 삼각기둥 6개를, 이중 3개의 정육면체를 대각선으로 두 번 잘라 작은 삼각기둥 12개를 만들었다. 아동은 5은물을 가지고 놀면서 삼각기둥을 경험하게 되며,

삼각기둥으로 지붕 등 건축물의 뾰족한 부분을 표현할 수 있게 되어 건축 은물로서의 깊은 흥미를 가지게 된다.

5은물은 길이나 높이, 두께가 충분하고 다양한 모양을 가지고 있기 때문에 좀 더 실제에 가까운 건축물을 만들 수 있다.

〔그림2-6〕 제5 은물

## ■ 제6 은물

### • 구성

정육면체 18개, 작은 직육면체(받침) 12개, 기둥 6개

### • 특징

6은물은 8개의 직육면체로 구성된 4은물에서 발전한 것으로 크기는 5은물과 같은 가로 세로가 7.5cm인 정육면체이다. 이러한 6은물을 가로, 세로, 위, 아래로 잘라 4은물과 같은 크기인 직육면체 27개로 만들었으며, 이 직육면체 중에서 3개를 세로로 나누어 기둥 6개를, 직육면체 6개를 가로로 나누어 받침 12개를 만들었다. 6은물에서는 직육면체를 잘라 만든 기둥과 받침을 볼 수 있는데, 이 기둥과 받침을 사용하여 공간을 가지는 아름답고 이상적인 건축물을 만들 수 있다. 6은물 놀이 활동을 통해 아동은 자신이 가지고 있는 여러 가지 욕구를 만족시키게 되고 지적인 성숙을 할 수 있다.

〔그림2-7〕 제6 은물

## ■ 제7 은물

### • 구성

여러 가지 색의 정사각형, 마름모, 원, 반원, 정삼각형, 직각이등변삼각형, 직각삼각형, 둔각이등변삼각형

### • 특징

7은물은 지금까지 입체의 한 요소로만 다루어졌던 면을 독립시킨 평면도형으로 구성되어 있다. 7은물은 정사각형, 마름모, 원, 반원, 정삼각형, 직각이등변삼각형, 직각삼각형, 둔각이등변삼각형의 8가지 도형으로 이루어져 있다. 2.5cm인 정육면체의 면인 정사각형을 기본으로 하여 이를 대각선으로 자른 직각 이등변 삼각형과 각을 다양하게 하여 정삼각형, 직각삼각형, 둔각이등변삼각형으로 이루어졌다. 7은물은 정삼각형 두 개를 맞붙인 형태인 마름모와 2은물 원기둥에서 원, 그리고 원을 반으로 자른 반원을 포함하고 있다.

7은물은 이러한 8개의 평면도형으로 여러 가지 실물놀이와 무늬놀이가 가능하며, 8가지의 다양한 색깔을 가지고 있어 색채 감각과 미적 감각도 기를 수 있다. 또한 아동은 7은물을 통해 여러 가지 모양과 수를 경험하게 되어 아동의 지식과 창조력을 발전시킬 수 있다.

〔그림2-8〕 제7 은물

## ■ 제8 은물

### • 구성

여러 가지 색의 (2.5cm, 5cm, 7.5cm, 10cm, 12.5cm, 15cm) 6종류의 막대

### • 특징

8은물의 막대는 입체의 모서리와 면의 변을 통해 경험한 선을 구체적으로 표현하고 있다. 8은물은 2.5cm, 5cm, 7.5cm, 10cm, 12.5cm, 15cm의 길이가 다른 6종류의 막대로 구성되어 있다. 8은물의 길이를 비교하면서 길이의 차이를 이해할 수 있으며, 분수 등의 수학적 지식을 익힐 수 있다. 또한 선이 만나 각을 이루고 면을 이룬다는 것을 경험할 수 있다.

8은물은 8가지 색깔로 이루어져 있어 사물을 구체적으로 표현하거나 무늬를 꾸미며 관찰력과 미적 감각을 기를 수 있다. 8은물의 많은 수량은 유아의 다양한 생각을 자유롭게 펼칠 수 있는 기회를 제공한다.

〔그림2-9〕 제8 은물

## ■ 제9 은물

### • 구성

여러 가지의 색 (2.5cm, 3.75cm, 5cm 3종류)의 고리와 반고리

### • 특징

9은물은 1은물 2은물에서 경험한 원을 구체적인 곡선으로 표현한 고리다. 9은물은 6가지 색깔의 2.5cm, 3.75cm, 5cm의 세가지 종류의 고리와 고리를 반으로 나눈 반고리로 구성되어 있다. 세 가지 크기의 고리와 반고리를 사용하여 직선으로 표현하기 힘들었던 동물과 사물들을 사실적으로 표현할 수 있다. 그리고 9은물은 나무로 제작되어 차가운 쇠의 느낌보다 더 따뜻한 느낌을 준다. 이것은 유아의 정서 발달에 있어 적합한 교구 형태라 할 수 있다.

〔그림2-10〕 제9 은물

## ■ 제10 은물

### • 구성

점

### • 특징

10은물은 모든 형태의 기본이 되는 요소로 형체는 없고 위치만 있는 '점'을 나타내

고 있다. 10은물은 작은 8색의 점으로 구성되어 있으며, 10은물 점을 통해서 점과 점을 이으면 선을 만들 수 있고, 선을 이어 면을 이룰 수 있음을 알게 된다. 또한 점을 이어가면서 형태를 만들고, 많고 적음을 측정하고, 수와 연산을 이해하게 된다. 10은물 점은 크기, 전체와 부분, 위치와 수량, 길이와 크기를 경험하게 하여 아동의 수학적 사고 발달에 도움을 주는 교구라 할 수 있다.

점의 기본 형태와 유사하게 만든 것으로 모든 사물의 기본이 되는 형태인 점을 통해 아동의 다양한 사고를 무한하게 펼칠 수 있다. 이렇듯 10은물 점은 우리가 상상한 것 이상으로 아동의 상상력과 창의력을 자극하고 아동의 발전적 사고에 지대한 공헌을 할 수 있는 교구이다.

〔그림2-11〕 제10 은물

출처:한국슈테른 에테르 가베(www.stern.co.kr)

### 2) 작업

프뢰벨은 은물 외에 10개 작업을 독창적으로 고안하였으며, 종류는 다음과 같다.

- 제1 작업: 종이에 구멍 뚫기(pricking)
- 제 2작업: 종이에 바느질하기(sewing)
- 제 3작업: 그림 그리기(drawing)
- 제 4작업: 엮기, 뜨기, 짜기(inter lacing, inter twining, weaving)
- 제 5작업: 종이접기(paper folding)

- 제 6작업: 종이 자르기와 붙이기(paper cutting and pasting)
- 제7 작업: 콩 세공(pease work)
- 제8 작업: 판지 공작(cardboard modeling)
- 제9 작업: 모래놀이(sand play)
- 제10 작업: 찰흙놀이(clay modeling)

## 3. 몬테소리(Maria Montessori, 1870~1952)

몬테소리는 이탈리아의 의사로서, 정신지체아에 대한 교육방법에 관심을 가졌으며, 이들에게 적용한 지도법을 정상 아동에게도 적용하여 몬테소리 교육방법을 발전시켰다(유재봉, 2005). 정신지체와 정신병 사이에 구분이 뚜렷하지 않았던 당시에 의료적 접근보다 교육적 접근을 통하여 이들을 치료하고자 하였으며, 시설에 수용된 지체아들이 경험에 굶주려 있는 정도를 보고 깊은 인상을 받았으며, 만일 올바른 방법을 사용한다면 그들의 교육적 잠재력을 계발시켜 줄 수 있다고 생각하였다. 그녀는 의사이며 정신지체아 교육의 선각자인 이따르(Itard)와 세겡(Seguin)의 영향을 받아 감각을 통한 학습방법을 발전시켰다. 이후 로마대학에 재입학한 후 교육학을 연구하면서 루소, 페스탈로치, 프뢰벨의 영향을 받아, 아동의 자연적인 성향에 따르는 교수법을 발전시켰다(신화식, 2007).

몬테소리는 1907년 로마시 빈민가의 한 구역(San Lorenzo)에서 정상아동을 위한 '어린이의 집(Casa dei Bambini)'을 설립하고 이곳에서 구체적인 교수법 등을 통하여 자신의 교육사상과 방법을 계속 발전시켜 나갔다.

몬테소리의 교육사상과 방법은 새로운 아동을 발견하는 것으로부터 출발한다. 몬테소리의 『어린이의 발견(The Discovery of the Child)』이라는 저서는 제목부터 그의 새로운 아동관을 제시해 주고 있다(박경희 · 이성숙, 2011 : 조성자 역, 1995). 즉, '스스로 성장하고자 하는 내적 생명력을 가지고 있는 자유로운 존재'로서의 아동관이 그것이다. 이러한 새로운 아동관은 교육에 있어서의 '자유와 자기 활동의 원리'를 이끌어 내었다.

유아교육기관에서 교육활동을 통하여 몬테소리는 기존 교육이론과 아동관에 구속되지 않고 새로운 아동관을 제시하고 있으며, 그가 발견한 아동은 작업하기 좋아하고, 질서를 지키며, 소유 본능은 정화되고 호기심에서가 아니라 참다운 선택으로 활동하는 능력을 나타내었다. 또한 온순하고 독립심이 강하고 자발적으로 자기 규율을 조절할 수 있으며 마음으로부터의 기쁨을 표현할 수 있는 아동이었다(김신옥 외, 2006 : 구경선, 2005 : 김정규 외, 2002).

몬테소리는 유아에게 의미 있는 환경을 제공해 주기 위해서 유아교육에 적합한 다양한 교구에 대한 유아의 반응을 연구하였다. 몬테소리의 교구는 매우 다양하여 각 주제별로 대표적인 교구를 소개하면 다음과 같다.

### 1) 일상생활 영역

일반적으로 몬테소리 교육의 일상생활 영역은 활동을 위한 준비, 예의 범절, 동작의 분석과 조절 능력, 자신에 대한 배려, 환경에 대한 배려로 구성되어 있으며, 교구 예시는 다음과 같다.

〔그림2-12〕 일상생활 교구

### 2) 수학교육 영역

수학영역은 0~9의 개념, 십진법, 연속수, 사칙연산, 암산과 추상에 의한 사칙연산, 분수의 소개로 구성되어 있으며, 교구 예시는 다음과 같다.

100비즈 수카드 수막대

비즈캐비넛 수막대 시계

〔그림2-13〕 수교구

### 3) 감각교육 영역

감각영역의 교육내용은 시각, 촉각, 청각, 미각, 후각의 다섯 가지 감각기능의 발달을 도모하도록 구성되어 있으며, 교구 예시는 다음과 같다.

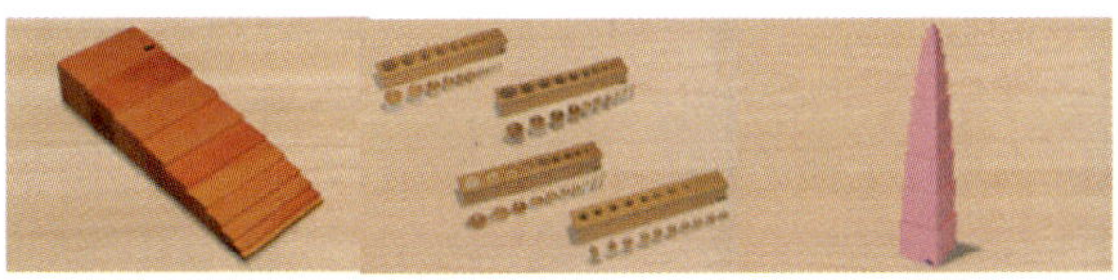

갈색 계단 꼭지 원기둥 분홍탑

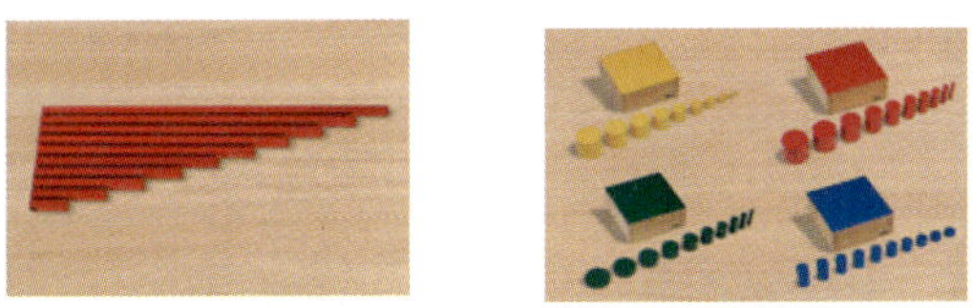

빨간 막대 색원기둥

〔그림2-14〕 감각 교구

### 4) 언어교육 영역

언어교구는 철판도형, 모래글자, 이동글자(움직이는 글자), 문법상자 등 네개로 구성되어 있으며, 교구 예시는 다음과 같다.

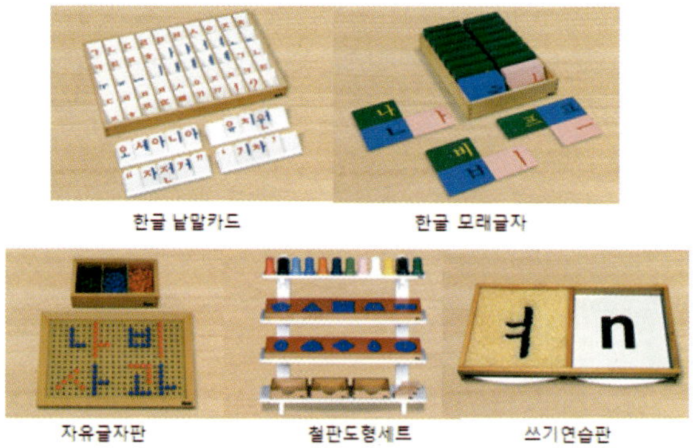


〔그림2-15〕 언어 교구

### 5) 문화교육 영역

문화영역의 교육내용은 지리, 역사, 동식물학으로 구성되어 있다. 지구, 생명, 대륙, 기후, 땅, 바다, 동물, 식물 등에 대한 과학으로 인류생활의 다양성, 거주형태, 풍속, 어떤 지역의 자연적 특성을 이해하도록 하는 영역으로, 교구 예시는 다음과 같다.

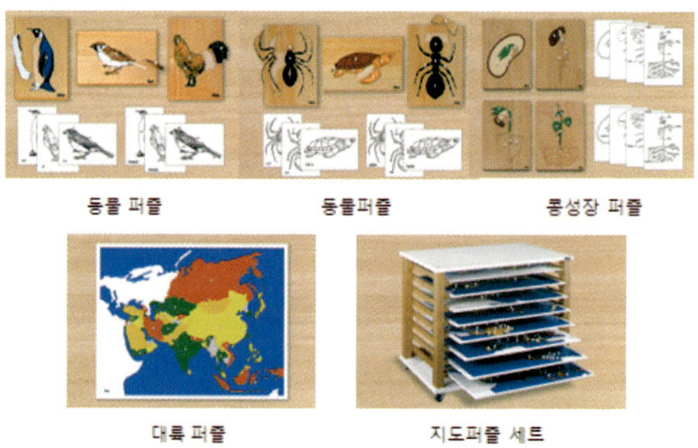


〔그림2-16〕 문화 교구

출처: 하나몬테소리(www.hanamontessori.co.kr)

# 03장 교재 교구의 기초이론

유아교육에 교수매체를 활용함으로써 교사와 유아 간의 의사소통이 잘 이루어지며 수업을 좀 더 효율적으로 수행하게 된다. 이에 본 장에서는 교수매체의 기초이론을 비교해 보고, 교수매체가 유아교육에 어떻게 활용되는지 살펴보고자 한다.

## 1. 호반의 지각이론

호반(Hoban, 1960)은 학습 경험을 시각화해야 할 필요가 있음을 강조하고, 경험의 구체화를 이루기 위해서 경험과 언어를 연결시켜야 한다고 보았다. 경험과 언어를 연결시키는 과정에서 학습 지도는 구체성이 많은 내용에서 점차적으로 추상적인 것으로 옮아가야 한다고 하였다. 구체에서 추상으로 옮아가는 데 있어서 다섯 가지를 제시하였다(오연주 외, 2003 : 권옥자 외, 2004).

- 현장 견학 : 현장 관찰

- 박물관 자료 : 실물, 표본, 모형
- 영화 : 상황 감상
- 사진 : 정물 사진 (2차원적인 것)
- 도표 : 그래프, 도형, 지도 등

구체성과 추상성의 단계는 가장 구체적 단계를 현실의 전체장면에, 가장 추상적 단계를 언어에 놓고, 이 양극 사이에 8개의 단계를 내세워 체계화하였다(전선영 외, 2004).

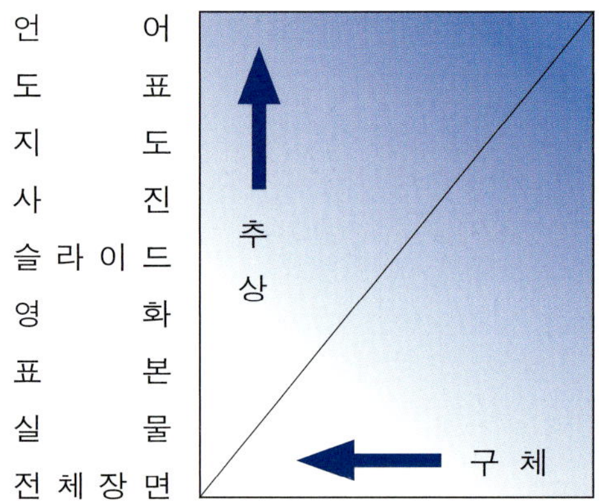


〔그림3-1〕 호반의 구체성과 추상성 정도에 따른 시각자료 분류

## 2. 데일의 경험원추이론

경험의 구체성과 추상성의 관계를 아래에서 위로 올라갈수록 추상성이 높아지는 원추형으로 나타낸 것으로, 경험의 구체성과 추상성의 정도에 따라 크게 세 가지 유형으로 나누고 교재 교구를 통한 실제 활동과 연관된 11개의 하위 경험으로 분류하였다(김은심 외, 2013 : 오연주 외, 2003 : 이대균, 2001 : Dale, 1969).

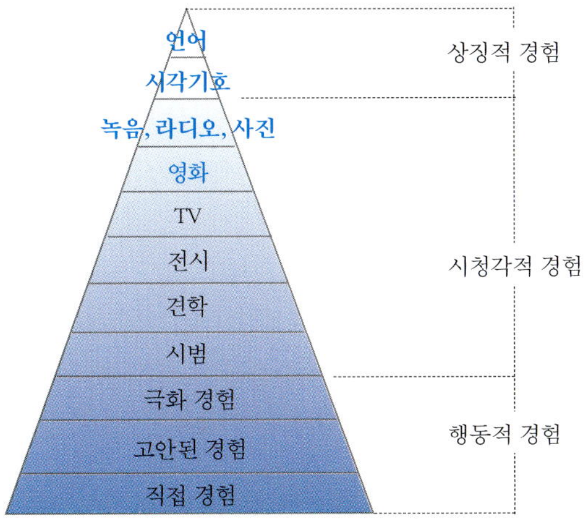


〔그림3-2〕 데일의 경험의 원추형

데일(Dale, 1969)의 경험의 분류를 유아들의 활동과 관련지어 설명하면 다음과 같다.

## 1) 행동적 경험(enactive experience)

### (1) 직접 경험

구체적이고 직접적이며 실제적인 경험으로 모든 경험의 기초가 되며, 연령이 낮을수록 구체적인 사물을 통해 경험하는 것이 효과적이다.

### (2) 고안된 경험

실제 사물과 유사한 모형 사물을 통한 경험이나 실제 상황을 활동의 의도에 적합하게 한 경험이다. 실제로 직접 경험을 하기에는 실물이 너무 방대하거나 실물의 성격상 직접 만질 수 없는 경우에 유용하다. 주어진 학습 목표에 꼭 필요한 경험만을 줄 수 있도록 고안될 수 있다는 장점이 있다.

### (3) 극화 경험

직접 경험이나 고안된 경험으로 할 수 없는 경험일 때 가능한 것으로 학습현장에서

시간적으로나 개념적으로 쉽게 다룰 수 없는 경우에 활용할 수 있는 경험이다. 역사, 동물이나 사물의 의인화, 심리 등을 극화하여 스스로 경험해 볼 수 있다.

### 2) 시청각적 경험(iconic experience)

직접 경험과 언어적 경험을 연결하여 주는 것으로 시범, 견학, 전시, TV, 영화, 슬라이드, 사진 등에 의한 경험을 말한다. 원추에서 위로 올라갈수록 추상성이 점차 높아진다.

#### (1) 시범

시청각적 경험 매체 중 가장 직접적이고 구체적인 것으로, 교수자와 학습자 간에 의견이 상호 교환될 수 있고 교수자가 다른 교수자료를 활용할 수 있는 장점이 있다.

#### (2) 견학

견학은 학습하려고 하는 것이 직접 일어나고 있는 현장에 가서 경험하는 것으로 시범과 가장 가까운 경험이 된다. 따라서 견학은 견학을 준비하는 교사와 학습자 모두가 철저한 사전 계획을 세워야 한다.

#### (3) 전시

사진, 그림, 책 등의 정적 자료의 전시를 통하여 관찰하며 배울 수 있도록 한다,

#### (4) TV

현재 진행되고 있는 사건이나 일어나고 있는 현상을 담아서 제공하는 것으로 중요한 요점만을 편집할 수 있고, 직접경험의 감각을 제공할 수 있다. 동적이고 감각적이며, 인상적인 요소를 지니고 있어 흥미를 유발하므로 매우 효과적으로 활용할 수 있다.

#### (5) 영화

사건의 전개 과정을 잘 조직하여 제작할 수 있으므로 교육 목적에 가장 가까운 것을 선택하여 경험할 수 있다.

#### (6) 녹음, 라디오, 슬라이드, 사진, 그림

라디오와 녹음은 청각적인 요소만 경험할 수 있고, 사진, 그림, 슬라이드 필름 등은 시각적인 요소만을 경험할 수 있다. 간접 경험이지만, 동기 유발하는 데 효과적이다.

그림은 사진보다 사실성이 약하지만 활용 용도에 따라 학습의 초점을 흐리게 하여 학습자의 주의를 방해하는 요소를 배제할 수 있어 교수 의도에 초점을 맞출 수 있게 하기 때문에 더 효과적일 경우도 있다.

### 3) 상징적 경험(symbolic experience)

#### (1) 시각적 상징 매체

추상적인 표현을 다루며, 칠판, 도표, 지도, 차트 등 일상생활에서의 부호 등을 이용해 실제 물체를 나타낸다.

#### (2) 언어적 상징 매체

가장 추상적인 교수매체로 언어의 발생 순서로 보면 말이 있은 후 말을 시각적으로 나타낸 글이므로 말보다 글이 더 상징적이며, 추상적이라 할 수 있다. 언어는 매우 높은 추상성을 지니고 있으나 일상생활과 교육에 매우 중요한 매체이다.

이상에서 데일이 추상성의 정도에 따라 구분한 경험의 유형을 통해, '경험의 원추'에서 고려해야 할 사항은 다음과 같다.

① 특정 경험이 다른 경험보다 교육적으로 더 유용하다는 것을 암시하지 않는다.

② 경험의 나열 순서가 실제 학습 상황에 있어 진행순서를 암시하지 않는다.

③ 구체적인 경험만을 하게 되면 종합 · 분석하거나 추리하는 능력을 길러주기 어렵다. 또한 너무 추상적인 경험만을 하게 되면 실증적 경험의 기초가 약하여 관념적이고 막연한 지식만을 갖게 되기 쉽다.

④ 여러 유형의 경험을 복합적으로 사용할 수도 있다.

⑤ 학습자 특성을 고려하여 경험 유형을 선정하고, 선정한 경험이 적절히 활용될 수 있도록 사전 계획을 세우도록 한다.

이와 같이 경험의 종류는 행동적 경험, 시청각적 경험, 상징적 경험으로 크게 나눌 수 있고, 이를 실제 활동과 연관된 11개의 하위 경험으로 분류하였는데, 상징적 경험으로 올라갈수록 더 추상적이라고 할 수 있다. 학습자는 실제 행동을 통한 경험, 시청각 매체를 통한 경험, 언어에 의해 상징화된 경험을 통해 개념을 형성할 수 있다고 보았다.

## 3. 브루너의 학습 준비성 이론

브루너(Bruner,1960)는 '학습의 준비성과 관련하여 어떤 교과든지 지적으로 올바른 양식으로 표현하면 어떤 발달 단계에 있는 어린이에게도 효과적으로 가르칠 수 있다.'는 가설을 제시하였다. 브루너는 피아제의 인지발달이론에 근거하여 어린이는 발달 단계에 따라 각각 특이한 방법으로 지각하며, 학습의 준비성이라는 것은 각각의 발달 단계의 특이한 지각양식에 맞게 학습내용의 구조를 표현하는 문제라고 보았다(오연주 외, 2003 : 이대균 · 송정원, 2001).

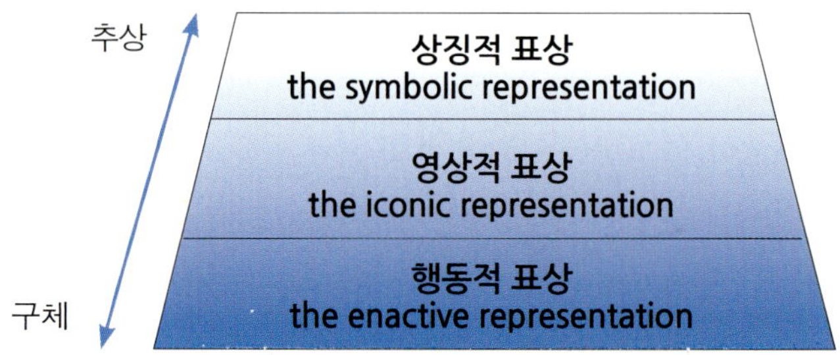


〔그림3-3〕 브루너의 경험분류

브루너는 세 가지 표상양식을 행동적 표상(enactive representation), 영상적 표상(iconic representation), 상징적 표상(symbolic representation)이라고 하였으며, 어린이가 세계를 알아보기 위하여 어떻게 심상을 정보처리하는지를 밝혔다. 이는 단계이론과는 달리 각 표상양식들은 연령에 덜 제한적이고 일생 동안 다소 본래의 형태로 남는다는 의미이다.

### 1) 표상심상양식

표상양식은 행동적, 영상적, 상징적 양식을 뜻하는 것으로, 다음과 같다(김은심 외, 2009).

(1) 행동적 표상 - 어린 유아가 자신과 환경과의 직접적인 접촉행위를 통하여 세상에 대한 지식을 획득하여 가는 것과 같은 것을 말한다.
(2) 영상적 표상 - 세상을 알아 가기 위해 사용되는 책략으로 대상에 대한 정신적 상(image)을 사용하는 형태를 의미한다.
(3) 상징적 표상 - 대상이나 경험을 단순히 영상화하는 데서 벗어나서 언어와 같은 가장 효율적인 상징적 체계가 이용되어 사고 속에서 무한한 조작이 가능한 수준을 의미한다.

### 2) 교구 분류

브루너는 교수 과정에 사용될 교구를 간접적 경험을 위한 교구, 모형도구, 극화도구, 자동화 교구 네 가지로 분류하여 설명하고 있다(이대균 · 송정원, 2001).

#### (1) 간접적 경험을 위한 교구

학습자에게 실제 사물이나 사건에 관한 '간접적 경험'을 주기 위한 도구로, 슬라이드, 영화, TV, 마이크로 필름, 녹음기, 책 등이다.

#### (2) 모형 도구

잘 계획된 실험이나 시범에서 사용하는 것으로, 실험실 작업이나 수학의 원리를 가르치기 위한 나무토막에서부터 계열화된 프로그램에 이르는 교구로, 그래프, 차트, 모형, 시범장치, 동화적 해설 등이다.

#### (3) 극화 도구

역사소설, 기록영화, 유명한 과학자에 의한 실험 시연, 위대한 사람의 생애와 활동을 알려주는 기록물 등으로 극적 효과를 가지고 오는 교구이다.

### (4) 자동화 교구

컴퓨터를 이용한 교수방법으로, 교수기계, CAI 등이다.

이와 같이 브루너는 교사가 사용하는 교구는 학습자의 경험 범위를 확장하고 학생들의 학습 내용에 내재해 있는 구조를 이해하도록 도와주며, 학습 내용의 중요성을 극적으로 강조하는 기능을 가지고 있다고 하였다. 그러나 교구 그 자체가 교수의 목적을 결정하는 것은 아니라고 지적하였다. 그림, 사진, 비디오, 오디오, 오버헤드 프로젝트, 슬라이드 등의 시청각적 자료들 그자체로 교수의 목적을 달성하고자 하는 것은 바람직하지 않은 것이다. 시청각 교구들이 아무리 완벽한 것이라고 해도 다른 교수 방법과 관련을 맺지 못한다면 학습자는 소극적인 경험만 하게 된다. 따라서 여러 교구들이 적절히 통합되어 다양한 교수 전략과 함께 사용되어야 하며 교사의 교수기술과 교수내용의 숙달을 중요요인으로 보았다.

## 4. 버얼로의 의사소통이론

의사소통(communication)이란 사람들이 지식이나 의견, 감정 등의 정보를 전하거나 교환하는 것을 의미한다(이대균 · 송정원, 2001). 이 의사소통을 통하여 새로운 지식을 얻기도 하고, 자기의 생각이나 행동을 변화시키기도 한다. 의사소통은 일방적인 전달이 아니라 영향을 서로 주고받는 역동적인 상호작용으로 사회의 조직에서뿐만 아니라 교육과정 내에서도 매우 중요하다.

의사소통은 사회의 여러 곳에서 일어나는데, 교사와 유아의 교수-학습과정에서 교사와 유아 간에는 언어를 통한, 그리고 다양한 교수 매체를 통한 의사소통이 일어난다(박숙희 · 엄명숙, 2013). 의사소통은 교사가 지식이나 의견, 감정과 같은 정보를 전달하기 위해, 유아의 생각과 수준, 흥미, 감정을 알아내기 위해, 유아가 교사에게 자신의 생각과 의사와 감정, 이미 알고 있는 지식을 알리기 위해, 교사의 의견과 지식, 감정을 알아내기 위해, 빈번히 일어나게 된다(김준권 · 옥장흠, 2008).

교수 상황에서의 의사소통이란 다른 상황에서보다 더욱 체계적이고 의도적일 수 있다. 교사는 유아가 이미 알고 있는 정보를 심화시키거나 수정하기 위해, 또 새로운 정보를 학습시키기 위해 의도적인 교수 상황을 계획하기 때문이다. 유아와 나눌 대화도 미리 계획하고 어떠한 매체를 통해 전달할지도 미리 정하여 준비한다. 그리고 예상되는 상황도 예견하여 유아와의 의사소통에 임하기 때문이기도 하다. 유아들에게 교재교구를 제시하여 주는 것 자체가 교사와의 의사소통의 시작이 될 수 있으며 교재 교구를 활용하는 과정에서 여러 유형의 의사소통이 서로의 반응에 영향을 받으며 이루어진다고 볼 수 있다(박남숙 · 안은정, 2010).

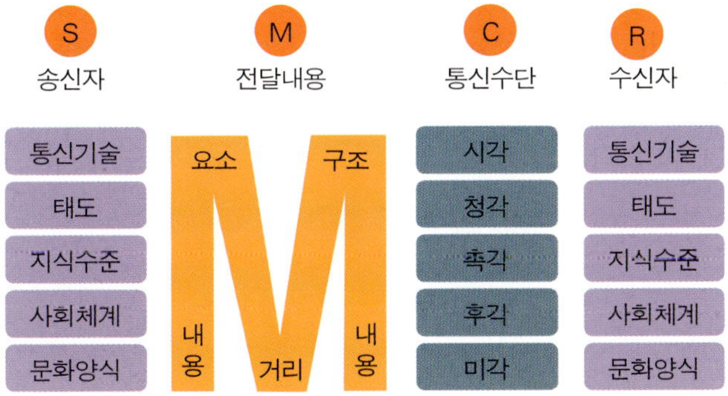


〔그림3-4〕 버얼로의 SMCR 모형

의사소통과정을 현대적으로 설명한 버얼로(Berlo, 1960)의 의사소통 모델을 살펴보면 다음과 같다(김은심 외, 2013 : 김정희, 2009).

참고 대상물의 선정은 매우 시각적이고 생생한 구체적 자료가 요구되는데, 참고 대상물이 의사소통을 방해하는 경우는 다음과 같다.

① 유아가 알고 있는 개념이 새로운 개념과 관련이 없을 때

② 구체적인 자료 없이 언어적인 것으로만 제시했을 때

③ 주제가 추상적인 내용일 때

④ 유아의 실제 생활과 거리가 멀 때

⑤ 아주 새롭고 어려운 것일 때

## 5. 올센의 효율적 학습이론

올센(Olsen, 1945)은 경험 학습이 직접적인 것인지 간접적인 것인지 또는 현실 자체인지 자료인지에 따라 분류하여 학습 유형을 구분하였다(오연주 외, 2003 : 전선영, 2004, 재인용).

▶ 제1형 : 직접 경험에 의한 직접 학습

인간의 감각 기관을 통하여 직접적으로 받아들이는 학습이다.

▶ 제2형 : 대리적 경험에 의한 대리 학습

직접 경험과 언어적 대리 경험 양극 사이를 연결해 주는 중간적 역할로 시청각 교육의 영역이다.

▶ 제3형 : 상징적 경험(언어적 상징)에 의한 대리 학습

언어를 통한 학습이며, 모든 지식의 기반을 구축해 놓은 학습이다.

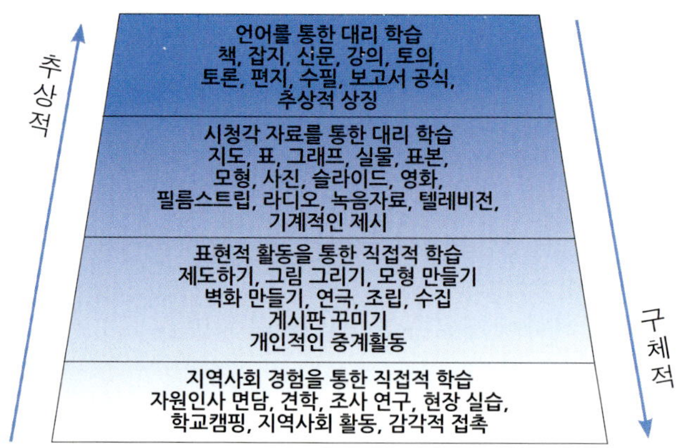


〔그림3-5〕 올센의 효율적 학습단계

# 04장 발달단계와 교재 교구

본 장에서는 발달단계별로 발달적 특징을 간략하게 살펴보고, 각 단계에 적합한 교재 교구를 제시하고자 한다. 여기서 제시되는 단계별 발달특징은 영유아들이 일정한 연령에 반드시 그러한 발달특성에 도달해야 하는 것을 의미하기보다는 발달의 연속성으로 이해해야 하며, 교재 교구를 제공할 때 참고할 수 있는 자료로 활용하도록 해야 한다.

영유아의 현재 홍미와 인지발달 수준에 적합한 교재 교구를 선정하여야 하며, 영유아의 지각원리 및 특성을 고려하여 구체적인 것에서 추상적인 것으로, 단순한 것에서 복잡한 것, 쉬운 것에서 어려운 것으로 점차 수준을 변화시켜야 한다. 또한 유아의 연령을 고려하여 교재 교구의 크기와 무게도 영유아 스스로 조작하거나 이동이 가능하도록 제작되어야 한다(권옥자 외, 2004 : 이정환 · 박은혜, 1995 : Sylveseter, 1994).

영유아기의 발달단계별 특성을 살펴보기 위하여 우선적으로 고려되어야 할 점은 발달단계별 구분이라 할 수 있다. 많은 유아발달 전문가들은 발달단계에 대한 구분에 있어 일치를 보지 못하고 있는 실정이다. 일생 중 가장 급격한 발달이 이루어지는 영아기를 만 1세와 만 2세로 구분하고, 유아기는 만 3세~4세, 만 5세~6세로 연령을 구분하여, 발달 영역별로 그 특징에 적합한 교재 교구를 제시하고자 한다(이기숙 외, 2013 : 서예석 외, 2012 : 박찬옥 외, 2008).

## 1. 영아발달과 교재 교구

영아는 교재 교구를 활용하면서 이루어지는 놀이를 통해 새로운 기술을 습득하고 주변 세계에 대한 지식을 형성한다. 영아기는 영아가 두 다리로 서서 걷기 시작하기 전의 영아 전기와 걷기 시작한 후의 영아 후기로 나누어 볼 수 있다. 영아 전기와 영아 후기의 놀이 발달 특성이 각각 어떠한지, 적합한 놀잇감으로는 어떤 것들이 있는지를 제시해 보고자 한다.

### 1) 영아 전기(0~1세)

영아들은 어떤 사물이든지 냄새를 맡아 보고, 소리를 들어 보고, 맛을 보고, 입에 넣으려고 한다. 이 세상의 모든 사물을 신기해 하며 놀잇감처럼 가지고 논다. 또한 자기가 주도적으로 하는 놀이보다는 짝짜꿍이나 깍꿍놀이처럼 성인이 함께 하는 놀이에 참여하는 경우가 대부분이다. 따라서 성인은 놀잇감만 제시해 주기보다는 유아와 함께 놀잇감을 탐색해 보며 놀아 주는 것이 효과적이다. 예를 들어, 딸랑이를 유아의 손에 쥐어 주고서 흔들어 본다거나, 침대 위의 모빌을 손으로 가리키며 보게 하거나, 흔들어서 소리를 들어 보게 하는 등 놀잇감을 통해 많은 자극을 주어야 한다.

### 2) 영아 후기(1~2세)

이 시기의 유아는 대·소근육 운동 능력이 발달되어 흔들목마 타기, 공던지고 받기를 좋아하며 끌고 다니는 놀잇감을 무척 좋아한다. 눈과 손의 협응력도 발달하여 물건을 다른 물건 위에 포개어 쌓는 놀이나 모양 조각을 모양 구멍에 넣는 놀이를 재미있어하고 수성매직을 잡고 긁적거리는 놀이도 할 수 있다. 일상생활에서 부모를 통해 경험한 내용의 단순한 역할 놀이이다. 예를 들어 전화놀이, 인형 돌보기 등의 놀이를 좋아한다. 아직까지는 감각운동 놀이를 많이 하는 시기이다. 즉, 밀가루 반죽, 모래, 물 등을 가지고 주무르고 냄새맡는 등 감각적으로 탐색하는 놀이를 즐긴다. 이 시기의 자녀를 둔 부모들은 바깥 세상을 궁금해하는 유아들의 욕구 때문에 힘들어한다. 걷는 데 익숙해진 유아들이 보다 넓은 공간인 실외에서 마음껏 걸어다니고, 공놀이를 하며, 자동차나 강아지 놀잇감을 끌고 다니고 싶어하기 때문이다.

따라서 큰 손잡이가 있으면서 밀고 다닐 수 있는 놀잇감이나, 끈이 달려서 당길 수 있는 놀잇감, 탈 것, 기어 다닐 수 있는 터널, 흔들 말, 낮지만 오를 수 있는 매트, 난간이 있는 낮은 미끄럼틀 등으로 주로 대근육 활동에 관련된 것과 블록 맞추기, 뚜껑 맞추기, 퍼펫 인형, 인형 옷 입히기, 무독성 필기구(매직펜 종류), 큰 종이, 그림책 등의 조작적이면서도 창의적인 놀잇감이 제공될 수 있다.

## 2. 유아발달과 교재 교구

유아의 발달에 적합한 교재와 교구는 유아교육과정에 참여하는 유아들의 성장과 발달, 교육적 성취를 이루는 데 매우 중요한 역할을 한다. 유아기는 유아전기와 후기로 나누어 볼 수 있다. 유아전기와 유아후기의 놀이 발달 특성과 발달에 적합한 교재 교구를 제시하였다(이기숙 외, 2013 : 박찬옥 외, 2008).

### 1) 유아 전기(만 3~4세)

이 시기에는 기초적인 신체운동 능력이 발달되어 대근육 운동놀이, 예를 들어 세 발자전거 타기, 달리기 등을 좋아할 뿐 아니라 소근육 조절 능력을 발달시키는 구슬 꿰기, 가위질하기, 퍼즐 맞추기, 그림 그리기, 블록 쌓기 등의 놀이에도 관심을 많이 보이고 혼자서 해보려고 한다. 또한 행동의 결과에 관심을 보여 자기가 자유롭게 그리거나 만들고 꾸민 것을 다른 사람에게 보여주고 자랑하면서 만족스러워 한다. 그러나 미리 계획해서 놀이하지 않으며 단지 놀이하는 과정을 즐긴다. 특히 언어 발달이 뚜렷이 나타나 말하는 것을 즐기고 우스갯소리나 말놀이하는 것을 좋아한다. 또한 실제 사물이나 동물 등이 그려진 그림책, 간단한 줄거리의 이야기책, 사진 등에 관심을 보인다. 유아는 자기 중심적이고 또래와의 관계를 증진시키는 능력이나 기술이 서툴고 부족해서 혼자 노는 것을 즐기지만, 또래친구에게 관심을 보이고 친구 옆에서 나란히 놀이를 하는 경우도 많다. 또한 유아는 어른의 역할에 관심이 많아지고 상상력도 풍부해져 엄마, 아빠 역할하기 같이 가정생활에 관련된 역할놀이를 많이 한다.

### 2) 유아 후기(만 5~6세)

이 시기 유아는 자신의 운동능력을 다양하게 시험해 보는 놀이를 많이 한다. 뛰뛰기를 할 때에도 한 발로 뛰거나, 나무 위를 기어 올라가거나, 그네를 엎드려 타는 등의 놀이를 한다. 소근육 활동도 더욱 세련되어 모양을 따라 가위질하기, 점토 빚기, 색종이 접기 등을 할 수 있다. 이 시기 유아들은 만 3~4세보다 발전되고 확장된 역할놀이를 한다. 특히 역할놀이의 내용이 매우 다양해져서 일상생활을 경험하는 가정생활 내용뿐 아니라 텔레비전이나 책에 나오는 여러 유형의 인물이나 사건을 표현하며 때로는 유아 스스로 내용을 꾸며서 놀이를 하기도 한다. 미리 계획을 세우고 또래들과 함께 역할을 정하며, 놀잇감도 4세에 비해 다양하게 사용할 뿐 아니라 실제 사물과 비슷하지 않은 형태의 놀잇감을 많이 사용한다. 또한, 자기 중심적인 성향이 약해지고 관대하며 우호적이어서 친구들과 원만한 상호작용을 하면서 협동놀이를 하게 된다.

지적 자극에 대해 민감하게 반응하는 시기이므로 학습과 연관되는 놀이, 예를 들어 분류 놀이, 수 놀이, 문자 놀이 등에 홍미가 많아진다. 한편 이 시기의 유아는 어른의 관심과 인정을 받고 싶어 하는 욕구가 강하고 언어 능력이 발달되어 익살을 부리는 말장난, 수수께끼 놀이를 즐긴다. 또한 자유롭게 탐색하고 창의적인 놀이를 좋아한다. 단순히 물과 모래 감촉을 즐기던 수준에서 벗어나 물에 뜨고 가라앉는 물건을 구별하고 비누방울 놀이를 하는 등 과학적인 탐색을 하거나, 터널과 수로 등을 만드는 놀이를 한다. 조형활동을 할 때도 크레파스뿐 아니라 물감, 매직, 색연필, 풀 등 여러 재료를 사용한다. 만 5세가 되면 유아는 주사위 놀이나 바둑, 운동 등과 같이 규칙이 있는 게임도 하기 시작한다.

이와 같이 놀잇감을 가지고 무엇을 하며 노는가는 유아의 성장에 따라 변화하고 발달한다. 연령이 증가할수록 놀이의 유형뿐만 아니라 사용하는 놀잇감의 종류나 양, 놀잇감의 활용면에서도 많은 변화가 나타난다. 성인은 유아의 발달 수준에 알맞은 놀잇감을 제공해야 한다. 유아의 발달단계에 적합한 교재 교구는 〈표4-1〉와 같다(김정준 외, 1999 : Broson, 1998 : 이기숙 외, 2013, 재인용).

〈표4-1〉 영유아의 발달에 적합한 교재 교구

| 발달 시기 | 발달에 적합한 교재 교구 |
|---|---|
| 영아 전기<br>(0~만 1세) | 모빌, 흔들면 소리가 나는 딸랑이, 고무 공, 헝겊 공, 소리나는 공, 오뚝이(공 모양이나 동물 모양), 인형(여러 재료로 만든 동물 인형), 물놀이용품(스펀지, 물에 뜨는 고무 오리나 플라스틱 개구리 등), 일상용품(냄비, 플라스틱 수저, 거울 등) |
| 영아 후기<br>(만 1~2세) | 비치볼, 낮은 미끄럼틀, 흔들 배, 흔들 목마, 끌고 다니는 놀잇감, 나무토막이나 상자, 물 · 모래 놀잇감(플라스틱 통, 삽, 큰 숟가락 등), 역할 놀잇감(인형, 여러 가지 모양의 그릇, 전화기 등), 모양 맞춰 끼우기 쌓거나 포개어 놓는 놀잇감, 퍼즐(3~4조각), 그림책, 조형놀이 재료(수성매직과 큰 종이, 밀가루반죽 등) |
| 유아 전기<br>(만 3~4세) | 블록 종류(스펀지, 우레탄, 종이 벽돌, 단순한 레고)와 소품, 역할 놀잇감(인형, 개수대, 옷장, 경대, 그릇, 플라스틱 음식 등), 퍼즐(5~10조각), 막대 인형, 손 인형, 인형극 틀, 그림책, 구슬 꿰기를 위한 큰 구슬과 끈, 간단한 리듬 악기류, 조형놀이 재료(사인펜과 큰 종이, 밀가루 반죽, 가위 등), 물 · 모래 놀잇감(그릇, 깔때기, 체, 모양틀 등). 운동 놀잇감(그네, 미끄럼틀, 시소, 낮은 평균대, 공, 매트 등) |

| 발달 시기 | 발달에 적합한 교재 교구 |
|---|---|
| 유아 후기<br>(만 5~6세) | 블록 종류(유니트 블록, 공간 블록, 다양한 플라스틱 블록 등)와 소품(각종 자동차와 교통 표지판, 사람 모형, 운전대, 경찰 모자 등), 역할 놀잇감, 퍼즐(15~20조각), 그림책, 다양한 조형 재료(크레파스, 물감과 붓, 면봉, 칫솔, 색종이, 가위, 풀, 셀로판테이프, 연필 등), 다양한 리듬악기, 비교 · 분류 · 순서 짓기 카드, 컴퓨터와 프린터, 물 · 모래 놀잇감(비누와 빨래판, 인형옷, 계량컵, 깔때기 등), 운동 놀잇감(자전거, 간이 농구대, 매트, 뜀틀, 팥 주머니, 고리 던지기 등), 게임도구(윷놀이, 주사위 놀이, 카드 놀이 등) |

# 05장 교육과정과 교재 교구

본 장에서는 영유아기의 교육내용인 0~2세 표준보육과정과 3~5세 연령별 누리과정을 살펴보고, 실내 흥미영역에 구비해야 할 교재 교구를 영역별로 제시하고자 한다.

## 1. 제3차 어린이집 표준보육과정

보건복지부는 2013년 1월 21일 제3차 어린이집 표준보육과정을 개정 고시하였다(보건복지부, 2013). 제3차 표준보육과정은 2013년부터 유치원과 어린이집에 확대·도입되는 3~5세 연령별 누리과정 시행에 따른 기존의 제2차 표준보육과정을 개편한 것으로, 고시 명칭을 '제3차 어린이집 표준보육과정'으로 변경하였다.

이는 어린이집이 만 3~5세(누리과정)뿐만 아니라 만 0~2세(영아 보육과정)까지 모든 영유아를 대상으로 보육을 담당하고 있는 점을 반영한 것이다. 이에 2013년부터 어린이집에서는 0~2세 영아에게는 보건복지부의 제3차 어린이집 표준보육과정에 근거하여 보육과정을 운영하고, 3~5세 연령별 누리과정에 기초하여 운영하게 되었다.

### 1) 구성방향

표준보육과정의 구성방향은 다음과 같다.

(1) 영유아의 발달 특성과 개인차를 고려하여 연령 및 수준별로 구성한다.
(2) 어린이집에서 편안하고 행복한 일상생활이 되도록 중점을 두어 구성한다.
(3) 질서, 배려, 협력 등 기본생활습관과 바른 인성을 기르는 데 중점을 두어 구성한다.
(4) 자율성과 창의성을 기르는 데 중점을 두고, 전인발달을 이루도록 구성한다.
(5) 사람과 자연을 존중하고, 우리 문화를 이해하는 데 중점을 두어 구성한다.

### 2) 목적과 목표

영유아의 심신의 건강과 전인적 발달을 도와 행복을 도모하며 민주시민의 기초를 형성하는 것을 목적으로 한다.

▶ 0~1세 보육과정 목표
(1) 건강하고 안전한 일상생활을 경험한다.
(2) 감각 및 기본 신체운동능력을 기른다.
(3) 말소리를 구분하고 의사소통의 기초를 마련한다.
(4) 친숙한 사람과 관계를 형성한다
(5) 아름다움에 관심을 가진다.
(6) 보고, 듣고, 만지면서 주변 환경에 관심을 가진다.

▶ 2세 보육과정 목표

(1) 건강하고 안전한 생활습관의 기초를 마련한다.

(2) 감각, 신체조절 및 기본 운동능력을 기른다.

(3) 의사소통능력의 기초를 기른다.

(4) 나를 인식하고 다른 사람과 더불어 생활하는 경험을 한다.

(5) 아름다움에 관심을 가지고 예술경험을 즐긴다.

(6) 주변 환경에 호기심을 갖고 탐색하기를 즐긴다.

▶ 3~5세 보육과정(누리과정) 목표

(1) 기본 운동능력과 건강하고 안전한 생활습관을 기른다.

(2) 일상생활에 필요한 의사소통 능력과 바른 언어 사용 습관을 기른다.

(3) 자신을 존중하고 다른 사람과 더불어 생활하는 능력과 태도를 기른다.

(4) 아름다움에 관심을 가지고 예술경험을 즐기며, 창의적으로 표현하는 능력을 기른다.

(5) 호기심을 가지고 주변 세계를 탐구하며, 일상생활에서 수학적 · 과학적으로 생각하는 능력과 태도를 기른다.

### 3) 내용체계

〈표5-1〉 2013년 제3차 어린이집 표준보육과정의 내용체계

| 영역 | 내용범주 | 내 용 | |
|---|---|---|---|
| | | 0~1세 | 2세 |
| 기본 생활 | 건강하게 생활하기 | · 몸을 깨끗이 하기<br>· 즐겁게 먹기<br>· 건강한 일상생활하기 | · 몸을 깨끗이 하기<br>· 즐겁게 먹기<br>· 건강한 일상생활하기<br>· 몸을 깨끗이 하기<br>· 즐겁게 먹기<br>· 건강한 일상생활하기<br>· 질병에 대해 알기 |
| | 안전하게 생활하기 | · 안전하게 지내기<br>· 위험한 상황에 반응하기 | · 안전하게 놀이하기<br>· 교통안전 알기<br>· 위험한 상황 알기 |

| 영역 | 내용범주 | 내 용 | |
|---|---|---|---|
| | | 0~1세 | 2세 |
| 신체 운동 | 감각과 신체 인식하기 | · 감각적 자극에 반응하기<br>· 감각기관으로 탐색하기<br>· 신체 탐색하기 | · 감각능력 기르기<br>· 감각기관 활용하기<br>· 신체를 인식하고 움직이기 |
| | 신체조절과 기본운동하기 | · 신체균형잡기<br>· 대근육 조절하기<br>· 소근육 조절하기<br>· 기본운동하기 | · 신체균형잡기<br>· 대근육 조절하기<br>· 소근육 조절하기<br>· 기본운동하기 |
| | 신체활동에 참여하기 | · 몸 움직임 즐기기<br>· 바깥에서 신체 움직이기<br>· 기구를 이용하여 신체활동 시도하기 | · 신체 활동에 참여하기<br>· 바깥에서 신체활동하기<br>· 기구를 이용하여 신체활동하기 |
| 의사 소통 | 듣기 | · 주변의 소리와 말소리 구분하여 듣기<br>· 경험과 관련된 말 듣고 알기<br>· 운율이 있는 말 듣기<br>· 말하는 사람을 보기 | · 말소리 구분하여 듣고 의미알기<br>· 짧은 문장 듣고 알기<br>· 짧은 이야기 듣기<br>· 말하는 사람을 주의 깊게 보기 |
| | 말하기 | · 발성과 발음으로 소리내기<br>· 표정, 몸짓, 말소리로 말하기<br>· 말할 순서 구별하기 | · 낱말과 간단한 문장으로 말하기<br>· 자신이 원하는 것을 말하기<br>· 상대방을 바라보며 말하기 |
| | 읽기 | · 그림책과 환경 인쇄물에 관심 가지기 | · 그림책과 환경 인쇄물에 흥미 가지기 |
| | 쓰기 | · 끼적이기 | · 끼적이며 즐기기 |
| 사회 관계 | 나를 알고 존중하기 | · 나를 구별하기<br>· 나의 것 인식하기 | · 나를 구별하기<br>· 좋아하는 것 해보기 |
| | 나와 다른 사람의 감정 알기 | · 나의 감정을 나타내기<br>· 다른 사람에게 주의 기울이기 | · 나의 감정을 나타내기<br>· 다른 사람의 감정에 반응하기 |
| | 더불어 생활하기 | · 안정적인 애착형성하기<br>· 또래에 관심갖기<br>· 자신이 속한 집단 알기<br>· 사회적 가치를 알기 | · 내 가족 알기<br>· 또래와 관계하기<br>· 자신이 속한 집단 알기<br>· 사회적 가치를 알기 |

<table>
<tr><th rowspan="2">영역</th><th rowspan="2">내용범주</th><th colspan="2">내 용</th></tr>
<tr><th>0~1세</th><th>2세</th></tr>
<tr><td rowspan="3">예술 경험</td><td>아름 다움 찾아보기</td><td>· 예술적 요소에 호기심 가지기</td><td>· 예술적 요소 탐색하기</td></tr>
<tr><td>예술적 표현하기</td><td>· 리듬있는 소리로 반응하기<br>· 움직임으로 반응하기<br>· 단순한 미술 경험하기<br>· 모방행동 즐기기</td><td>· 리듬있는 소리와 노래로 표현하기<br>· 움직임으로 표현하기<br>· 자발적으로 미술활동하기<br>· 모방과 상상놀이하기</td></tr>
<tr><td>예술 감상하기</td><td>· 아름다움 경험하기</td><td>· 아름다움 즐기기</td></tr>
<tr><td rowspan="3">자연 탐구</td><td>탐구하는 태도 기르기</td><td>· 사물에 관심 가지기<br>· 탐색 시도하기</td><td>· 호기심 가지기<br>· 반복적 탐색 즐기기</td></tr>
<tr><td>수학적 탐구하기</td><td>· 수량 지각하기<br>· 주변 공간 탐색하기<br>· 차이를 지각하기<br>· 간단한 규칙성 지각하기</td><td>· 수량 인식하기<br>· 공간과 도형에 관심 가지기<br>· 차이에 관심 가지기<br>· 단순한 규칙성에 관심 가지기<br>· 구분하기</td></tr>
<tr><td>과학적 탐구하기</td><td>· 물체와 물질 탐색하기<br>· 주변 동식물에 관심 가지기<br>· 주변 자연에 관심 가지기<br>· 생활 도구 탐색하기</td><td>· 물체와 물질 탐색하기<br>· 주변 동식물에 관심 가지기<br>· 자연을 탐색하기<br>· 생활도구 사용하기</td></tr>
</table>

출처: 보건복지부(2013). 제3차 어린이집 표준보육과정

## 2. 3~5세 연령별 누리과정

누리과정이 만 3~4세까지 확대 도입됨에 따라 2013년부터 우리나라의 모든 만 3~5세 유아들에게 유아교육 보육과정이 통합된 3~5세 연령별 누리과정이 도입되었고, 취학 전 교육의 질을 제고하여 생애 초기 출발점 평등을 보장할 수 있게 되었다(교육과학기술부, 2013).

3~5세 연령별 누리과정은 총론과 각론으로 구성되어 있다. 3~5세 연령별 누리과

정의 구성방향, 목적과 목표, 편성과 운영 등 총론에 제시된 기본 원리 및 각론에 제시된 영역별 내용체계를 정리해보면 다음과 같다.

### 1) 구성 방향

누리과정의 구성 방향은 다음과 같다.

(1) 질서, 배려, 협력 등 기본생활습관과 바른 인성을 기르는 데 중점을 두어 구성한다.
(2) 자율성과 창의성을 기르는 데 중점을 두고, 전인발달을 이루도록 구성한다.
(3) 사람과 자연을 존중하고, 우리 문화를 이해하는 데 중점을 두어 구성한다.
(4) 만 3~5세아의 발달 특성을 고려하여 연령별로 구성한다.
(5) 신체운동건강, 의사소통, 사회관계, 예술경험, 자연탐구의 5개 영역을 중심으로 구성한다.
(6) 초등학교 교육과정과 0~2세 표준보육과정과의 연계성을 고려하여 구성한다.

### 2) 목적과 목표

누리과정은 만 3~5세 유아의 심신의 건강과 조화로운 발달을 도와 민주시민의 기초를 형성하는 것을 목적으로 한다.

(1) 기본 운동 능력과 건강하고 안전한 생활 습관을 기른다.
(2) 일상생활에 필요한 의사소통 능력과 바른 언어 사용 습관을 기른다.
(3) 자신을 존중하고 다른 사람과 더불어 생활하는 능력과 태도를 기른다.
(4) 아름다움에 관심을 가지고 예술 경험을 즐기며, 창의적으로 표현하는 능력을 기른다.

(5) 호기심을 가지고 주변세계를 탐구하며, 일상생활에서 수학적 과학적으로 생각하는 능력과 태도를 기른다.

### 3) 내용체계

〈표5-2〉 3~5세 연령별 누리과정 영역의 내용체계

| 영역 | 내용 | 하위내용 |
|---|---|---|
| 신체운동 · 건강 | 신체 인식하기 | · 감각능력 기르고 활용하기<br>· 신체를 인식하고 움직이기 |
| | 신체조절과 기본 운동하기 | · 신체조절하기<br>· 기본 운동하기 |
| | 신체활동에 참여하기 | · 자발적으로 신체 활동에 참여하기<br>· 바깥에서 신체 활동하기<br>· 기구를 이용하여 신체 활동하기 |
| | 건강하게 생활하기 | · 몸과 주변을 깨끗이 하기<br>· 바른 식생활하기<br>· 건강한 일상생활하기<br>· 질병 예방하기 |
| | 안전하게 생활하기 | · 안전하게 놀이하기<br>· 교통안전 규칙 지키기<br>· 비상 시 적절히 대처하기 |
| 의사소통 | 듣기 | · 낱말과 문장 듣고 이해하기<br>· 이야기 듣고 이해하기<br>· 동요, 동시, 동화 듣고 이해하기<br>· 바른 태도로 듣기 |
| | 말하기 | · 낱말과 문장으로 말하기<br>· 느낌, 생각, 경험 말하기<br>· 상황에 맞게 바른 태도로 말하기 |
| | 읽기 | · 읽기에 흥미 가지기<br>· 책 읽기에 관심 가지기 |
| | 쓰기 | · 쓰기에 관심 가지기<br>· 쓰기 도구 사용하기<br>· 3세 제외 |

| 영역 | 내용 | 하위내용 |
|---|---|---|
| 사회관계 | 나를 알고 존중하기 | · 나를 알고, 소중히 여기기<br>· 나의 일 스스로 하기 |
| | 나와 다른 사람의 감정 알고 조절하기 | · 나와 다른 사람의 감정 알고 표현하기<br>· 나의 감정 조절하기 |
| | 가족을 소중히 여기기 | · 가족과 화목하게 지내기<br>· 가족과 협력하기 |
| | 다른 사람과 더불어 생활하기 | · 친구와 사이좋게 지내기<br>· 공동체에서 화목하게 지내기<br>· 사회적 가치를 알고 지키기 |
| | 사회에 관심 갖기 | · 지역사회에 관심 갖고 이해하기<br>· 우리나라에 관심 갖고 이해하기<br>· 세계와 여러 문화에 관심 가지기<br>· 3세 제외 |
| 예술경험 | 아름다움 찾아보기 | · 음악적 요소 탐색하기<br>· 움직임과 춤 요소 탐색하기<br>· 미술적 요소 탐색하기 |
| | 예술적 표현하기 | · 음악으로 표현하기<br>· 움직임과 춤으로 표현하기<br>· 미술활동으로 표현하기<br>· 극놀이로 표현하기<br>· 통합적으로 표현하기 |
| | 예술 감상하기 | · 다양한 예술 감상하기<br>· 전통예술 감상하기 |
| 자연탐구 | 탐구하는 태도 기르기 | · 호기심을 유지하고 확장하기<br>· 탐구과정 즐기기<br>· 탐구기술 활용하기<br>· 3세 제외 |
| | 수학적 탐구하기 | · 수와 연산의 기초개념 알아보기<br>· 공간과 도형의 기초개념 알아보기<br>· 기초적인 측정하기<br>· 규칙성 이해하기<br>· 기초적인 자료수집과 결과 나타내기 |
| | 과학적 탐구하기 | · 물체와 물질 알아보기<br>· 생명체와 자연환경 알아보기<br>· 자연현상 알아보기<br>· 간단한 도구와 기계 활용하기 |

출처: 교육과학기술부(2013). 3~5세 연령별 누리과정

## 3. 흥미영역과 교재 교구

적절한 교재와 교구가 갖추어진 유치원과 어린이집의 물리적 환경은 프로그램의 질적수준에 영향을 미치는 중요한 요인이다. 환경 구성은 유아의 심리적 안정, 신체적 안전, 발달적 적합성, 다양성을 고려하여 구성하는 것이 바람직하며, 그 원리는 다음과 같다(교육과학기술부 · 보건복지부, 2013).

(1) 공간은 유아가 활동할 수 있을 만큼 충분히 넓어야 한다.
(2) 시설 설비와 교구는 유아의 연령 및 신체 발달에 적합하여 유아가 성인의 도움 없이 스스로 사용하고 정리할 수 있도록 한다.
(3) 유아에게 매력적이고 교육적으로 의미 있는 활동을 제공하도록 환경을 구성한다. 이를 위해 유아에게 활동선택권을 주는 다양한 흥미영역을 실내외 공간에 배치할 수 있다.
(4) 청결하고 안전한 환경을 제공하고, 적정 온도나 습도를 유지해야 한다.
(5) 환경은 유아의 발달 특성에 적합하여야 한다. 예를 들면, 유아의 연령이 낮을수록 일상적이고 개별적인 보살핌을 위한 환경 구성이 필요하고, 감각적인 경험의 기회가 많이 포함되는 환경을 제공한다.
(6) 유아가 장시간 유치원이나 어린이집에 머물 경우, 혼자 놀거나 쉴 수 있는 공간이 필요하며, 일상적인 보살핌이나 낮잠을 위한 물건이나 놀잇감 보관을 위한 저장 공간을 마련한다.

유아의 교수 학습을 지원하기 위해 실내에 쌓기 놀이 영역, 언어 영역, 역할놀이 영역, 수 · 조작 영역, 과학 영역, 음률 영역, 미술 영역 등의 흥미영역을 구성하여 신체운동 · 건강, 의사소통, 사회관계, 예술경험, 자연탐구 영역을 다양한 활동으로 전개할 수 있도록 한다. 흥미영역에 제시되는 활동이나 자료는 주간 및 일일 주제와 관련되도록 한다. 또한 게임, 발표, 토의, 관찰, 실험, 조사, 현장체험 등 다양한 유형의 활동과 연계되도록 하여 유아의 학습을 심화시킬 수 있도록 운영한다.

홍미영역의 수는 전체 공간의 크기, 유아의 수, 연령, 홍미를 고려하여 조절할 수 있다. 대체로 연령이 많아질수록 홍미 영역 개수가 늘어나며, 유아의 홍미에 따라 홍미 영역을 가감하기도 한다. 홍미영역은 1년에 3~4번 위치를 바꾸어 줌으로써 변화를 줄 수 있다. 홍미영역의 배치는 공간의 크기, 소음, 채광, 물의 사용 여부 등을 고려하며, 벽에 붙이는 부착물은 유아의 눈높이에 맞추어 게시한다. 모든 교재 교구는 안전과 위생을 고려해야 한다. 홍미영역 구성과 배치는 유아들이 의논하여 자율적으로 정할 수 있다. 이렇게 유아들에게 선택의 기회를 줌으로써 그들의 의견과 관심을 존중하는 영역 구성을 할 수 있을 뿐 아니라, 유아들이 홍미영역의 활동에 더 홍미를 가지고 참여하며, 유아 스스로 홍미영역 정리를 잘할 수 있게 한다.

### 1) 쌓기놀이 영역

#### (1) 구성

쌓기 놀이 영역은 여러 가지 크기와 모양, 재질의 블록과 소품을 이용하여 어떤 사물을 구성하거나 구조물을 쌓아보거나 꾸며보는 등의 과정을 경험하는 영역이다. 유아는 쌓기놀이를 통해 다양한 구성 활동을 하면서 관찰력, 측정 기술, 원인과 결과에 대한 사고력 등을 기를 수 있다. 쌓기 놀이 영역은 활동적이며 소음이 발생하는 영역이므로 언어나 과학 등 정적인 영역과는 떨어져서 배치하는 것이 좋으며, 소음방지를 위하여 바닥에 카펫을 깔아준다.

#### (2) 놀잇감 및 교재 교구

- 다양한 블록: 종이 벽돌 블록, 단위 블록, 공간 블록, 우레탄 블록 등
- 크고 작은 모형: 동물, 사람, 공룡 등의 인형이나 모형, 탈 것(예: 기차, 트럭, 레미콘, 구급차, 경찰차, 여객기, 운전대) 등

- 사회극 놀이 소품: 여러 종류의 가면, 교통 신호나 표지판 등
- 기타 자료: 쌓기 놀이에 도움을 주는 책, 그림 자료 등

## 2) 언어 영역

### (1) 구성

언어 영역은 듣기, 말하기, 읽기, 쓰기와 관련된 활동을 경험하는 영역이다. 유아는 언어 영역의 활동을 통해 일상생활에 필요한 언어 능력을 향상시키고 올바른 의사소통 능력 및 태도를 기를 수 있다. 언어 영역은 주변의 자극으로부터 격리될 수 있도록 조용하고 안정된 공간에 배치하는 것이 좋으며, 활동 주제나 유아의 흥미에 따라 다양한 언어 활동 자료를 비치하여 듣기, 말하기, 읽기, 쓰기 활동이 골고루 이루어지도록 하며, 안락한 의자나 쿠션 등을 두어 편안하게 언어활동에 몰입하도록 한다.

### (2) 놀잇감 및 교재 교구

- 듣기 자료 : 다양한 종류의 책, CD플레이어, 헤드폰, 카세트 레코드와 테이프 등
- 말하기 자료 : 이야기 꾸미기 자료와 융판, 그림 카드, 막대 인형이나 퍼펫, 인형극 틀, 녹음기, 마이크 등
- 읽기 자료 : 종류별 책과 책꽂이, 그림책, 잡지류, 글씨가 적혀 있는 다양한 종류의 카드(예: 친구 이름카드, 글자카드, 모래 글자 카드) 등
- 쓰기 자료 : 각종 필기구, 단어 카드, 컴퓨터와 프린터, 한글 고무 글자판과 스탬프, 잉크, 소형 화이트보드와 마커 펜, 가위, 펀치, 스테이플러 등

## 3) 역할놀이 영역

### (1) 구성

역할놀이 영역은 유아가 가족이나 성역할뿐만 아니라 우리 사회의 다양한 직업이

나 사회 구성원의 역할을 상상놀이 및 사회 극놀이 등을 통해 경험하는 영역이다. 유아는 역할놀이를 통해 자기중심적인 사고에서 벗어나 자신과 다른 사람의 생각과 감정을 더 잘 알고 적절하게 상호작용할 수 있으며 주변 사람들이나 공동체에서 함께 살아가는 방법을 익힌다. 역할놀이 영역은 동적인 영역에 배치하는 것이 좋으며, 진행되고 있는 생활주제와 관련된 소품을 제공하여 활동이 더욱 흥미롭고 풍부하게 이루어지도록 한다.

#### (2) 놀잇감 및 교재 교구

- 기본 가구 : 거울, 소파, 유아용 탁자, 의자, 옷장 등
- 소품 : 가족놀이 소품(예: 인형류, 주방용품, 일상용품, 의류, 신발류, 열쇠, 우산, 가방, 빗, 넥타이, 머플러 등), 교통기관놀이 소품(예: 차표, 지도, 여행 소책자, 여행 가방 등), 가게놀이 소품(예: 모형 과일, 시장바구니, 지갑 등), 병원놀이 소품(예: 의사 가운, 청진기, 바늘을 뺀 주사기, 붕대, 혈압기 등), 기타 주유소 놀이, 은행 놀이, 방송국 놀이, 미장원 놀이, 서점 놀이, 목욕탕 놀이 등의 각종 역할놀이 소품 등

### 4) 수 · 조작 영역

#### (1) 구성

수 · 조작 영역은 일대일 대응, 분류, 비교, 서열 등의 수 활동이나 퍼즐 맞추기나 끼워서 구성하기, 간단한 게임 등 논리적 문제 해결, 소근육 조작 등과 관련된 활동을 주로 하는 영역이다.

유아는 수 · 조작 활동을 통해 눈과 손의 협응력과 소근육 발달, 논리 · 수학적 개념 발달, 문제해결력과 집중력을 향상시킬 수 있으며, 문제를 탐색하고 해결해 가는 과정에서 자신감과 자율성을 기를 수 있다.

수 · 조작 영역은 개별적 탐색활동이 많이 이루어지는 곳으로 주의집중이 잘 되도록

조용한 곳에 배치하며, 난이도가 다른 다양한 놀잇감을 준비하여 유아의 발달수준과 흥미에 따른 수 · 조작 활동이 이루어지도록 한다.

#### (2) 놀잇감 및 교재 교구

- 구성 활동 자료 : 레고 블록, 코코 블록, 다목적 블록, 꽃 블록 등
- 수 활동 자료 : 일대일 대응, 분류, 비교, 서열, 부분과 전체, 무게나 부피 측정, 공간과 형태 개념에 도움이 되는 교재 교구 등
- 조작 활동 자료 : 퍼즐, 자물쇠 맞추기, 볼트와 너트 맞추기 등
- 일상생활 활동 자료 : 옮겨 담기, 바느질, 끈 끼우기, 구슬 꿰기, 단추 끼우기, 지퍼 올리기, 끈 매기 등
- 게임 활동 : 기억하기와 색깔 맞추기와 같은 간단한 게임, 로또 게임 등

### 5) 과학 영역

#### (1) 구성

과학 영역은 여러 가지 과학 기자재를 활용하여 생물과 무생물, 물질의 성질, 자연현상 등 유아가 접하는 자연환경을 관찰, 실험, 탐구, 감상하는 활동을 하는 영역이다. 유아는 과학 영역의 활동을 통해 주변의 환경이나 사물, 생명체에 대해 알고 지속적으로 탐색하고, 과학적인 사고를 형성할 수 있도록 돕는 영역이다. 과학 영역은 곤충이나 작은 동물, 식물을 기를 경우 조용하고 햇볕이 잘 드는 안정된 장소로 물 공급을 쉽게 받을 수 있도록 수도 가까이에 배치한다.

#### (2) 놀잇감 및 교재 교구

- 기본 도구 : 거울, 자석, 돋보기, 현미경, 프리즘, 전지, 온도계, 습도계, 관찰용지, 필기도구, 자, 저울 등
- 생명체 관련 자료 : 식물, 자연물(예: 나뭇잎, 열매, 씨앗, 솔방울, 조개껍데기 등),

동물(예: 거북이, 금붕어, 햄스터, 병아리, 토끼, 개구리 등), 어항, 새장, 개미집, 동식물 관련책, 표본 등

- 기계류 : 시계(예: 손목시계, 모래시계 등), 라디오, 텔레비전, 컴퓨터 등의 부속품, 열쇠와 자물쇠, 다양한 바퀴, 여러 가지 물체와 물질 등
- 자연현상 관련 자료 : 기후관련 사진이나 그림, 기상도, 구름 사진이나 그림, 돌, 흙, 달, 별, 해 등의 사진이나 그림 등

### 6) 음률 영역

#### (1) 구성

음률 영역은 생활주변에서 듣는 다양한 소리에 관심을 가지고 탐색하고 음악을 듣고 노래를 부르고 여러 가지 악기를 다루어 보고 음악에 맞추어 자유롭게 몸을 움직이거나 창의적인 신체 표현 활동을 경험하는 영역이다. 유아는 음률 영역의 활동을 통해 음악적 아름다움의 요소를 찾아보며, 음악이나 움직임과 춤으로 표현하고, 음악을 감상하는 능력을 키운다. 음률영역은 음악에 맞추어 신체를 자유롭게 움직일 수 있는 충분히 넓은 공간이 필요하며, 소음이 많이 나는 영역이므로 다른 영역의 활동에 방해가 되지 않도록 배치하며 바닥에는 카펫을 깔아 안정된 분위기를 조성하며 소음도 줄일 수 있도록 한다.

#### (2) 놀잇감 및 교재 교구

- 기본 교구 : 녹음기, 헤드폰, 카세트테이프, 다양한 음악 테이프나 CD, 악보, 악기 관련사진, 각종 연주회나 춤 공연 등의 사진이나 동영상 자료 등
- 생활속 악기 : 젓가락, 냄비 뚜껑, 깡통, 빨래판, 체, 콩 부채 등
- 우리나라 전통 악기류 : 장구, 소고, 북, 꽹과리, 가야금, 피리 등
- 외국 악기류 : 리듬 악기(예: 탬버린, 캐스터네츠, 트라이앵글, 마라카스 등), 멜로디 악기(예: 실로폰, 멜로디언, 키보드, 피아노 등)

- 기타 : 스카프, 리본, 작은 낙하산 등의 신체표현 도구나 음악 연주회나 춤 공연, 오페라 등에서 공연자가 입는 무대 의상 등

### 7) 미술 영역

#### (1) 구성

미술 영역은 자연과 사물의 아름다움을 체험하고 그리기, 만들기, 꾸미기, 구성하기 등의 활동을 하며 자신의 느낌이나 생각을 자유롭게 표현하고 미적 아름다움을 감상하는 경험을 하는 영역이다. 유아는 미술 영역 활동을 통해 미술적 아름다움의 요소를 이해하며, 자신의 생각이나 느낌을 표현하면서 성취감을 얻고, 정서적인 긴장감도 해소한다. 미술영역은 조용하고 밝은 곳이 좋으며, 물을 사용할 수 있는 공간과 가까이 배치한다.

#### (2) 놀잇감 및 교재 교구

- 종이류: 도화지, 색종이, 색지, 골판지, 포장지 등
- 그리기 도구 : 크레파스, 색연필, 볼펜, 물감, 먹물, 붓, 사인펜, 매직, 핑거 페인트 등
- 만들기 도구 : 가위, 풀, 테이프, 스테이플러, 펀치, 핑킹 가위 등
- 각종 자료 : 찰흙, 고무 점토, 밀가루 점토, 나뭇가지, 나무젓가락, 빨대, 실, 솜, 스펀지, 수수깡, 자연물(예: 솔방울, 돌, 나뭇잎, 조개껍질, 깃털 등) 등

리딕크(Riddick, 1982)의 분류에 기초하여 실내 흥미영역에 따른 교재 교구를 분류하면 〈표 5-3〉과 같다(이대균 · 송정원, 2001, 재인용). 교사는 이를 기본적으로 배치하되 유아들의 관심과 요구, 필요, 주제에 따라 새로운 자료를 첨가하며, 변화를 주도록 해야 한다.

〈표5-3〉 흥미영역별 교재 교구

| 흥미 영역 | 교육 기능 | 교재 · 교구 | 평가 기준 |
|---|---|---|---|
| 조작놀이 영역 | • 손과 눈의 협응력<br>• 소근육 운동 조절<br>• 형태와 색의 변별 | 그림 퍼즐, 입체 퍼즐, 맞춤 블록(lego), 색깔 블록, 모양 찾아 넣기 | · 종류별 색깔이 선명하여 유아가 쉽게 구별할 수 있는가?<br>· 전체와 부분의 개념 형성에 도움을 줄 수 있는가?<br>· 조각 부품들이 정교하게 된 것인가?<br>· 손, 팔, 눈, 목, 손가락의 협응을 도울 수 있는가?<br>· 형태와 색채가 통일성 있고, 멋있게 디자인된 것인가? |
| 구성놀이 영역<br>(목공놀이 영역) | • 대 · 소근육 운동 기능<br>• 창의적 표현 및 구성 감각<br>• 감정표출 및 성취감<br>• 협동심 | 블록(벽돌, 모자이크), 나사 끼우기, 토막 쌓기, 모양 맞춤 블록, 각종 공구(드릴, 망치, 큰 못, 톱, 대패) | · 창의력 표현과 구성에 대한 발달을 조장시킬 수 있는가?<br>· 여러 형태를 만들 수 있는가?<br>· 무게, 크기, 개수는 유아의 발달에 적합한가? |
| 언어놀이 영역 | • 어휘, 문장, 의사소통<br>• 예절 및 창의적 표현 | 동화책, 그림책, 동요, 동시, 융판, 동화자료, 낱말카드, 전화기, 라디오 녹음자료 | · 언어의 정확한 이해표현에 도움을 줄 수 있는가?<br>· 생각한 것을 말로 표현하는데 도움이 되는가?<br>· 적당한 어휘 사용 능력, 현상이나 사물에 그림을 제시할 수 있는가? |
| 조형영역<br>(창의적 표현 활동 영역) | • 손과 눈의 협응<br>• 창의적 표현<br>• 글자의 기초 기능 | 크레용, 물감, 분필, 점토, 색종이, 풀, 털실, 스펀지, 가위, 연필, 나무토막, 모래놀이 도구 등 | · 구성 재료가 정확하고 질이 좋으며 불편은 없는가?<br>· 색이 선명하며, 색감이 좋은가?<br>· 창의적 표현을 조장할 수 있는가? |
| 역할놀이 영역 | • 생활습관 및 협동심<br>• 의사소통 기능<br>• 창의적 표현 및 신뢰감<br>• 사회 생활 기초 인식 | 인형, 소꿉놀이, 병원놀이, 장난감 , 종, 손인형, 가면, 장난감 차, 역할 놀잇감(의사, 건축기사, 간호원, 소방수), 의생활 훈련 | · 모양, 색깔이 유아의 흥미와 호감을 살 수 있는가?<br>· 실물을 모방한 장난감은 기능, 질감, 색채가 적당한가?<br>· 유아가 생각한 것을 표현할 수 있는가?<br>· 구성 재료는 안전하고 견고한가? |

| 흥미 영역 | 교육 기능 | 교재 · 교구 | 평가 기준 |
|---|---|---|---|
| 사고 및 과학놀이 영역 | • 과학적 개념 및 사고<br>• 협동심과 성취감 | 화분, 어항, 온도계, 자석, 자, 슬라이드, 사진, 저울, 각종 표본, 프리즘, 만화경, 계량컵, 시계, 확대경, 병, 빈 깡통 | · 자연현상 속에 숨어 있는 원리를 깨닫게 하는 데 도움이 되는가?<br>· 생활에 간단히 적용 하는 데 도움이 되는가?<br>· 호기심과 탐구심을 조장할 수 있는가?<br>· 정확하고 정밀하게 구성되어 있는가? |
| 수놀이 영역 | • 숫자 및 시간개념<br>• 분류 개념<br>• 응용력 | 숫자 블록, 숫자카드, 숫자 맞추기, 셈판, 달력, 숫자 퍼즐 | · 10이하의 숫자를 취급하는가?<br>· 각 속성의 수준이 5이상을 넘지 않으며, 속성의 종류는 3가지 이상을 넘지 않는가?<br>· 아름다운 디자인으로 유아의 주의를 끌 수 있는가 |
| 음아활동 영역 | • 청각 기능<br>• 손과 눈의 협응<br>• 발음 및 어휘력 신장<br>• 감상력 | 카세트, 레코드, 실로폰, 마라카스, 북, 피아노, 오르간, 캐스터네츠, 장구, 심벌즈, 트라이앵글, 목탁, 전축, 녹음 자료 | · 적당한 음정을 가진 악기인가?<br>· 안전성을 갖고 있는가?<br>· 감상용 테이프가 유아 수준에 맞는가? |
| 활동놀이 영역 (바깥놀이) | • 대근육 운동 기능<br>• 감정표출<br>• 의사소통 기술 | 미끄럼틀, 시소, 정글짐, 그네사다리, 로프, 큰 공, 고리던지기, 공, 여러 가지 탈것, 평균대, 줄넘기, 징검다리, 타이어 | · 신체 발달을 조장할 수 있는가?<br>· 유아가 흥미를 갖고 접할 수 있는가?<br>· 위험성 없이 안전한가?<br>· 인체지수를 포괄적으로 고려했나? |

# 06장 교재 교구의 선정과 제작

교재 교구는 교육활동에 영향을 미치는 중요한 요인으로 적절한 시기에 영유아의 발달에 적합한 교재 교구를 선정하여 제공해야 한다. 본 장에서는 유아교육기관에서 이루어지고 있는 교재 교구의 선정 및 제작, 교재 교구의 전시 및 보관에 대해 살펴보고자 한다.

## 1. 교재 교구의 선정

교재 교구를 선정할 때는 영유아의 연령, 발달단계 및 특성, 흥미와 욕구, 현재 진행되고 있는 생활주제 등을 고려하여야 한다. 교재 교구를 선택할 때 고려해야 할 기준을 제시하면 다음과 같다(박찬옥 외, 2008 ; 김정규 외, 2010 ; Essa, 1999).

### 1) 교재 교구의 선정기준

#### (1) 유아의 발달 수준에 적합한가?

- 교재 교구는 사용하는 영유아의 연령, 욕구와 흥미, 발달 단계에 적합해야 한다.
- 영유아의 활용능력에 적합한 것으로 영유아가 다루기에 적절한 크기와 무게의 교구이어야 한다.

#### (2) 교육내용에 적합한 것인가?

- 교재 교구를 통해 성취할 수 있는 교육적 목표가 분명하게 설정되어 있어 교육목표와 학습특성에 가장 적합한 것이어야 한다.
- 교재 교구의 내용은 고정적인 성역할, 특정 민족이나 문화에 대한 선입견, 신체적 특성, 빈부의 차이, 직업에 대한 편견적 사고가 표현되지 않은 것이어야 한다.

#### (3) 안전하고 위생적인가?

- 무독성의 재질로 제작된 교구를 선정하여 물거나 빠는 등 다양한 놀이활동 형태에서도 위생적이어야 한다.
- 교구의 모서리가 날카롭지 않은 것, 삼키거나 귀, 코 속에 들어가지 않을 크기의 것, 손, 발, 머리카락에 걸리는 부분이 없는 것이어야 한다.
- 교구는 위생적이며 물세탁이 가능한 것, 유독성이 없는 것을 구입한다.

#### (4) 견고하고 내구성이 있는가?

- 영유아가 사용하다가 누르거나 부딪혀도 손상되지 않고, 쉽게 망가지거나 깨지지 않도록 견고하게 제작된 것이어야 한다.
- 열에 잘 견디며 구조가 튼튼하고 쉽게 고장 나지 않는 것이어야 한다.

### (5) 비용이 경제적인가?

- 적은 경비로 다양한 교육적 기능도 고려할 수 있는 품질이 우수한 것이어야 한다.
- 적은 경비로 오랫동안 효율적으로 활용할 수 있는 교구이어야 한다.

### (6) 다양하게 활용할 수 있는가?

- 교구의 활용에 있어서 정해진 한 가지 방법으로만 사용할 수 있는 것보다 영유아의 특성에 따라 난이도를 조절할 수 있어야 한다.
- 놀이의 방법을 다양하게 변경할 수 있는 융통성이 있으며 새로운 놀이로 발전시키거나 확장할 수 있어야 한다.

### (7) 영유아에게 매력적이며 친밀감이 있는가?

- 색상, 디자인이 매력적이어서 호기심을 자극할 수 있도록 해야 한다. 이때 외관상의 매력도 중요하지만 교구 자체에 대한 매력이 있어야 한다.
- 색, 모양, 촉감, 냄새, 소리 등이 영유아에게 친밀감이 있어 가지고 놀고 싶은 마음이 생겨야 한다.

### (8) 관리가 쉬운가?

- 깨끗하고 부식되지 않으며, 가벼워서 옮기기 쉽고, 부피가 적당하여 공간을 적게 차지하는 것이어야 한다.
- 교구의 유지, 관리, 보관이 쉬워야 한다.

### (9) 통합성이 있는가?

- 영유아가 이미 알고 있는 것과 새로운 경험의 통합, 생활과의 통합, 교육내용 영역의 통합, 각 흥미영역에서 갖게 되는 경험의 통합이 이루어져야 한다.
- 영유아에게 지역사회와의 통합된 경험을 부여하여야 한다.

### 2) 교사가 제작한 교재 교구

유아교육기관에서 자유선택활동을 운영하면서 다양하고 양적으로 많은 교재 교구를 필요로 하고 있다. 교사들은 상업화된 교구를 구입하여 활용하기도 하지만 각 영역에 필요한 교재 교구들을 제작해야 한다. 교사가 직접 제작한 교재 교구를 영유아가 사용할 경우, 다음과 같은 이로운 점으로 인해 교육적 효과를 높일 수 있다.

- 영유아의 연령 및 발달단계와 주제에 적절한 교재 교구의 제작으로 교육적 효과를 높일 수 있다.
- 여러 가지 소재를 활용하여 다양한 방법으로 제작할 수 있으므로 유아들에게 새롭고 창의적인 사고를 길러 줄 수 있다.
- 교사가 제작하기 때문에 대량 생산이 아닌 개성있는 교구로 제작이 가능하며 교구의 희소성이 높다.
- 일상용품이나 주변의 재활용 물품을 이용하여 제작함으로써 경비를 절약할 수 있다.

이상과 같이 교사가 제작한 교재 교구는 장점이 있으나 손으로 제작하기 때문에 상품화된 교구보다 견고성이 떨어지고, 시간과 노력이 많이 소요되며 대량 생산이 어렵다는 단점이 있다.

### 3) 상품화된 교재 교구

상품화된 교재 교구는 구입 시, 앞 절에 제시된 교재 교구 선정기준을 가능한 한 모두 적용하면서 구입하기 전에 다음과 같은 유의사항을 고려해야 한다(정상녀 외, 2010 ; 서예석 외, 2012).

- 교재 교구를 구입하기 전에 반드시 교재 교구 구입을 위한 교사회의를 열어 영유

아를 지도하는 교사들이 직접 제안한 교재 교구를 우선적으로 구입한다.

- 구입하고자 하는 교재 교구의 형태가 교사가 제작하는 것보다 더 효율적인지의 여부를 판단한 후 구입한다.
- 판매되고 있는 같은 종류의 교재 교구들에 대한 정보를 충분히 점검한 후 교육적 기능성 및 경제성을 고려하여 구입한다.
- 교재 교구를 구입하기 전, 교사가 직접 조작해 보거나 놀이를 해봄으로써 사용안내서의 매뉴얼과 같은지를 확인한다.
- 상품에 대한 충분한 사후 서비스가 보장되는지를 확인하며, 상품교구의 구입처와 판매자의 정보가 담긴 명함 및 연락처를 받아 목록화한다.

## 2. 교재 교구의 제작

### 1) 제작 전 계획 과정

교재 교구를 제작하기 위해서 교사는 현장의 문제 및 요구를 발견하고, 교육활동 내용 및 형태, 교육대상자의 연령, 교재 교구를 다루는 주체가 누구인지, 활용범위 등을 고려하여 제작할 때 교육적 효과를 높일 수 있다. 교재 교구 제작을 위해 고려해야 할 사항은 아래와 같다(김유정 · 김정원, 2011 ; 정상녀 외, 2010).

(1) 문제 및 요구의 발견

영유아의 특성, 학습목표의 진술, 활동상황의 분석에 따라 문제 및 요구가 발견되어 교재 교구에 대한 요구가 생긴다.

(2) 기존에 이미 만들어진 교재 교구가 있는지를 확인하고 이를 보완하고 수정하여 사용할 수 있는지 조사한다.

(3) 교재 교구를 제작하기로 결정한 후, 교재 교구 제작에 관련된 참고문헌을 찾거나 다른 재료 등을 조사하여 기존의 것과 차별화된 다른 방법으로 제작할 수 있는지를 검토한다.

(4) 기초자료와 이론연구를 통해 교재 교구를 구상, 설계하고 동시에 제작을 위한 계획을 수립한다.
제작 수행단계에서 다음과 같은 점을 고려한다.
- 사용연령 및 인원
- 크기, 재료와 형태
- 조력팀의 구성으로 교사가 제작할 것인지, 유아와 함께 제작할 것인지, 학부모 자원 봉사자와 함께 제작할 것인지를 정한다.
- 사용경비 및 제작시간에 따른 효율성
- 보관가능 여부 및 사용빈도수 등을 고려한다.

(5) 교재 교구 제작의 설계와 계획서에 의해 교재 교구를 제작한다.

(6) 교재 교구가 완성되면 제작방법의 소개와 활용을 위한 지침서를 작성한다.

### 2) 제작에 필요한 도구

교재 교구 제작 시 필요한 도구들을 충분히 잘 갖추어 놓고, 도구의 사용법과 재료의 특성을 잘 파악하여 적절하게 사용하면 교구제작의 효율성을 높일 수 있다.

### 3) 제작에 사용되는 재료

교재 교구를 제작하는 데 사용되는 재료는 영유아의 안전과 위생성을 고려하여 선택해야 한다. 자료를 종류별로 잘 정리하여 필요 시 쉽게 사용할 수 있도록 한다. 교재 교구 제작 시 필요한 재료를 소개하면 〈표 6-1〉과 같다.

〈표 6-1〉 교재 교구 제작에 사용되는 재료

| 재 료 | 종류 |
|---|---|
| 종이류 | 한지, 머메이드지, 색상지, 색종이, 구김지, 주름지, 하드보드지, 마분지, 골판지, 포장지, 습자지, 화선지, 파인애플지, 벽지, 모래종이, 신문지, 에니멀페이퍼, 트레싱지, 타공지, 색접시, 색 종이컵 |
| 보드류 | 폼보드, 우드락, 코르크판, EVA 폼, 스티로폼 |
| 천류 | 부직포, 펠트지, 접착펠트지, 눈망사, 융, 무명, 마, 면 |
| 철제류 | 공예철사, 빵끈, 모루, 함석판, 철사, 꽃철사, 링/고리 |
| 물감류 | 수채화물감, 포스터물감, 아크릴물감, 우드락물감, 펄물감, 염색물감 |
| 색있는 필기도구 | 파스텔, 색연필, 유성펜과 네임펜, 마커, 크레파스, 크레욜라 크레용, 파스넷, |
| 비닐류 | 아세테이트지, 접착 아세테이트지, 셀로판, 투명시트지와 색시트지, 코팅지, OHP필름 |
| 가루류 | 천연가루색소, 야광가루, 칼라톱밥, 색모래가루, 반짝이가루, |
| 점토류 | 밀가루 점토, 칼라점토, 종이죽, 찰흙, 지점토, 아이클레이, 폼클레이 |
| 끈 및 줄류 | 면끈, 롤라 비닐끈, 꽈배기끈, 지끈, 종이리본끈, 실리콘줄, 칼라피아노줄, 낚시줄, 칼라고무줄 |
| 기타소품류 | 눈알, 수수깡, 나무집게, 방울, 장식리본, 하드스틱, 빨대, 압핀, 침핀, 벨크로(까슬이, 보들이), 폰폼(뽕뽕이), 바운트, 스팡클, 백업, 은색구슬, 할핀 |
| 자석류 | 고무자석판, 둥근자석, 롤자석 테이프, 도넛자석, 말굽자석 |
| 접착재료 | 마스킹테이프, 박스테이프, 투명테이프, 양면테이프, 칼라테이프, 반짝이 테이프, 녹색테이프, 접착 홀로그램 롤테이프, 플로랄테이프, 물풀, 딱풀, 목공풀, 강력본드, 순간접착제, 스프레이 접착제, 지점토 본드, 우드락 본드 |

### 4) 폐품을 활용한 재료

우유곽, 페트병(투명, 색 있는것), 요구르트 병, 각종 크기의 상자 곽(피자, 케이크, 연고, 치약, 캐러멜, 라면 등), 화장품 용기, 플라스틱통(아이스크림, 초콜릿), 바구니(대나무, 플라스틱), 주방용품(쟁반, 냄비, 프라이펜, 채반, 주걱, 국자 등), 선물용 포장용품(젓갈통, 아이스박스, 파손방지 압축비닐, 스티로폼 망), 아이스바, 양파망 등

### 5) 교재 교구 제작 시 고려사항

영유아를 위한 교수매체를 제작할 때 고려해야 할 점은 교구를 선정하는 기준과 거의 유사하다. 교구를 선정하는 기준으로는 영유아의 발달 수준의 적합성, 교육내용의 적합성, 안전성과 위생성, 견고성, 비용의 경제성, 다양한 활용성, 매력성, 관리의 용이성, 통합성 등을 고려해야 하며 이를 구체적으로 살펴보면 다음과 같다(이대균 · 송정원, 2001).

(1) 교재 교구의 내용이 영유아의 발달수준에 적절하도록 제작한다.

교재 교구의 내용과 제작을 위해 사용되는 그림 및 글자의 수준 및 교구 활용법 등이 영유아의 발달 단계에 적절하게 제시되어야 한다. 연령에 따른 수준을 고려하고 같은 연령이라 할지라도 개인적 발달 차이에 따라 난이도를 조절하여 활용할 수 있도록 제작한다. 또한 제작하는 교재 교구가 이전의 것과 단계적으로 계열성이 있도록 한다.

(2) 교육목표에 적합한 내용으로 이루어지도록 제작한다.

교재 교구를 제작할 때 제작하는 교재 교구를 통해 달성할 수 있는 교육목표가 확실해야 한다. 교육목표에 따라 교구를 제작할 때 영유아들의 교육이 체계적으로 이루어질 수 있다. 교사가 교재 교구 제작 시 한 가지의 교구를 통해 다양한 교육목표를 끌어내려 한다면 영유아들의 흥미를 떨어뜨릴 수도 있고 오히려 교재 교구의 활용에 혼란

을 줄 수 있으므로 적절한 범위 내에서 변형이 이루어지도록 고려해야 한다.

(3) 영유아들의 흥미와 관심을 끌 수 있도록 다양한 소재와 기법으로 제작한다.

교재 교구의 내용도 중요하지만 외관으로 보이는 교재 교구의 모양과 색, 재질, 제작 기법 등을 통해 영유아들의 호기심을 이끌어낼 수 있도록 제작한다. 일상생활에서 흔히 접하는 그림 인쇄자료보다는 자연물을 활용하거나 촉감을 느낄 수 있는 다양한 생활용품이나 헝겊 등을 이용해 제작하는 것이 좋다. 이는 시각적 경험뿐만 아니라 촉감적 경험을 할 수 있으며 유아의 흥미와 재미를 자극하는 등 새로운 경험을 제공할 수 있다.

(4) 이동이나 전시 및 보관하기에 적합한 크기로 제작한다.

교재 교구를 제작할 때 영유아들이 사용하기에 적당한 크기와 무게로 제작하여 영유아들이 쉽게 이동할 수 있고 교사의 도움 없이 조작 가능한 크기로 제작하는 것이 좋다. 또한 보관 시 손쉽게 분류하여 공간을 절약할 수 있도록 제작한다.

(5) 최소의 노력과 경비로 최대의 효과를 낼 수 있도록 제작한다.

교사가 제작하려는 교재 교구가 상품화된 교구와 비용이나 시간 면에서 큰 차이가 없다면 상품화된 교구를 활용하는 것이 좋다. 교재 교구 제작에 드는 경비는 최소화하면서 교육의 효과는 최대한 높일 수 있도록 가능한 주변의 자료들을 충분히 활용하도록 한다.

### 6) 교재 교구 제작 시 유의사항

교재 교구는 영유아의 발달적 특성을 바탕으로 교육적 가치를 고려하여 제작되어야 한다. 교재 교구 제작 시 공통적으로 적용되는 유의사항을 살펴보면 다음과 같다(서예석 외, 2012 ; 엄정례 · 유향선, 2005)

(1) 교재 교구를 제작 할 때에 사용되는 글자와 숫자는 정자로 하며, 표준글자로 제

시해 준다. 교재 교구에 사용되는 모든 선은 반듯하고 정확하게 그려야 하며 컬러 시트지나 마스킹테이프를 이용해 반듯하게 붙여 사용하도록 한다.

(2) 교재 교구의 크기를 융통성 있게 조절할 수 있도록 제작한다. 교구의 특성상 크기가 커야 할 경우 활동 시에는 펼쳐서 사용하고 활동이 끝나면 접을 수 있는 접이식, 탈 부착식으로 제작하여 보관 시에는 부피를 줄일 수 있도록 한다.

(3) 밸크로는 보들이와 까슬이가 있다. 까슬이는 부착할 교구에 붙이고, 보들이는 부착면에 붙이면 다른 교구와의 상호활동 시 교환 또는 첨가 등이 편리하다. 벨크로는 붙이는 배경판과 유사한 색을 사용하여 가급적 눈에 띄지 않게 한다. 밸크로는 접착력이 강해서 교구를 떼고 붙일 때 원판으로부터 붙여진 부분이 떨어질 수 있고, 유아들이 쉽게 떼어내기 힘들 수도 있으므로 동그란 모양으로 작게 오려서 붙이도록 한다.

(4) 코팅지를 사용해 코팅을 할 경우에는 그림자료 조각을 코팅지에 올려놓기 전에 자료의 바닥에 풀을 살짝 붙여주어 자료가 밀리지 않도록 한다. 코팅된 자료를 자를 때는 0.5㎝의 여백을 두고 자르며, 잘라진 모서리를 둥글게 오린다. 코팅된 자료는 두께가 얇으므로 뒷면에 약간 두꺼운 도화지를 붙여서 사용한다.

(5) 교재 교구에 사용되는 재료의 색은 자연의 색과 유사한 색을 사용한다. 예를 들면 도로는 회색으로, 바다는 파란색 등을 사용한다. 가능한 형광색지나 원색은 피하고 밝은색을 사용하며, 같은 계열의 색을 사용하는 것이 세련미가 있다. 교재 교구의 구성이 전체와 부분으로 이루어진 것일 경우에는 테두리나 배지를 같은 색으로 꾸며 주어 교구활동 시 한 세트임을 쉽게 알아볼 수 있게 제작한다.

(6) 테두리는 게임판이나 그림자료의 배경색을 고려하여 색을 정한다. 테두리색은

게임판의 바탕색과 유사한 색으로 하거나 같은 톤으로 진하게 하는 것이 좋다. 일반적으로 테두리는 마스킹테이프나 종이테이프를 이용하며, 배지는 교구의 크기보다 0.5㎝~1㎝ 정도 크게 붙이는 것이 적당하며 판이 클 경우 조금 더 두껍게, 작을 경우에는 좁게 하는 것이 좋다.

(7) 투명시트지를 붙여서 코팅 효과를 낼 경우에는 기포가 생기지 않도록 유의한다. 부착하는 도중 자료에 공기가 들어갔을 경우에는 바늘로 찔러 공기를 빼고 가장자리부터 조심스럽게 누르면서 점차적으로 붙이면 잘 붙는다.

## 3. 교재 교구의 전시 및 보관

### 1) 교재 교구의 제시

교재 교구를 적절한 시기에 효율적으로 제시해야 교육적 효과를 높일 수 있다. 교재 교구를 제시할 때는 제작목표, 교수방법, 영유아의 발달 수준, 활용주체, 활용 집단의 형태 및 크기, 교과내용과의 연관성, 계절 등을 고려해야 한다. 교재 교구를 제시할 때 고려해야 할 점은 다음과 같다.

- 주제의 적합성 : 생활주제나 교사가 계획한 주제에 적합한 교재 교구를 제시한다.
- 교재 교구를 제시할 때는 구체적인 것에서 추상적인 것으로, 친숙한 것에서 생소한 것으로, 단순한 것에서 복잡한 것으로, 개별적인 것에서 집단적인 것으로 제시한다.
- 교재 교구를 제시할 때 영유아의 수, 연령, 발달 수준, 활동 공간, 활동 목적, 교수방법 등을 고려하여 교재 교구의 양을 융통성 있게 조절하여 배치한다.

- 새로운 교재 교구를 소개할 때는 전체 영유아들에게 교재 교구의 활용방법과 주의점에 대해 알려주고 제시하는 방법, 영유아가 자연스럽게 활용하는 과정에서 교사나 또래의 요청에 의해 소개하는 방법, 다른 활동시간에 활용했던 교재 교구를 활동이 끝난 후 좀 더 활용해 보고자 할 때 새로운 사용방법에 중점을 두어 자연스럽게 소개하는 방법 등이 있다.

교재 교구를 제시할 때 교사는 영유아가 교재 교구를 자율적으로 선택하고, 영유아 상호 간에 협력적으로 사용하며, 관리와 보관의 필요성을 느끼고 실천하고 있는지 살펴보아야 한다(Day, 1983). 교사의 역할을 구체적으로 살펴보면 다음과 같다(이대균, 송정원, 2001).

- 조력(support) : 영유아가 교재 교구를 이동하며 사용하고 정리하는 데 도움을 주고 격려한다.
- 참여(particpation) : 영유아들과 함께 교재 교구를 활용하고 결과에 대해 토론하면서 즐거움을 함께 나눈다.
- 시범(demonstration) : 영유아에게 교재 교구의 활용방법에 대하여 시범을 보이면서 과제를 수행하는 과정과 태도를 보여준다.
- 관찰(observation) : 영유아의 교재 교구 선정과 활용과정을 관찰하고 교재의 활용이나 배열 · 관리 상태를 점검하며, 활용을 원활히 하기 위해 교재 교구를 재배치하고 활용방안을 모색한다.

### 2) 교재 교구의 전시와 배치

교재 교구를 전시하고 배치할 때 효과적으로 전시를 해야 영유아들의 흥미와 욕구를 유발시킬 수 있으며 교육적 효과도 높일 수 있다. 교재 교구를 전시할 때 고려해야 할 사항들을 정리하면 다음과 같다(김정규 외, 2010 ; Decker & Decker, 1992 ; Day,

1983).

(1) 매일 사용하는 것은 항상 배치한다. 각 영역마다 기본적으로 갖추어야 할 교재 교구는 같은 자리에 항상 배치하여 영유아들에게 혼란을 주지 않도록 한다.

(2) 교실을 흥미영역별로 배치하고 영역에 따라 필요한 교재 교구를 전시한다. 흥미영역별 배치는 물리적 한계를 분명히 해주고 활동에 필요한 적절한 공간을 확보할 수 있기 때문에 영유아에게 안정감을 준다.

〔그림6-1〕 흥미영역별 교구 배치

(3) 연관성이 있는 교재 교구는 인접하게 배치하여 교구의 활용도를 높이고 통합된 활동 또는 상호보완적인 활동이 되도록 한다. 예를 들면 쌓기 영역과 역할 영역을 인접하게 배치하면 상호 공통적으로 교재 교구를 활용할 수 있다.

〔그림6-2〕 쌓기영역과 역할영역

(4) 교재 교구를 게시판이나 벽면에 붙이거나 꽂이에 세워서 전시할 수 있으며 교구를 들고 이동하기 편하게 바구니나 쟁반에 담아서 전시한다.

〔그림6-3〕 벽면에 붙여서 전시

〔그림6-4〕 꽂이에 세워서 전시

〔그림6-5〕 쟁반에 담아서 전시

〔그림6-6〕 교구장과 교구장 위에 세워서 전시

(5) 영유아들에게 활용도가 낮은 교재 교구의 경우, 눈에 잘 띄는 곳에 전시하거나 영유아들이 좋아하는 또 다른 교구와 함께 전시하여 관심도를 높인다.

〔그림6-7〕 음악과 관련된 자료와 악보

(6) 교구를 제자리에 정돈하는 습관을 기를 수 있도록 교구와 교구장 바닥에 교구명을 붙여 놓거나 교구의 사진을 붙여서 전시한다.

〔그림6-8〕 교구장 바닥에 교구사진 전시

〔그림6-9〕 바구니에 표시된 교구명

### 3) 교재 교구의 보관방법

교재 교구의 정리가 체계적으로 이루어지면 교사가 교육활동을 계획하기에 편리하며 보관된 교재 교구와 유사한 교구를 제작하거나 구입하는 경제적 손실을 줄일 수 있다. 따라서 교재 교구의 효율적인 활용을 위해서는 체계적인 보관 및 관리가 이루어져야 한다. 교재 교구를 효율적으로 보관하기 위해서는 다음과 같은 사항을 고려해야 한다.

#### (1) 교재 교구를 보관할 장소를 마련한다.

교재 교구 보관의 위치는 교사들이 활용하기 편한 장소이어야 하며 독립된 공간에 보관하는 것이 좋다. 교재 교구실은 바람이 잘 통하면서도 습기가 차지 않고 햇빛이 많이 들지 않는 곳이어야 한다. 독립된 공간이나 장소의 여유가 없을 경우, 교사실이나 계단의 밑, 복도의 구석진 곳 등 공간으로 활용할 수 있는 곳이면 보관이 가능하다. 철재나 목재로 된 교재 교구장을 설치하고 쥐나 해충, 습기의 피해를 막기 위해 외부와의 구멍을 차단하고, 방충제 및 방습제를 사용한다.

〔그림6-10〕 교사실에 비치한 교재교구

### (2) 다양한 형태로 구분된 자료장을 비치한다.

교재 교구는 제작된 형태나 크기가 다양하기 때문에 일괄적인 규격의 교구장보다는 다양한 형태의 공간이 있는 교구장에 보관하면 편리하다. 교재 교구의 특성을 고려하여 세로나 가로로 보관할 수 있어야 한다.

교구장의 공간이 다양하지 않을 경우에는 다양한 모양과 규격의 바구니 등 담을 수 있는 함을 준비하여 선반에 보관할 수 있다. 입체관련 자료는 투명한 박스에 넣어 보관하고 그림자료와 같은 평면자료는 종이봉투나 투명지퍼백에 넣어 보관한다.

상자나 바구니, 지퍼백의 겉면에는 자료명, 내용물, 활용방법 등을 기재하여 보관한다.

〔그림6-11〕 세로와 가로로 보관된 교구

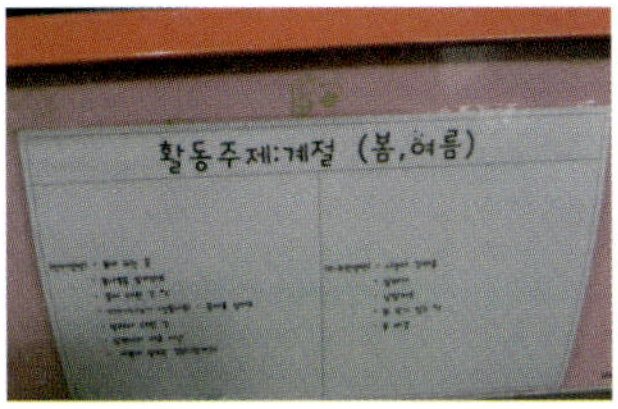


〔그림6-12〕 박스 전면에 붙여진 교구명

〔그림6-13〕 바구니에 보관한 교구

〔그림6-14〕 바구니에 보관한 교구

〔그림6-15〕 투명한 박스에 보관한 교구

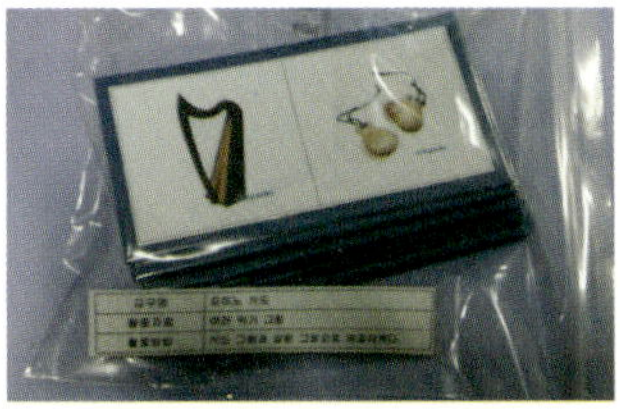

〔그림6-16〕 지퍼백을 이용한 보관

### (3) 자주 사용하는 교구와 자주 사용하지 않는 교구를 분류하여 보관한다.

자주 사용하는 교재 교구는 교구장의 아랫부분이나 낮은 곳에 놓아두면 사용하기에 편리하며 행사관련 자료 및 계절과 관련된 교재 교구처럼 일 년 중 1~2회 사용하는 교구는 선반 위나 교구장의 윗부분에 보관한다.

환경구성 자료는 사진을 찍어서 자료와 함께 보관하면 그 자료의 일부를 활용할 때 도움이 되며 차후에 변형 보완을 해서 다시 사용할 수 있다.

### (4) 교재 교구에 자료의 고유번호를 부여하여 세분화한다.

주제, 영역, 활동형태 등 자료를 분류기준에 따라 교재의 목록을 작성하고 분류카드를 제작하여 체계적으로 정리한다. 분류카드나 레이블은 분류기준을 정하여 기호나 색깔 등으로 표시할 수도 있다. 분류기준으로 생활주제, 흥미영역, 활동영역, 교재의 유형에 따라 분류할 수 있다. 생활주제를 중심으로 분류할 경우 다음과 같이 세 개의 단위로 구성할 수 있다(정상녀 외, 2010).

(예시)

(유) 유치원과 친구 (나) 나와 가족

(우) 우리동네 (동) 동・식물과 자연

(교) 교통기관 (생) 생활과 도구

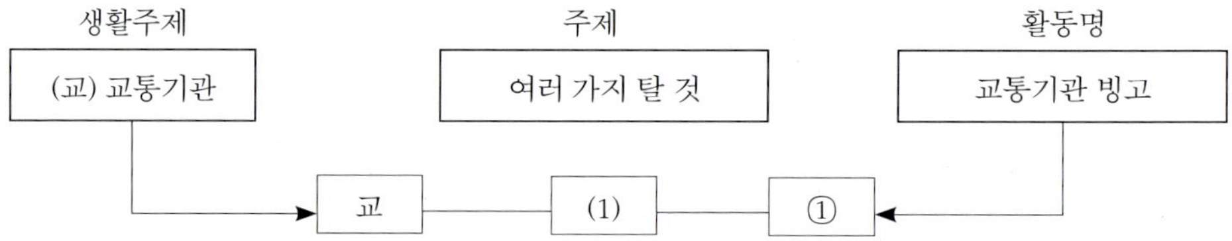


- 첫 자리는 생활주제의 첫 글자를 사용한다. 생활주제의 첫 글자를 고유번호의 첫 자리로 사용한다.
- 생활주제에 따른 하위주제에 (1)이라는 고유번호를 지정하고 교구의 '교통기관 빙고'에 ①이라는 번호를 부여함으로써 하나의 고유번호를 생성한다.

따라서 '교통기관 빙고' 교구는 〈교- (1)- ①〉의 번호가 형성된다. 이러한 과정을 통해서 각 생활주제별로 교재 교구를 정리하면 주제와 각 영역별 자료수를 확인할 수 있다.

# 제2부 영유아를 위한 교재 교구 제작의 실제

# 01장 영아를 위한 교재 교구

## 활동 1-1 조작 · 언어 어떤 모양일까요?

**활동목표**
- 다양한 모양이 있음을 안다.
- 같은 모양끼리 분류할 수 있다.

**자료** 케이크상자, 펠트지, 아이클레이, 방울, 안전거울, 비즈, 벨크로(보들이, 까슬이)

**제작방법**

① 케이크 상자의 윗부분을 양쪽으로 열고 닫을 수 있도록 벨크로를 붙인다.
② ①의 덮개 부분에 동그라미, 세모, 네모, 오각형을 파낸다.
③ 상자의 아랫부분에 동그라미 모양을 오려낸 후 안전거울을 붙여 안에 있는 도형을 볼 수 있도록 한다.
④ 상자의 덮개와 아랫부분에 펠트지를 붙인다.
⑤ 손잡이를 만든 후 케이크 상자 덮개의 중앙에 붙인다.
⑥ 아이클레이로 동그라미, 세모, 네모, 오각형 모양을 만들고 무늬를 꾸민다.
⑦ ⑤의 모양에 방울과 비즈를 단다.

**활동방법**

① 영아들과 모양에 대해서 이야기 나눈다.
- 우리교실에는 어떤 모양이 있을까?
- 상자 덮개에는 어떤 모양이 있니?

2. 아이클레이로 만든 모양을 만져보고 어떤 모양인지 이야기한다.
3. 상자 덮개에 구멍난 모양과 아이클레이의 모양을 비교해 본다.
4. 상자의 도형과 같은 모양의 아이클레이를 찾아 같은 모양의 구멍에 넣어본다.
5. 도형이 상자 안으로 다 들어가면 상자의 뚜껑을 열어 아이클레이 도형을 꺼낸다.

**관련교구**

〔케익상자 대신 화장지 케이스로 만든 모양찾기 놀이〕

활동 1-2
조작 · 언어

# 과일의 속을 살펴보아요

**활동목표**
- 다양한 과일에 대해 알아본다.
- 과일의 겉과 속이 다름을 알 수 있다.

**자료** 펠트지, 똑딱이 단추, 실과 바늘

**제작방법**

① 펠트지에 과일 모양을 그린 후 2장씩 오린다.

② 같은 모양 두 장을 겹쳐 바느질한다.

③ 안쪽에는 과일 속의 씨나 모양의 특징을 살려 펠트지로 꾸민다.

④ ③의 가장자리에 똑딱이 단추를 달아 펼치면 과일의 속이 나오고 단추를 연결하면 과일의 겉부분이 나오도록 한다.

**활동방법**

① 영아들과 과일에 대하여 이야기 나눈다.
- 과일을 먹어 본 적이 있니?
- 어떤 맛이었니?
- 어떤 과일을 좋아하니?

② 과일의 겉과 속은 어떤 모양인지 이야기 나눈다.

③ 과일을 보고 어떤 과일인지 이야기하고 과일의 속을 예측해 본 후 펼쳐 본다.

④ 똑딱이 단추를 이용하여 붙였다 떼었다하면서 과일의 속을 비교하여 관찰해 본다.

**관련교구**

〔같은 색 분류하기〕

〔과일 짝꿍찾기〕

〔같은 과일 찾기〕

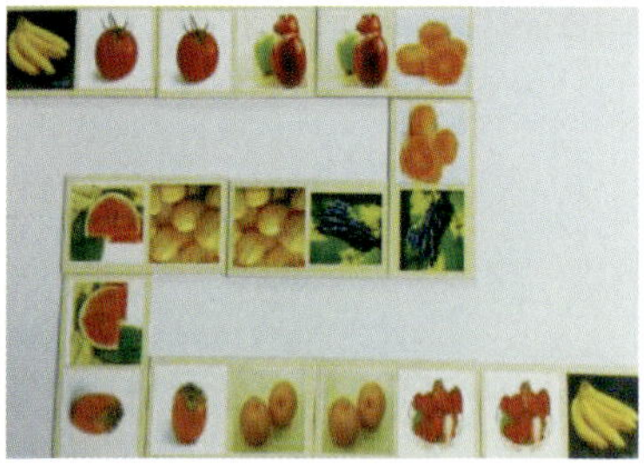

〔과일 도미노 카드〕

활동 1-3
조작 · 언어

# 공주님의 보석함

**활동목표**
- 색을 구별할 수 있다.
- 눈과 손의 협응능력을 기른다.

**자료** 하드보드지, 색 종이컵, 펠트지, 우드락, 볼풀 공, 고리, 레이스, 펄지

**제작방법**

〈활동판〉

❶ 8절 크기의 펄지에 가로 3개, 세로 3개의 종이컵이 들어갈 수 있도록 구멍을 내어 오린다.

❷ 색 종이컵의 윗부분을 잘라내어 ❶의 구멍 속에 넣어 붙인다.

❸ ❶의 크기에 맞춰 옆면과 밑면을 만들어 직육면체의 상자를 만든다.

❹ 펠트지로 공주님 얼굴을 만들고 꾸민 후 상자 앞면에 세워 붙인다.

〈색깔판〉

❶ 우드락을 직사각형의 거울 모형으로 자르고 가장자리를 주름천으로 두른다.

❷ ❶의 판 위에 가로 3칸, 세로 3칸으로 나누어 색깔판을 만들어 코팅한 후 고리를 이용하여 거울에 연결한다.

**활동방법**

❶ 영아들과 색에 대해 이야기 나눈다.

❷ 색깔판을 보고 어떤 색인지 이야기한다.

❸ 색깔판과 같은 공을 찾아본다.

❹ 색깔판과 활동판의 위치를 살펴보고 같은 위치에 공을 넣는다.

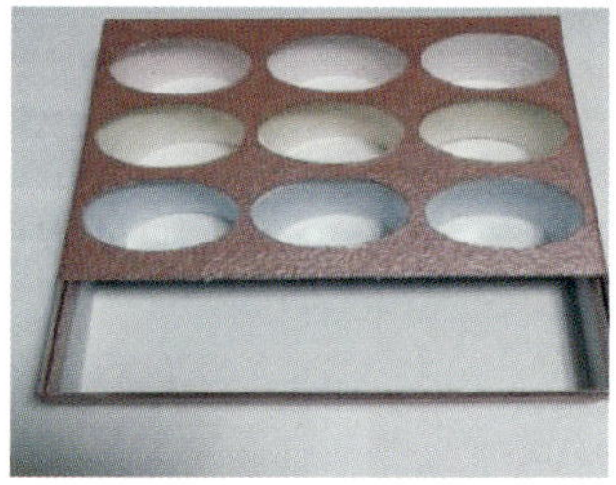

## 관련교구

〔색깔 패턴〕

〔같은 색을 찾아주세요〕

〔버선 짝궁찾기〕

활동 1-4
조작 · 언어

# 물고기 단추 끼우기

**활동목표**
- 색을 변별할 수 있다.
- 눈과 손의 협응능력을 기른다.

**자료** 펠트지, 실과 바늘, 가위, 단추, 칼

**제작방법**

❶ 펠트지에 큰 물고기 모형 7개, 작은 물고기 모형 7개를 각각 그린다.

❷ ❶의 물고기를 오린 뒤 같은 크기를 2개 겹쳐 바느질한다.

❸ ❷의 물고기의 머리 부분에 칼집을 내어 단추 구멍을 만든 후 구멍의 가장자리를 바느질한다.

❹ 물고기 꼬리 부분에 단추를 단다.

**활동방법**

❶ 영아들과 색에 대해서 이야기 나눈다.
- 물고기들은 어떤 색일까?
- 크기가 같은 물고기는 어떤 것일까?
- 색이 같은 물고기는 어떤 것일까?

❷ 같은 색 물고기를 찾아서 단추를 끼워 물고기를 서로 연결한다.

❸ 큰 물고기와 작은 물고기를 분류해 본다.

관련교구

〔해바라기 조작활동〕

〔거미다리 끼우기〕

〔숫자기차놀이〕

〔벨트놀이〕

〔조작놀이〕

〔문어조작놀이〕

활동 1-5
조작 · 언어

# 짝꿍을 찾아주세요

**활동목표**
- 모양을 구분할 수 있다.
- 같은 모양을 일대일 대응할 수 있다.

**자료** 우드락, 펠트지, 실과 바늘, 솜, 벨크로(까슬이, 보들이), 색 테이프

**제작방법**

〈모양 만들기〉

❶ 펠트지에 네모, 동그라미, 별, 세모, 하트, 반달모양을 그린 후 2개씩 오린다.

❷ ❶의 같은 모양 펠트지를 2개 맞붙여 2/3 정도 바느질한 후 속에 솜을 넣어 마무리 한다.

❸ ❷의 모양 펠트지 뒷면에 벨크로(까슬이)를 붙인다.

〈모양판 만들기〉

❶ 8절 크기의 우드락 위에 파란색 펠트지를 붙인다.

❷ 검정색 펠트지를 색펠트지의 모양과 똑같이 오린다.

❸ ❷를 ❶의 위에 붙이고 벨크로(보들이)를 붙인다.

❹ ❶의 가장자리는 무늬테이프를 붙여 마무리한다.

**활동방법**

❶ 유아들과 검정색 그림자가 어떤 모양인지 이야기 나눈다.

❷ 검정색 모양을 보고 같은 모양을 찾아서 붙여본다.

❸ 같은 모양이 붙여졌는지 확인해 본다.

그림자를 찾아주세요

그림자를 찾아주세요

활동 1-6
조작 · 언어

## 소리 나는 입체퍼즐놀이

**활동목표**
- 전체와 부분을 알 수 있다.
- 물체에 따라 다양한 소리가 있음을 안다.

**자료** 하드보드지, 콩, 딸랑이, 가위, 펠트지, 실과 바늘, 본드, 스티커, 투명테이프

**제작방법**

❶ 하드보드지를 이용하여 한 면이 15㎝인 정육면체 상자를 3개 만든다.

❷ ❶의 상자 안에 콩, 방울 등 소리나는 물체를 각각 넣은 후 상자의 겉면을 투명테이프로 붙인다.

❸ 색 펠트지를 가로 15.5㎝, 세로 15.5㎝의 크기로 잘라 ❷의 상자 겉면에 바느질하여 붙인다. 나머지 2개의 상자도 같은 방법으로 색 펠트지를 바느질하여 붙인다.

❹ 상자에 색 펠트지로 개구리, 토끼를 머리, 몸, 다리로 3등분하여 꾸민다.

❺ ❹를 ❸의 상자에 각각 나누어 앞면에 개구리, 뒷면에는 토끼를 붙인다.

**활동방법**

❶ 상자에 붙여진 동물의 부분들을 보고 어떤 동물인지 이야기한다.

❷ 상자를 흔들어 소리를 들어보고, 같은 소리가 나는 상자를 분류해 본다.

❸ 상자에 붙여진 동물의 부분을 보고 전체를 예측해 본 후 나머지 부분을 찾아서 동물을 완성한다.

활동 1-7
조작 · 언어

# 모양 맞추기

**활동목표**
- 주변의 물건들이 어떤 모양인지 알아본다.
- 도형에 대한 변별력을 기른다.

**자료** 색펠트지, 도형도안, 가위, 털실, 실과 바늘, 자, 칼, 펀치, 양면테이프, 벨크로(까슬이, 보들이)

**제작방법**

1. 색 펠트지를 가로 24㎝, 세로 24㎝ 크기로 9장 자른다.
2. 색 펠트지로 다양한 모양을 잘라 붙이고 모양의 일부분은 검정색 펠트지로 형태만 붙인다.
3. ②의 검정색 펠트지 위에 벨크로(보들이)를 오려서 붙인다.
4. ③의 검정색 도형 위에 붙일 수 있도록 같은 모양으로 색 펠트지를 오린다.
5. ④의 모양을 2장 덧대어 바느질하고 그 뒷면에 벨크로(까슬이)를 붙인다.
6. ②에서 만든 9장의 펠트지는 가장자리를 2㎝ 간격을 두고 펀치로 구멍을 뚫는다.
7. ⑥의 펠트지를 펴놓고 털실을 이용해 엑스(×)로 연결하여 꿰맨 후, 동물얼굴에 눈알을 붙인다.

**활동방법**

1. 영아들과 조각이불을 펼친 후 어떤 그림이 있는지 이야기 나눈다.
   - 어떤 모양이 있을까?
   - 같은 모양을 찾아보자
   - 같은 색을 찾아보자.
2. 검정색으로 된 모양을 보고 같은 모양을 찾아서 붙인다.
3. 같은 모양을 붙였는지 확인한다.

④ 주변의 물건들은 어떤 모양인지 알아본다.

활동 1-8
조작 · 언어

# 채소 입체퍼즐

**활동목표**
- 채소의 종류와 이름을 알 수 있다.
- 부분을 보고 전체를 예측할 수 있다.

**자료** 부직포, 펠트지, 스펀지(가로 14㎝, 세로 14㎝), 실과 바늘, 가위

**제작방법**

❶ 부직포를 스펀지의 크기보다 0.5~1㎝ 정도 크게 잘라 12장을 준비한다.

❷ 펠트지에 채소 모양을 그린 후 오린다. 이때 한 면에 채소의 반쪽만 밑그림을 그린다.

❸ ❶의 부직포 위에 채소 그림의 반쪽을 올려놓고 바느질을 한다.

❹ 부직포 5장을 모서리 부분을 서로 연결하여 바느질한 후 스펀지를 집어넣고 마지막 1장을 바느질하여 꿰맨다.

❺ 같은 방법으로 정육면체 2개를 완성한다.

**활동방법**

❶ 블록을 이리저리 돌려가며 어떤 채소인지 알아본다.

❷ 한쪽 면의 채소 그림을 보고 나머지 부분을 찾아본다.

❸ 정육면체의 블록 2개를 연결하여 완성한다.

❹ 채소의 이름을 말한다.

❺ 정육면체를 돌려가면서 다른 채소의 짝을 찾아 완성한다.

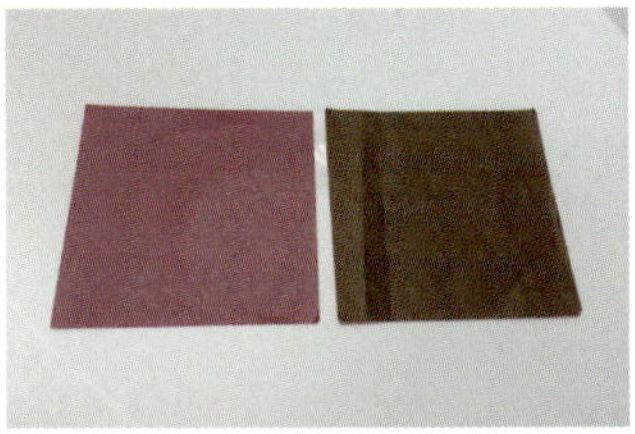
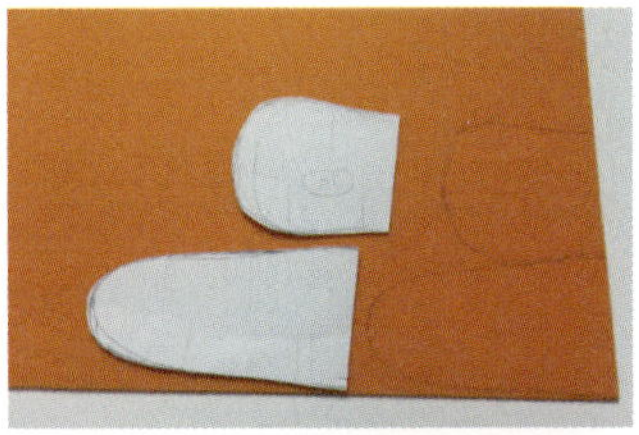

활동 1-9
조작 · 언어

## 어떤 모양일까?

**활동목표**
- 모양을 변별할 수 있다.
- 눈과 손의 협응력을 기른다.

**자료** EVA폼, 칼, 연필뚜껑, 접착제, 클립, 빨대

**제작방법**

1. EVA폼을 세모, 네모, 동그라미 모양으로 2개씩 자른다.
2. ①의 모양판의 한 개는 가운데 부분을 같은 모양으로 홈을 판다.
3. 클립과 빨대, 연필뚜껑을 연결하여 손잡이를 만든다.
4. ①의 밑판과 모양 홈을 판 ②사이에 손잡이를 끼운 후 밑판과 윗판을 붙인다.

**활동방법**

1. 도형을 보고 서로 어떻게 다른지 이야기해 본다.
2. 교사가 영아의 손을 잡고 천천히 움직여 본다.
3. 영아 혼자 손잡이를 잡고 천천히 움직여 본다.
4. 도형의 이름을 말해준다.

관련교구

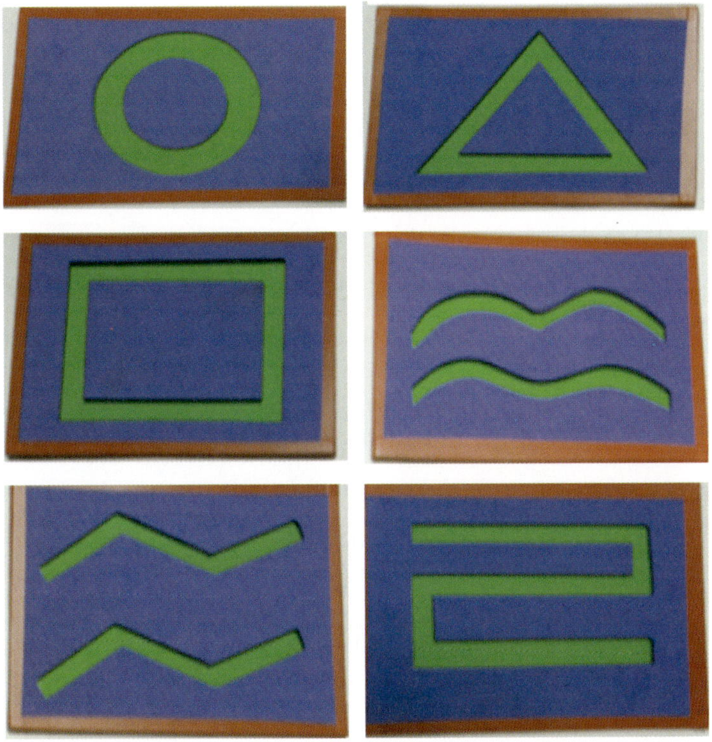

〔손가락 도형놀이〕 손가락을 이용해 홈을 따라 도형을 그려본다.

활동 1-10
조작 · 언어

# 숫자놀이

**활동목표**
- 숫자에 관심을 갖는다.
- 물체를 이용해 숫자모양을 만들어 볼 수 있다.

**자료** 양말 8개, 단추 2개, 솜, 실과 바늘

**제작방법**

① 양말의 발목을 풀어준 후 발바닥 부분을 자른다.
② 7개의 양말을 색깔별로 겉과 겉을 맞대어 박음질한다.
③ 몸통이 완성되면 솜을 적당히 넣어 바느질을 한다.
④ 나머지 1개의 양말을 잘라 얼굴과 꼬리를 만든다.
⑤ ③의 몸통에 ④를 붙여 뱀의 얼굴과 꼬리를 만든다.

**활동방법**

① 양말뱀을 가지고 자유롭게 놀아본다.
② 양말뱀을 이용해 도형이나 원하는 형태로 모양을 만들어본다.
③ 숫자 카드를 보고 숫자를 만들어본다.
④ 만들어진 모양을 보고 숫자를 말해 본다.

활동 1-11
조작 · 언어

# 꽃 도미노 카드

**활동목표**
- 꽃의 다양한 종류에 대해 알아본다.
- 반복되는 규칙이 있음을 안다.

**자료** 하드보드지, 색도화지, 꽃 그림 30장, 투명시트지

**제작방법**

〈그림카드〉

1. 하드보드지를 가로 13㎝, 세로 7㎝의 크기로 15장 자르고, 그 위에 색도화지를 붙인다.
2. 꽃 그림을 가로 6㎝, 세로 6㎝의 크기로 인쇄하여 자른다. 이때 같은 꽃그림을 2장씩 15장을 인쇄한다.
3. ❶위에 0.5㎝의 간격을 두고 꽃그림을 2장씩 붙이는데 2번째 나오는 꽃그림을 다음 카드의 첫번째에 붙인다.
4. ❸을 투명시트지로 씌운다.

**활동방법**

1. 카드를 바닥에 펼쳐놓고 다양한 꽃그림을 살펴보면서 이야기 나눈다.
2. 첫번째 카드를 놓고 두번째 카드에 나오는 꽃과 같은 꽃이 있는 카드를 찾아본다.
3. 첫번째 카드를 시작으로 다음에 나올 같은 그림을 찾아 계속 연결한다.

(예 : 무궁화 | 장미 → 장미 | 개나리 → 개나리 | 금낭화)

4. 카드 속의 꽃을 가리키며 꽃 이름을 말해 준다.
5. 카드를 연결할 때 다양한 모양을 만들면서 다음 카드를 제시할 수 있다.

활동 1-12
조작 · 언어

## 까꿍! 누구일까요?

**활동목표**
- 눈과 손의 협응능력을 기른다.
- 사물이 사라졌다 나타나는 것을 경험할 수 있다.

**자료** 색 펠트지, 가위, 글루건, 글루건심, EVA폼, 할핀, 우드락

**제작방법**

1. 우드락을 A4 크기로 6장을 자른 후 그 위에 펠트지를 붙인다.
2. 색 펠트지 위에 6개의 동물도안을 그린다. 이때 팔부분은 따로 떼어서 그린 후 오린다.
3. ② 의 동물 모양을 EVA폼 위에 붙인 후 모양에 맞춰 오린다.
4. 오려낸 동물의 팔 부분을 펀치로 구멍을 뚫은 후 할핀으로 연결하여 팔이 움직이도록 한다.

**활동방법**

1. 교구를 보여주며 이야기 나눈다.
2. 교사가 동물의 팔로 얼굴을 가리며 까꿍놀이 하는 것을 보여준다.
3. 영아가 동물의 팔을 움직여 까꿍 놀이를 해볼 수 있도록 한다.
4. 교사가 영아와 직접 상호작용하며 까꿍놀이를 한다.

활동 1-13
조작 · 언어

# 엄마랑 아기랑

**활동목표**
- 동물의 성장에 대해 관심을 갖는다.
- 동물의 어미와 새끼를 일대일 대응할 수 있다.

**자료** 색 펠트지, 실과 바늘, 가위, 벨크로(까슬이, 보들이), 색끈, 동물그림

**제작방법**

❶ 같은 색 펠트지를 가로 20㎝, 세로 25㎝ 크기로 2장씩 5장을 자른다.

❷ ❶의 색 펠트지를 같은색 2장을 맞대어 바느질하고 색끈으로 연결한다. 같은 방법으로 나머지 5장도 완성한다.

❸ 6개의 어미와 새끼의 이름이 다른 동물그림과 글씨를 인쇄한 후 코팅한다.

❹ ❷의 색 펠트지 위에 6개의 어미 동물 그림자료를 붙인다.

❺ ❷에서 연결한 색끈의 끝에 새끼동물을 하나씩 붙인다.

❻ ❺를 연결하여 하나의 책으로 묶는다.

❼ 앞장에 책의 표지를 꾸며준다.

**활동방법**

❶ 어떤 동물이 있는지 살펴본다.

❷ 엄마와 새끼를 찾아보고 엄마와 새끼의 비슷한 점과 다른 점을 이야기해 본다.

❸ 동물의 엄마와 새끼의 이름을 알아본다.

❹ 엄마동물 옆에 새끼동물을 붙인다.

❺ 엄마동물과 새끼동물이 서로 잘 맞게 붙여졌는지 확인한다.

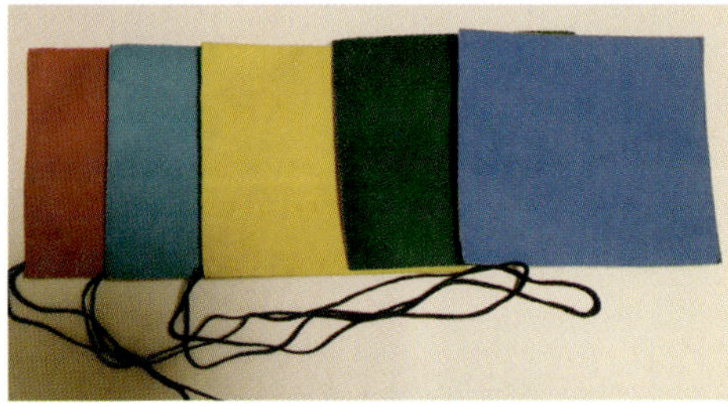

엄마책
아기책

활동 1-14
조작 · 언어

# 누가 살까요?

**활동목표**
- 동물이 사는 곳이 다양함을 알 수 있다.
- 동물과 동물이 사는 곳을 일대일 대응할 수 있다.

**자료** 펠트지, 부직포, 정사각형의 스티로폼박스, 실과 바늘, 솜

**제작방법**

❶ 정사각형의 입체 스티로폼박스 크기보다 0.5㎝ 크게 부직포를 자른다.

❷ ❶의 부직포를 아랫면과 옆 네부분을 바느질한 후 스티로폼박스를 넣고 옆면을 바느질하여 스치로폼 박스를 감싼다.

❸ 색펠트지에 병아리. 물고기. 애벌레, 나비 밑그림을 그린 후 2장씩 자른다.

❹ ❸의 병아리. 물고기. 애벌레, 나비모양의 펠트지를 2장씩 맞대어 바느질한 후 마지막에 솜을 넣어 입체감있게 만든다.

❺ 부직포로 달걀, 어항, 꽃, 나뭇잎모양을 오려 바느질하여 ②에 붙인다.

❻ ❺의 각 면에 끈을 연결한 후 ④를 연결하여 바느질한다.

**활동방법**

❶ 어떤 동물들이 있는지 살펴보고 이야기 나눈다.
- 어떤 동물들이 있니?
- 동물들은 어디에서 살까?
- 어항, 나뭇잎, 꽃, 달걀 속에서 사는 동물을 찾아본다.

❷ 동물과 각 동물이 사는 곳을 찾아 일대일 대응한다.

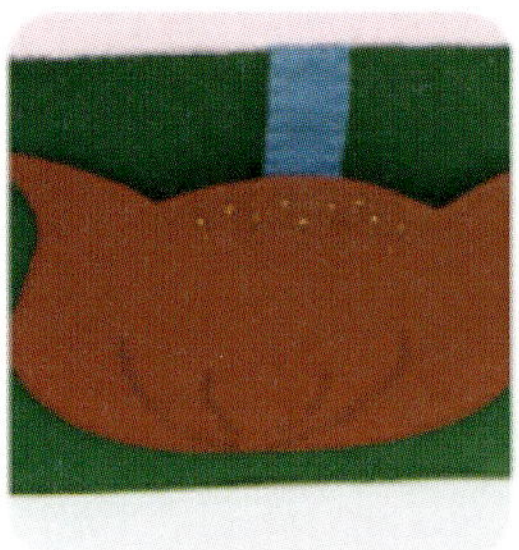
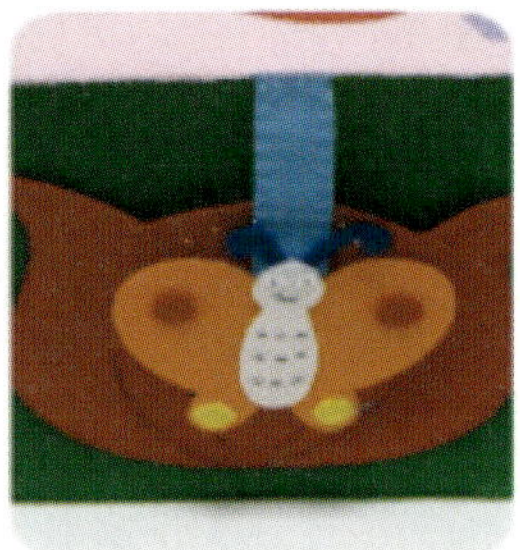

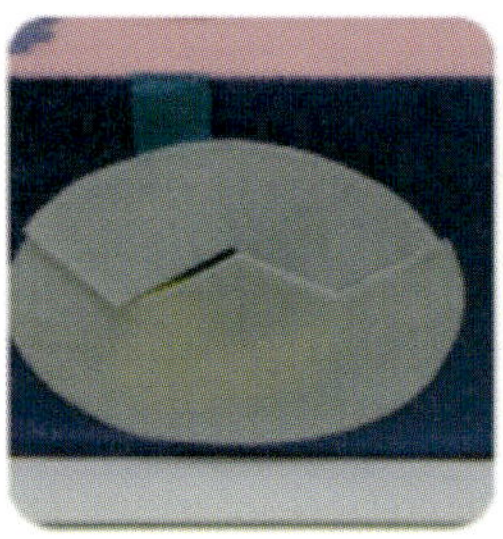

활동 1-15
감각 · 탐색

# 뚜껑을 찾아주세요

**활동목표**
- 모양을 변별할 수 있다.
- 눈과 손의 협응능력을 기른다.

**자료** 하드보드지, 색 시트지, 손잡이용 인형

**제작방법**

❶ 하드보드지에 동그라미, 세모, 네모, 오각형모양의 입체 전개도를 그린다.

❷ 전개도의 접히는 부분에 반 칼질을 하여 입체로 만든다.

❸ ❷를 입체 모양으로 붙인 후 색시트지로 안과 겉을 붙인다.

❹ 하드보드지를 ❶의 아래상자보다 0.5㎝ 정도 크게 전개도를 그리고 잘라 뚜껑을 만든다.

❺ 상자 뚜껑 위에 손잡이용 인형을 붙인다.

❻ 하드보드지로 밑판을 만들고 그 위에 4개의 도형을 붙인다.

**활동방법**

❶ 영아들과 상자의 모양을 보고 이야기한다.
- 어떤 모양인가요?
- 어떻게 다른가요?
- 어떤 색일까요?

❷ 상자의 모양과 색을 살펴본다.

❸ 상자와 같은 모양, 같은 색을 찾아 뚜껑을 덮는다.

관련교구

〔나비퍼즐〕

〔애벌레조작놀이〕

활동 1-16
감각 · 탐색

# 색깔 돋보기

**활동목표**
- 주변의 다양한 색에 관심을 갖는다.
- 놀이를 통해 색의 변화를 경험할 수 있다.

**자료** 색 셀로판지, 하드보드지, 색도화지, 펠트지, 리본

**제작방법**

1. 하드보드지를 잘라 돋보기모양으로 틀을 만든 후 가운데를 구멍을 내어 자른다.
2. 색 셀로판지를 코팅하여 돋보기틀에 붙인다.
3. 돋보기틀 모양보다 0.5㎝ 정도 크게 펠트지 두 장을 자른다.
4. 돋보기틀 모양에 펠트지를 앞뒤로 붙이고 바느질하여 꾸민다.

**활동방법**

1. 영아들과 색깔 돋보기를 들고 주변을 탐색한다.
   - 빨간색 돋보기로 보면 어떻게 보일까?
   - 빨강색과 파랑색을 겹처서 보면 어떻게 보일까?
   - 색을 겹치면 왜 색이 다르게 보일까?
2. 색깔 돋보기로 사물이나 주변를 탐색한 후 그 느낌을 이야기한다.

**관련교구**

〔색 팽이〕

활동 1-17
감각 · 탐색

# 촉감 고양이

**활동목표**
- 다양한 촉감을 느껴볼 수 있다.
- 손을 흔들어 소리를 낼 수 있다.

**자료** 천, 퀼트 솜, 눈 구슬, 실과 바늘, 때타올, 비닐, 방울

**제작방법**

① 천 위에 고양이형태를 그려서 2개를 겹친 후 오린다.
② 앞면에 퀼팅 솜을 대고 바느질을 한다.
③ 뒷면을 재단해서 앞과 뒤를 이어준 다음 창구멍을 내서 솜과 바스락 거리는 비닐을 함께 넣은 후 바느질한다.
④ 꼬리를 고양이 몸통 뒷면의 꼬리 위치에 놓고 곁에서 바느질하여 붙인다.
⑤ 눈 구슬을 달고 뒷쪽 엉덩이 부분은 때타올 천을 동그랗게 오려 바느질한다.
⑥ 고양이 목에 방울을 단다.

**활동방법**

① 영아들과 고양이를 만지면서 느껴지는 촉감의 느낌에 대해 이야기 나눈다.
② 손으로 흔들어 방울소리를 들어보고, 몸통부분을 문질러 바스락거리는 소리를 들어본다.
③ 타올의 거칠한 느낌과 천의 부드러운 부분을 비교해보고 그 느낌을 이야기한다.

관련교구

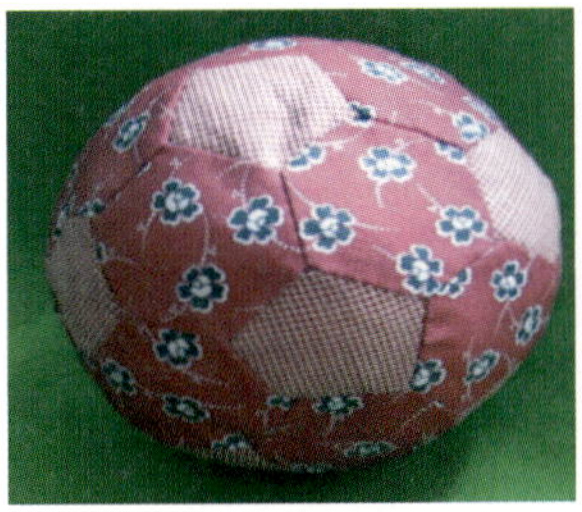

(촉감 공)

(촉감 방망이)

(촉감 닭)

활동 1-18
감각 · 탐색

# 소리상자

**활동목표**
- 동물의 소리가 다름을 알 수 있다.
- 동물의 울음소리를 변별할 수 있다.

**자료** 우드락, 한지, 펠트지, 동물그림, 동물소리 나는 단추, 벨크로(까슬이, 보들이), 리본 줄, 투명시트지

**제작방법**

① 우드락을 가로 25㎝, 세로 25㎝의 크기로 6장을 잘라 정사각형 상자를 만든다.

② ①의 상자에 한지를 붙이고, 투명시트지를 씌운다.

③ 닭, 고양이, 강아지, 소 등 동물들의 그림자료를 인쇄하여 코팅한다.

④ 하드보드지를 가로 22㎝, 세로 22㎝의 크기로 4장을 잘라 옆의 네면에 각각 한쪽면만 붙여 창문처럼 열 수 있도록 한다.

⑤ 동물그림을 상자의 안쪽에 붙이고 창문 안쪽에는 동물의 이름을 인쇄하여 붙인다.

⑥ 상자의 가장자리를 면띠로 장식하고 창문 앞쪽에 소리단추를 붙인다.

**활동방법**

① 영아들과 동물에 대해 이야기 나눈다.

- 우리 주변에는 어떤 동물이 있나요?
- 동물들은 어떤 소리를 낼까요?

② 상자의 문을 열고 붙여진 동물을 보고 그 동물의 소리를 내어 본다.

③ 소리단추를 눌러 소리를 들어본다.

④ 동물의 울음소리를 따라서 흉내 낸다.

⑤ 소리단추를 눌러 소리를 먼저 들어보고 동물을 알아볼 수 있다.

## 관련교구

〔동물 흉내놀이〕

활동 1-19
감각 · 탐색

# 어떤 느낌일까?

**활동목표**
- 다양한 촉감을 느낄 수 있다.
- 촉감을 언어로 표현할 수 있다.

**자료** 펠트 또는 천, 실과 바늘, 눈알, 글루건, 감각을 느낄 수 있는 물건들(구슬, 동전, 실, 수세미, 풍선 등), 막대, 지끈

**제작방법**

① 펠트지를 8절 크기로 잘라 두 개의 판을 만든다.
② 한 개의 판에 동물의 얼굴과 동물형태를 색 펠트지로 오린 후, 입 부분을 잘라서 뒷면에 주머니를 만들어 덧붙인 후 바느질하여 붙인다.
③ ②의 동물 입 속의 주머니를 앞으로 꺼내어 촉감을 느낄 수 있는 다양한 물체를 붙인 후 입 속으로 다시 집어넣는다. 이때 입 속의 주머니를 넣었다 뺄 수 있도록 한다.
④ 앞판과 뒷판을 겹친 후 활동판의 가장자리를 바느질한다.
⑤ ④의 윗부분에 막대가 들어갈 수 있을 만큼 접어서 박음질한다.
⑥ 지끈을 이용하여 벽에 걸 수 있도록 막대에 연결한다.

**활동방법**

① 영아들과 활동판의 동물 그림을 보고 이야기 나눈다.
② 동물의 입 속에 손을 넣어 주머니 속의 물건을 만지게 한다.
③ 손으로 만져진 물건을 예측해 본다.
④ 느껴지는 감촉에 대해서 이야기한다.
⑤ 입 속의 물건을 꺼내어 어떤 물건인지 확인하여 본다.

관련교구

(만져보아요)

활동 1-20
감각 · 탐색

# 촉감이불

**활동목표**
- 다양한 촉감을 경험할 수 있다.
- 촉감의 느낌을 언어로 표현할 수 있다.

**자료** 천, 수세미, 빨간목장갑, 스카프, 융천, 청바지, 솜, 펠트지, 실과 바늘

**제작방법**

① 바탕천을 가로 30㎝, 세로 30㎝의 크기로 9장 준비한다.

② 바탕천 위에 동물형태를 그린다.

③ 동물의 특징을 나타낼 수 있는 다양한 촉감 재료를 잘라 바느질한다.

예 : 양의 몸(솜), 문어 다리(목장갑), 오리(펠트지), 거북이(수세미), 달팽이집(부드러운 천을 꼬아서 만듬), 나뭇잎(초록색 수세미), 고래(청바지 천), 하트(부드러운 융 천), 고슴도치(발닦이 천) 등을 오려 붙여 바느질한다.

④ ③의 완성된 9조각을 한장 한장 박음질로 연결한 후 가장자리는 바이러스처리한다.

⑤ ④의 뒷부분은 부드러운 천으로 박음질하여 완성한다.

**활동방법**

① 이불에 어떤 동물이 있는지 손으로 가르키며 이야기 나눈다.

② 동물을 손으로 만져보고 손끝으로 느껴지는 느낌에 대해 이야기한다.

관련교구

〔촉감놀이〕

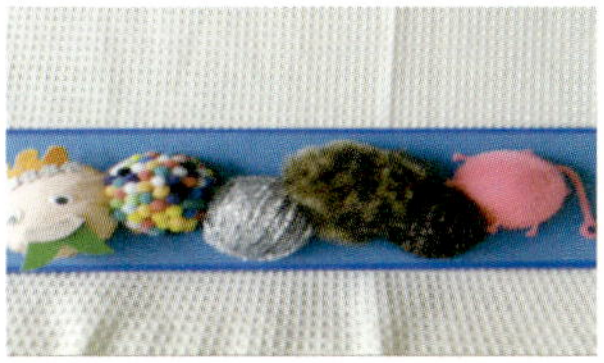

〔애벌레 촉감판〕

〔동물 촉감판〕

활동 1-21
감각 · 탐색

# 촉감 신발

**활동목표**
- 발바닥으로 다양한 촉감을 느낄 수 있다.
- 대근육 발달을 도와준다.

**자료** 고무신, 철수세미, 뽕뽕이, 망사수세미, 펠트지, 양면테이프, 벨크로(까슬이, 보들이)

**제작방법**

1. 고무신 바닥에 양면테이프를 붙인다.
2. 뽕뽕이, 철수세미, 망사수세미 등을 발바닥 모양으로 오린 후 신발 안쪽 바닥에 붙인다.
3. 펠트지로 리본을 만든 후 가운데를 묶어준다.
4. 리본 뒷면에 벨크로를 붙여 신발에 떼었다 붙일 수 있도록 한다.

**활동방법**

1. 촉감신발을 보여주며 영아들과 이야기 나눈다.
   - "손으로 만져보자 어떤 느낌이니?"
   - "신발을 신으면 어떤 느낌일까?"
2. 촉감 신발을 신고 걸으면서 어떤 촉감인지 이야기 나눈다.
   - 손으로 만졌을 때와 신발을 신었을때와 느낌이 어떻게 다른지 이야기한다.
3. 서로 다른 재료의 신발을 신고 걸어보면서 그 느낌에 대해서 이야기한다.

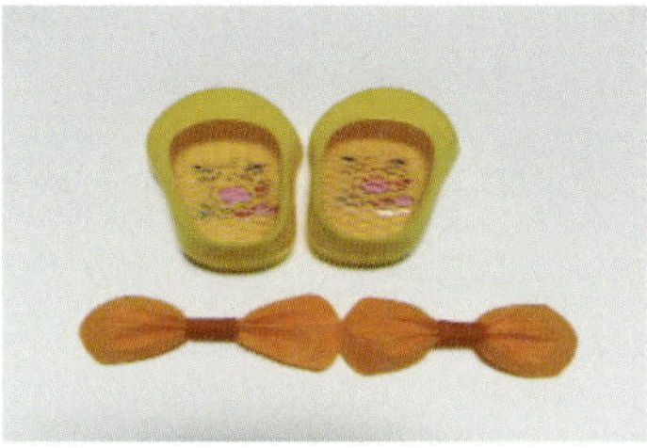

관련교구

〔촉감신발〕

〔발촉감판〕

〔촉감판〕

활동 1-22
감각 · 탐색

# 향기를 맡아 보아요

**활동목표**
- 여러 가지 냄새가 있음을 알 수 있다
- 냄새를 맡아보고 느낌을 이야기할 수 있다.

**자료** 하드보드지, 투명젤리용기, 글루건, 펠트지, 매직, 가위, 띠장식

**제작방법**

1. 8절 크기의 하드보드지를 투명시트지로 씌운다.
2. 투명용기 밑부분을 송곳으로 작은 구멍을 뚫는다.
3. 투명용기에 준비한 향기나는 여러 가지 재료를 넣는다.
4. 투명용기 테두리에 글루건을 이용하여 하드보드지에 붙인다.
5. 투명용기 테두리에 장식띠를 붙인다.
6. 주변테두리에 차의 이름을 쓰고 장식한다.

**활동방법**

1. 다양한 냄새에 대해서 영아들과 이야기 나눈다.
   - 기분 좋은 냄새는 무엇일까?
   - 불쾌한 느낌을 주는 냄새는 어떤 것일까?
2. 물체에서 조금 떨어져 코를 댄 후 손으로 바람을 일으켜 냄새를 맡아본다.
3. 냄새에 대해 이야기하고 이름을 알아본다.

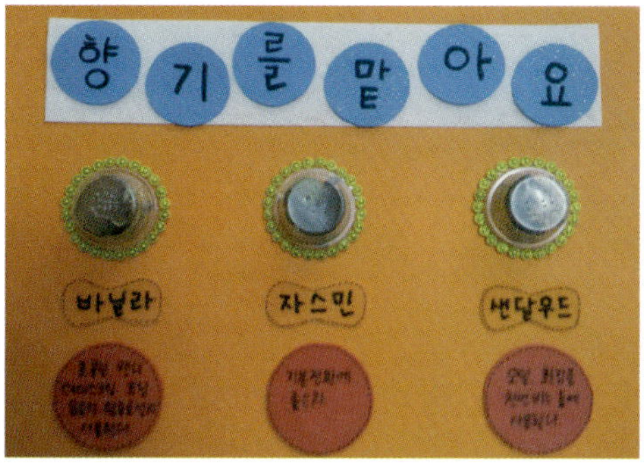

**관련교구**

〔후각교구〕

〔미각교구〕

활동 1-23
감각 · 탐색

# 촉감도미노 카드

**활동목표**
- 다양한 촉감을 느낄 수 있다.
- 패턴의 순서를 알 수 있다.

**자료** 하드보드지, 고무, 사포, 팥, 눈알, 스펀지, 코팅지, 목공풀, 부직포, 그림도안

**제작방법**

❶ 하드보드지를 가로 12㎝, 세로 8㎝ 크기로 9장을 자른다.

❷ 자동차 그림도안을 9장 인쇄 한 후 코팅을 하여 자른 후 ①에 붙인다.

❸ 하드보드지로 자동차바퀴를 동그랗게 오린 후 그 위에 촉감을 느낄 수 있는 사포, 팥, 스펀지 등을 붙인다.

❹ ❸을 ❷의 자동차바퀴에 붙인다. 이때 바퀴의 뒷부분에 있는 촉감바퀴와 같은 촉감바퀴를 다음 카드의 첫번째 바퀴에 붙인다.

**활동방법**

❶ 자동차바퀴의 여러가지 촉감을 만져보며 느낌을 말해 본다.

❷ 같은 느낌의 촉감바퀴를 찾아본다.

❸ 카드를 놓고 자동차의 두번째 바퀴의 촉감과 같은 촉감이 자동차의 첫 번째 바퀴인 그림을 찾아 연결한다.

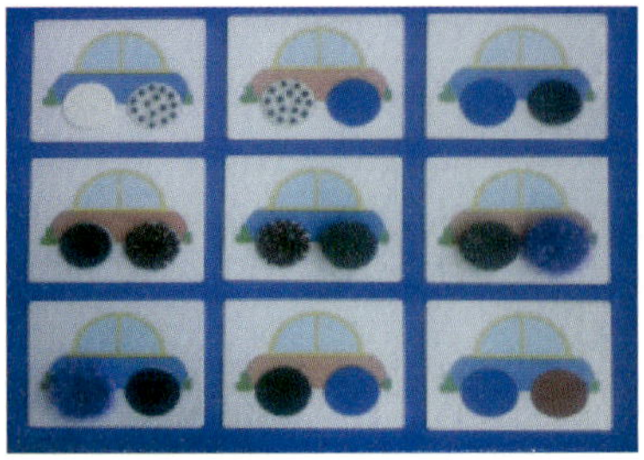

활동 1-24
감각 · 탐색

# 흔들어보아요

**활동목표**
- 다양한 소리에 관심을 갖는다.
- 물체에 따라 소리가 다름을 알 수 있다.

**자료** 레이스, 투명 반구, 단추, 방울, 철사, 할핀, 지끈

**제작방법**

❶ 8절 크기의 하드보드지를 잘라 직사각형 상자를 만든다.

❷ 훌라후프를 반으로 자른다.

❸ 상자의 양쪽 끝에 구멍을 뚫어 훌라후프를 반원형으로 끼운다.

❹ 훌라후프에 구멍을 뚫어 줄을 매단다.

❺ 투명반구에 작은 방울이나 구슬, 반짝이 등 여러 가지 재료를 담은 후 2개를 맞붙인다.

❻ ❺에 지끈을 달고 할핀으로 고정한다.

**활동방법**

❶ 영아들과 교구를 살펴보고 투명공 안에 어떤 것들이 있는지 탐색해 본다.
- 공 안에 무엇이 있나요?
- 이것을 흔들면 어떤 소리가 날까요?

❷ 투명공을 살짝 흔들어 본다.

❸ 공을 흔들었을 때의 시각적 변화에 대해 이야기한다.
- 만약 공을 세게 흔들면 어떻게 될까요?
- 만약 공을 약하게 흔들면 어떻게 될까요?

❹ 놀이를 한 후 느낌을 이야기한다.

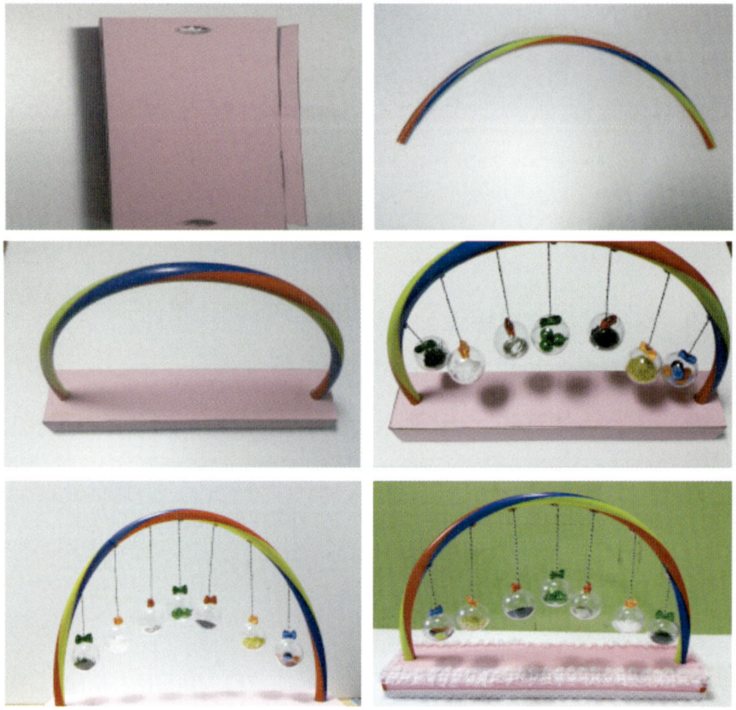

관련교구

〔드럼을 두드려보아요〕

활동 1-25
감각 · 탐색

# 악기 놀이

**활동목표**
- 흔들어서 내는 소리가 서로 다름을 안다.
- 악기를 흔들어 소리패턴을 구성할 수 있다.

**자료** 하드보드지, 펠트지, 방울, 고리, 펀치, 무늬펠트지, 글루건, 원기둥과자통

**제작방법**

〈방울탬버린〉

① 하드보드지를 원형으로 자른다.

② 손잡이 부분에 구멍을 내어 반원 모양으로 자른 후 펠트지로 힘을 주어 감싸 고정시킨다.

③ ②의 손잡이 반대편을 무늬펠트지로 앞, 뒤를 붙인다.

④ ③에 구멍을 뚫은 후 방울을 걸고 펠트지로 앞부분을 꾸민다.

〈동물 쉐이커〉

① 빈 과자 통 속에 다양한 곡식(도토리, 팥, 콩 등)을 넣는다.

② 통 윗부분은 우드락을 둥글게 잘라 막아서 고정시킨다.

③ 펠트지로 옆부분과 윗부분을 감싼다.

④ 동물 모양(양, 호랑이, 토끼, 고양이)을 펠트지로 오려서 꾸민다.

⑤ ③의 윗부분에 ④의 동물 모양을 붙인다.

⑥ 눈알과 리본을 붙여 장식한다.

**활동방법**

① 영아와 악기들을 탐색한다.

— 어떤 소리가 날까?

— 어떻게 해야 소리가 날까?

② 탬버린과 동물 쉐이커를 빠르게, 천천히 흔들어 보며 소리를 탐색한다.

③ 악기 소리에 맞추어 몸을 자유롭게 흔들어 본다.

④ 동물 쉐이커와 탬버린을 함께 사용하여 합주를 해본다.

〈방울탬버린〉

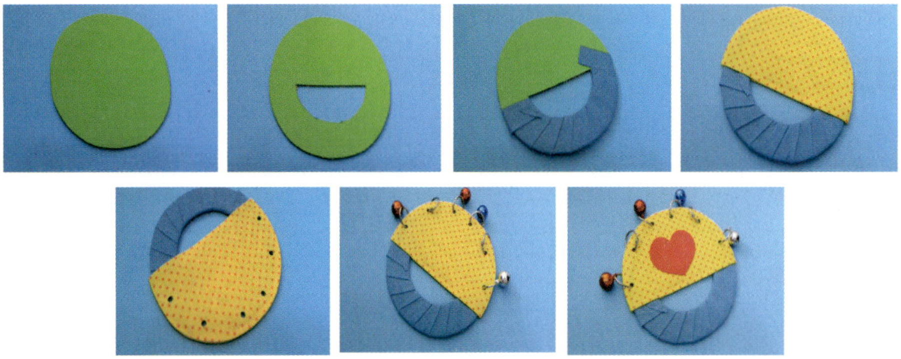

〈동물 쉐이커〉

## 관련교구

〔냄비 심벌즈〕

〔과일 심벌즈〕

〔주걱딸랑이〕

〔깡통을 이용한 북〕

〔빨래판을 이용한 악기〕

〔핸드벨〕

〔즐거운 악기놀이〕

〔흔들어보아요〕

〔마라카스〕

활동 1-26
감각 · 탐색

# 판화 놀이

**활동목표**
- 찍기를 통해 판화의 원리를 안다.
- 대소근육 발달을 돕는다.

**자료** 빈 용기, 고무, 조각칼, 하드보드지, 펠트지, 글루건, 투명시트지

**제작방법**

〈찍기도구 만들기〉

❶ 빈 병의 밑부분을 대고 고무판을 동그랗게 오린다.

❷ ❶의 고무판에 동그라미, 세모, 네모, 별, 하트모양을 파낸다.

❸ ❷를 빈 병의 밑부분에 붙인다.

❹ 병뚜껑에 밑부분의 도형과 같은 도형을 펠트지로 오려 붙인다.

❺ 펠트지를 이용해 병의 둘레를 꾸민다.

〈패턴카드 만들기〉

❶ 하드보드지를 이용해 직사각형 모양의 카드를 만든다.

❷ 도형이 붙여진 고무판에 잉크나 물감을 묻혀 종이에 찍은 후 오려서 ❶의 카드에 붙인다.

❸ ❷의 가장자리를 마스킹 테이프로 감싼 후 투명시트지를 씌운다.

❹ 다양한 순서로 만들어진 ❸의 패턴 카드를 모아 링으로 연결한다.

**활동방법**

❶ 병바닥에 붙여진 고무판의 도형을 탐색해 본다.

❷ 잉크나 물감을 이용해 자유롭게 종이에 찍어본다.

③ 패턴카드를 보고 순서대로 찍어본다.

④ 찍힌 도형을 보고 도형의 이름을 말해 본다.

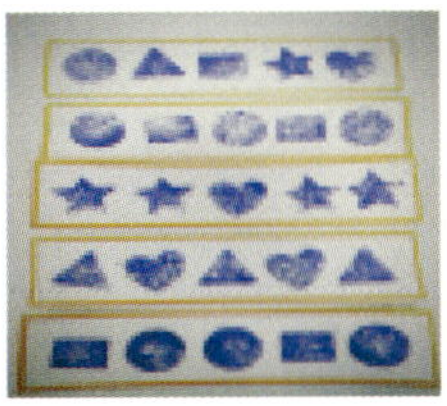

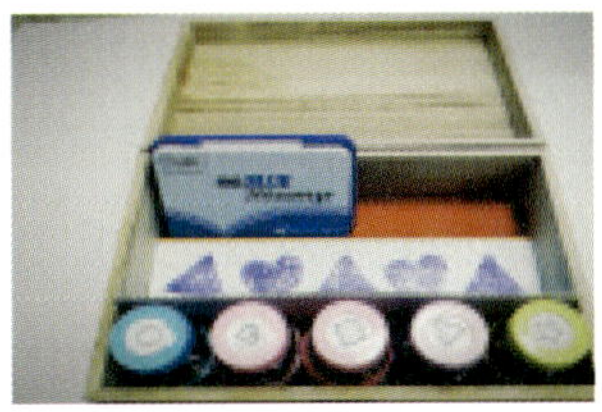

활동 1-27
대근육활동

# 아기 물개 링 끼우기

**활동목표**
- 눈과 손의 협응력을 기른다.
- 신체의 조절능력을 기른다.

**자료** 펠트지, 눈알, 칼라단추, 딸랑이, 리본, 실과 바늘, 가위, 방울, 솜

**제작방법**

① 펠트지 위에 물개 모양의 도안을 그린 후 2장씩 오린다.
② 물개 모양 2장을 맞붙여 바느질을 하고 솜을 넣어 두께가 있게 만든다.
③ 물개의 머리에 눈알을 붙이고 작은 공을 만들어 물개 머리 위에 붙인다.
④ 펠트지 위에 둥근 모양의 원을 그린 후 가운데를 도넛모양으로 2장씩 오린다.
⑤ 도넛모양을 맞붙여 바느질하고 창구멍을 내 솜을 넣어 바늘로 꿰맨다.
⑥ 링 가장자리에 작은 방울을 붙여 흔들면 소리가 나게 한다.
⑦ ②의 물개모형에 도넛링을 끼운다.

**활동방법**

① 영아들에게 교구를 보여주며 게임방법에 대해 이야기한다.
② 영아 한 명씩 나와서 아기 물개의 목에 링을 걸어준다.
③ 물개의 목에 있는 링을 다시 꺼내는 활동을 한다.

관련교구

〔모양고리끼우기〕

〔고리던지기〕

〔페트병을 이용한 볼링놀이〕

활동 1-28
대근육활동

# 허리띠 딸랑이

**활동목표**
- 다양한 소리가 있음을 안다.
- 신체의 움직임에 따라 소리를 즐길 수 있다.

**자료** 펠트지, 솜, 찍찍이, 방울, 색 뽕뽕이, 글루건, 실과 바늘

**제작방법**

❶ 펠트지를 이용하여 영아의 허리둘레보다 약간 길게 두겹을 자른다.
❷ ❶의 안쪽에 솜을 넣은 후 바느질을 한다.
❸ 허리띠 밑 부분에 소리나는 방울, 종 등을 단다.
❹ 방울 사이에 반짝이와 뽕뽕이를 달아 장식한다.
❺ 허리띠 양쪽 끝부분에 벨크로(까슬이와 보들이)를 단다.

**활동방법**

❶ 방울과 종을 흔들어서 소리를 들어본다.
❷ 영아의 허리에 두르고 벨크로를 이용하여 붙인다.
❸ 허리를 살살 흔들어 보면서 움직임을 관찰한다.
❹ 몸을 세게 흔들었을 때와 살짝 흔들었을 때 나는 소리를 들어본다.
❺ 빠른 음악과 느린 음악을 통해 흔들림과 소리의 차이를 느껴본다.

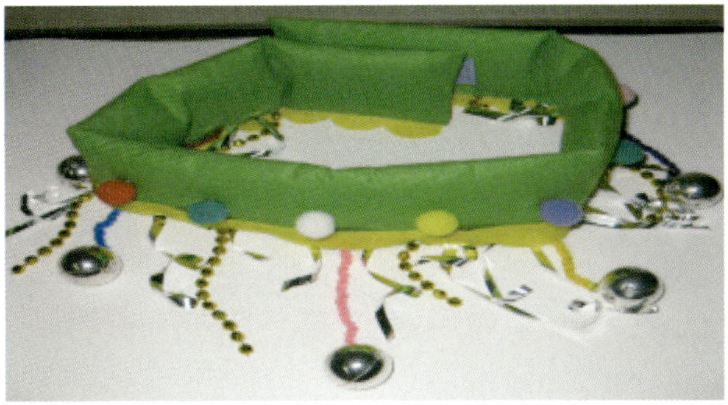

관련교구

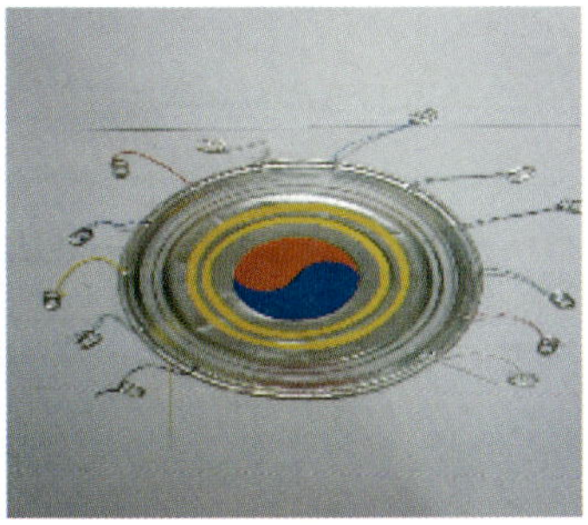

〔흔들어보세요.〕

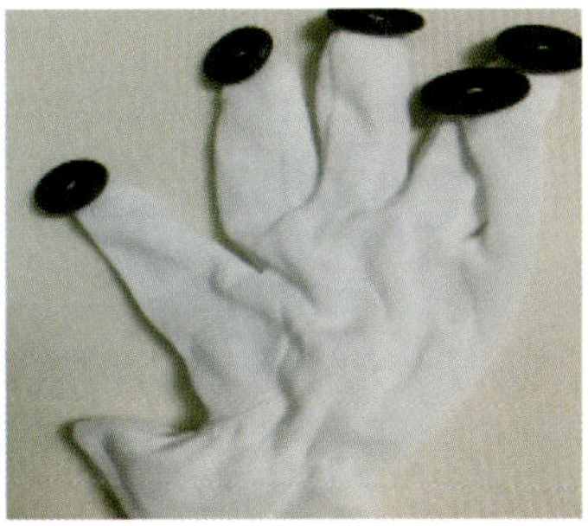

〔소리나는 장갑〕

〔동물방울 머리띠〕

〔딸랑이 장갑〕

활동 1-29
일상생활

## 응가를 해요

**활동목표**

- 변기의 쓰임을 알 수 있다.
- 응가 놀이를 통해 배변훈련을 돕는다.

**자료** 하드보드지, 하얀색 접착 펠트, 색 펠트지 3장, 단추, 실과 바늘

**제작방법**

1. 하드보드지를 변기 모양으로 오린다.
2. ❶에 흰색 펠트지를 붙인다.
3. 변기 커버는 헝겊으로 감싸서 바느질한다.
4. 인형의 본을 떠서 머리, 손, 발을 각각 2장씩 잘라서 솜을 넣고 바느질한다.
5. 손과 발은 움직일 수 있게 마디부분에 단추를 달아 연결한다.

**활동방법**

1. 변기의 사용 용도에 대해 이야기를 나눈다.
   - 변기는 무엇에 사용하는 것일까요?
   - 변기는 어떻게 생겼나요?
2. 곰 인형을 변기에 앉혀 "쉬" 하는 활동을 한다.
3. 변기를 사용한 후 어떻게 해야 하는지를 이야기한다.
4. 쉬를 하거나 응가할 때 변기를 사용한다는 것을 알게 한다.

활동 1-30
일상생활

# 이불동화 〈곰돌이의 하루〉

**활동목표**
- 그림을 보고 이야기를 할 수 있다.
- 그림을 보고 동작을 따라해 볼 수 있다.

**자료** 광목천, 색깔 있는 천, 퀼팅 솜, 실과 바늘

**제작방법**

❶ 적당한 크기로 광목천 12장을 잘라 곰돌이의 12가지 행동을 실로 수를 놓는다.

❷ ❶을 한 조각씩 서로 맞대어 붙여 바느질한다.

❸ ❷의 가장자리를 천을 대어 바느질하여 마무리한다.

**활동방법**

❶ 그림 속 곰돌이를 손가락으로 짚어가면서 어떤 행동을 하고 있는지 이야기한다.

❷ 곰돌이의 행동을 보고 이야기한다.

❸ 그림 속의 동물의 행동을 따라해 본다.

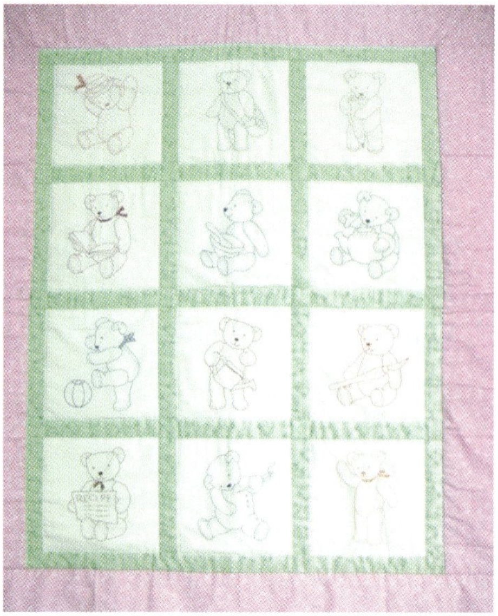

## 관련교구

〔이불동화〕

활동 1-31
일상생활

# 도형 까꿍 놀이

**활동목표**
- 동그라미, 세모, 네모를 구별할 수 있다
- 까꿍놀이를 통해 도형을 알 수 있다.

**자료** 펠트지, 방울, 퀼팅 솜, 바느질 재료

**제작방법**

1. 펠트지에 동그라미, 세모, 네모 모양을 그린 후 2장을 겹쳐 오린다.
2. 세모 천 안에는 작은 세모를, 동그라미 안에는 동그라미를, 네모 안에는 네모를 작게 2개씩 오려낸다. 이때 영아가 얼굴을 대면 눈이 보이도록 적당한 간격으로 구멍을 낸다.
3. 각각 앞면, 퀼팅 솜, 뒷면 순으로 놓고 바느질을 한다.
4. 도형 가운데에 작은 방울을 단다.

**활동방법**

1. 펠트도형을 보여주며 모양에 대해서 이야기 나눈다.
2. 흔들어서 소리를 내어본다.
3. 손에 쥐고 얼굴에 댄 후 교사와 함께 까꿍놀이를 한다.
4. 노랑, 파랑, 빨강색과 세모, 동그라미, 네모의 형태를 알아본다.

관련교구

〔모양 끼우기〕

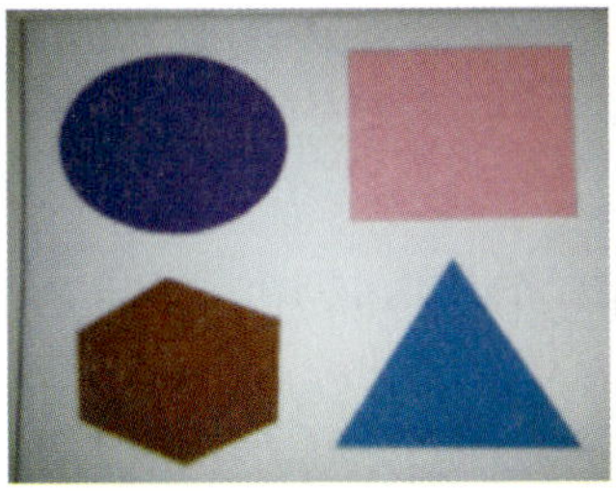

〔모양을 만들어요〕

# 02장 유아를 위한 교재 교구

나와 가족/유치원
활동 2-1-1
언어 · 조작

## 감정놀이

**활동목표**
- 감정에 따라 얼굴표정이 달라짐을 알 수 있다.
- 감정을 얼굴표정으로 나타낼 수 있다.

**자료** 하드보드지, 안전거울, 벨크로(까슬이, 보들이), 부직포, 펠트지

**제작방법**

① 하드보드지를 가로 15㎝, 세로 20㎝ 크기로 6장을 자른다.

② ①의 판을 3개씩 연결하여 2개의 판을 만든다. 판을 연결할 때 병풍처럼 접어지도록 0.5㎝ 정도 간격을 두고 투명테이프를 붙여서 연결한 후 그 위에 부직포를 붙인다.

③ 부직포로 여아얼굴과 남아얼굴을 만들고 펠트지로 감정에 따른 눈, 눈썹, 코, 입을 만들어 뒷면에 벨크로(까슬이)를 붙인다.

④ ③의 첫번째 판에는 얼굴모양, 두번째 판에는 안전 거울을 붙이고 마지막 세 번째 판에는 ③의 눈, 눈썹, 코, 입을 붙인다. 나머지 한개도 같은 방법으로 만든다.

**활동방법**

① 유아들과 기분, 감정에 대해 이야기 나눈다.
- 슬펐을때는 어떤 얼굴표정일까?
- 기뻤을때는 어떤 얼굴표정일까?

② 안전 거울로 자신의 얼굴을 들여다본다. 웃는 얼굴, 화난 얼굴 등을 연출해 보고 자

신의 표정을 얼굴판에 꾸며본다.

③ 꾸민 얼굴표정을 보고 언제 그런 얼굴이었는지 이야기해 본다.

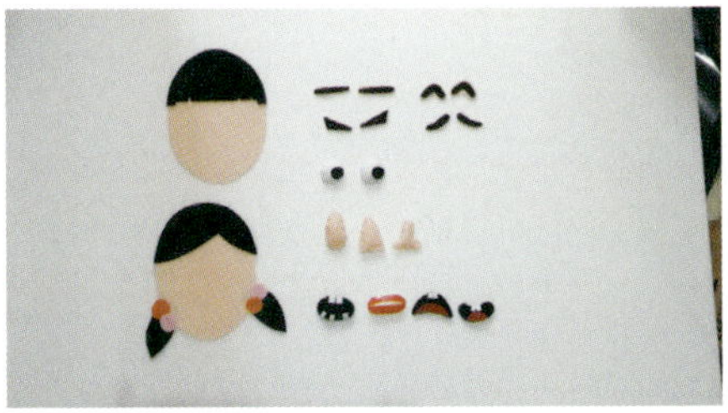

**관련교구**

〔어떤 기분일까요?〕

〔표정을 만들어요〕

나와 가족/유치원
활동 2-1-2
언어 · 조작

# 옷을 입어요

**활동목표**
- 옷의 종류에 대해 알 수 있다.
- 옷 입는 순서를 알 수 있다.

**자료** 그림자료, OHP 필름, 색도화지, 컬러유성펜, 네임펜, 링고리

**제작방법**

❶ 가로 20㎝, 세로 25㎝ 크기의 색도화지를 2장 준비한다.

❷ 옷을 입지 않은 여아와 남아의 그림을 인쇄하여 ❶의 중앙에 각각 붙인다.

❸ OHP필름 위에 네임펜을 이용하여 여아의 속옷에서부터 겉옷까지 한장씩그린다. 이때 ❷의 사람그림 위에 겹쳐질 수 있도록 위치를 정확히하여 그린다. 같은 방법으로 남아의 옷을 그린다.

❹ ❸의 그림밑부분에 옷의 명칭을 붙인다.

❺ 겉표지를 만들고 ❹를 링으로 연결하여 넘길 수 있도록 한다.

**활동방법**

❶ 유아들과 옷에 대하여 이야기를 나눈다.
- 옷은 왜 입어야 할까요?
- 옷은 어떤 순서로 입어야 할까요?

❷ 교구를 보여주며 어떤 옷들이 있는지 알아본다.
- 사람 그림 위에 속옷부터 차례대로 겹치면서 옷입는 순서에 대해 알아본다.

❸ 유아 스스로 한장씩 넘기면서 옷을 입혀본다.

혼자서 입어요
여자

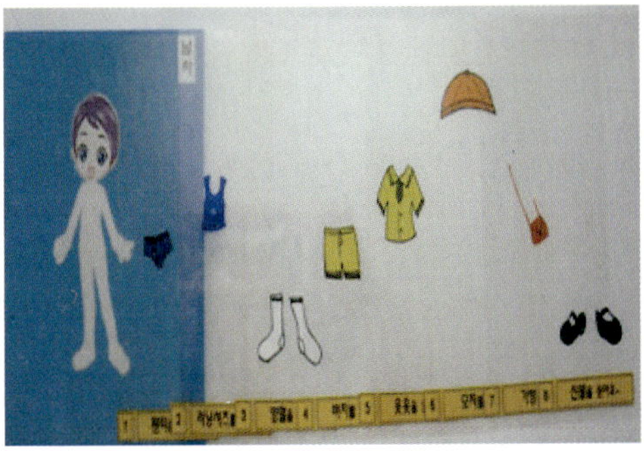

나와 가족/유치원
활동 2-1-3
언어 · 조작

## 12띠 빙고게임

**활동목표**
- 띠와 관련된 동물을 알 수 있다.
- 자신의 태어난 띠를 알 수 있다.

**자료** 부채 2개, 하드보드지, 12간지 동물그림, 함석판, 우드락, 색도화지, 고무자석, 상자

**제작방법**

〈활동판과 동물카드〉

❶ 우드락을 가로 22㎝, 세로 30㎝의 크기로 자른 후 함석판, 색도화지의 순서로 붙인다.

❷ 흰색 종이 위에 가로 4칸, 세로 4칸으로 나눈 후 각 칸에 12띠의 동물그림과 별표를 적절하게 배치하여 붙인다.

❸ ❷의 그림을 ❶의 활동판에 붙이고, 마스킹테이프로 가장자리를 붙인 후 투명시트지를 씌운다.

❹ 색도화지를 동그란 모양으로 오린 후 12개의 동물그림을 코팅하여 붙이고 그 뒷면에 고무자석을 붙인다.

〈돌림판〉

❶ 부채에 흰색 도화지를 붙인 후 12조각으로 나누고 각 칸에 12띠의 동물그림을 붙인다.

❷ 화살표를 만들어 ❶의 가운데에 할핀으로 연결하고, 돌아가도록 약간의 틈을 주어 고정한다.

**활동방법**

❶ 유아들과 12띠에 대하여 이야기 나눈다.

- 띠란 무엇일까요?
- 12띠의 동물은 어떤 동물일까요?
- 12띠 동물과 이름을 알아본다.

② 게임의 규칙을 알려준다.

- 2명의 유아가 활동판을 각각 나누어 갖는다.
- 순서를 정한 후, 돌림판을 돌려 화살표에 멈춘 동물을 찾아 활동판의 같은 동물 그림 위에 동물카드를 올려 놓는다.
- 같은 동물이 계속 나오면 같은 위치에 올려 놓는다.
- 게임의 규칙을 바꾸어 가로, 세로 대각선 중 한 줄이 완성되면 빙고를 외치는 빙고게임을 할 수 있다. 이때 ☆칸은 어떤 동물이라도 좋다.

**관련교구**

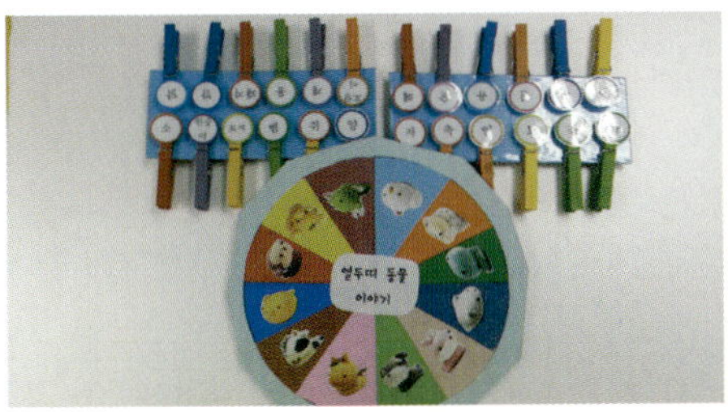


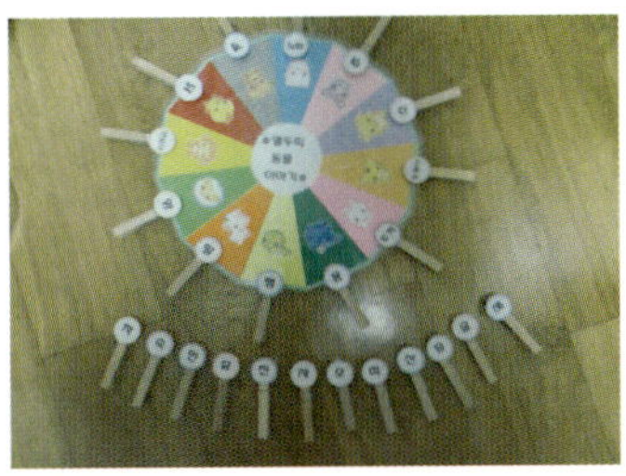

〔열두띠 동물이름을 알아보아요〕

나와 가족/유치원
활동 2-1-4
언어 · 조작

# 나는 변신해요

**활동목표**
- 의상과 도구를 이용하여 역할극을 할 수 있다.
- 놀이를 통해 즐거움을 느낄 수 있다.

**자료** 보자기, 펠트지, 레이스, 솜, 긴막대, 고무줄, 헝겊, 벨크로(까슬이, 보들이), 실과 바늘

**제작방법**

① 보자기를 가로 70㎝, 세로70㎝의 길이로 자른다.

② 펠트지를 이용해 다양한 캐릭터를 오려서 보자기의 중앙에 붙인다.

③ 보자기 윗부분에 고무줄을 넣고 레이스를 붙인 후 양쪽 끝에 벨크로(까슬이, 보들이)를 붙인다.

④ 보자기의 캐릭터와 같은 캐릭터를 작게 2장 오려서 그 안에 솜을 넣고 바느질을 한다.

⑤ ④를 긴 막대에 끼워 고정시켜 캐릭터 봉을 만든다.

**활동방법**

① 자신이 좋아하거나 마음에 드는 캐릭터 보자기를 고른다.

- 어떤 보자기가 마음에 드니?
- 이것으로 무엇을 하고 싶니?
- 어떤 주문을 외워 볼까?

② 보자기를 망토처럼 입고, 막대봉을 손에 든다.

③ 자신이 하고 싶은 역할극이나 신체표현을 하면서 즐거운 놀이를 한다.

나와 가족/유치원
활동 2-1-5
조작 · 언어

# 지켜야 할 규칙이 있어요

**활동목표**
- 놀이터에서 지켜야 할 규칙이 있음을 안다.
- 안전한 행동과 위험한 행동을 구분할 수 있다.

**자료** 하드보드지, 그림자료, 마스킹테이프, 투명시트지, 벨크로(까슬이, 보들이), 고리

**제작방법**

❶ 하드보드지를 삼각형 모양으로 만들어 세운다.

❷ 놀이터에서 지켜야 할 안전한 행동과 위험한 행동의 그림자료를 인쇄한다.

❸ ❷의 자료를 코팅하여 ❶의 하드보드지에 붙인 후 동그란 모양의 표시를 만들고 그 위에 벨크로(보들이)를 붙인다.

❹ '위험'과 '안전' 글씨를 인쇄해 코팅 한 후 뒷면에 우드락을 붙이고 그 위에 벨크로(까슬이)를 붙인다.

❺ 그림자료에 구멍을 내고 고리로 연결한다.

**활동방법**

❶ 그림을 보고 어떤 행동인지 이야기 나눈다.

❷ 그림을 보고 안전한 행동인지 위험한 행동인지 구분하여 글자표시판을 붙인다.

❸ 위험한 행동을 했을 때 어떤 일이 일어날 수 있는지 이야기 나눈다.

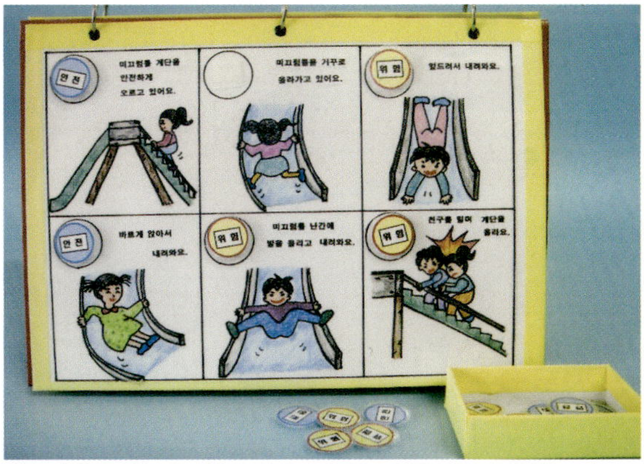
안전
미끄럼틀 계단을 안전하게 오르고 있어요.
미끄럼틀을 거꾸로 올라가고 있어요.
위험
엎드려서 내려와요.
안전
바르게 앉아서 내려와요.
위험
미끄럼틀 난간에 발을 올리고 내려와요.
위험
친구를 밀며 계단을 올라요.

## 관련교구

〔질서를 지켜요〕

나와 가족/유치원
활동 2-1-6
조작 · 언어

# 어느 영역일까?

**활동목표**
- 물건을 제자리에 정리해야 함을 안다.
- 물건을 일대일 대응할 수 있다.

**자료** 골판지, 펠트지, 고리, 영역별 그림, 벨크로(까슬이, 보들이), 실과 바늘, 투명코팅지

**제작방법**

❶ 펠트지를 가로 30㎝, 세로 37㎝의 크기로 12장 자른다.

❷ 골판지를 가로 29㎝, 세로 36㎝의 크기로 6장 자른다.

❸ 펠트지를 2장씩 맞붙이고 가운데에 골판지를 넣어 바느질한다. 같은 방법으로 나머지 5장을 만든다.

❹ ❸의 판에 영역별 이름을 코팅하여 붙이고, 영역별 그림을 붙일 자리에 벨크로(보들이)를 붙인다.

❺ 각 흥미영역에 해당되는 그림자료를 인쇄하여 코팅한 후 오려서 뒷면에 두꺼운 도화지, 벨크로(까슬이)를 순서대로 붙인다.

❻ 첫장의 앞면에 활동제목을 코팅하여 붙이고 고리를 이용하여 ❺의 기본판을 고리로 연결한다.

**활동방법**

❶ 유아들과 영역에 따른 그림 자료를 보고 이야기 나눈다.
- 교실에는 어떤 영역들이 있을까?
- 언어영역에는 어떤 물건들이 있을까?
- 수, 과학 영역에는 어떤 물건들이 있을까?

❷ 영역에 따라 분류되는 교구가 다르다는 것을 이야기한다.

③ 제시된 그림자료를 보고 각 흥미영역에 따라 분류해 본다.

## 관련교구

[흥미영역 구성하기]

나와 가족/유치원
활동 2-1-7
조작 · 언어

# 내 친구를 찾아주세요

**활동목표**
- 모양을 기억하여 같은 모양을 찾아볼 수 있다.
- 규칙을 지켜 놀이를 할 수 있다.

**자료** 색도화지, 우드락, 그림카드, 병뚜껑 20개, 손잡이용 볼

**제작방법**

❶ 하드보드지를 가로 25㎝, 세로 30㎝의 크기로 자른 후 색도화지를 붙인다.

❷ ❶을 가로 4칸, 세로 5칸으로 나눈다.

❸ 캐릭터 그림을 2장씩 10장을 인쇄하여 동그란 모양으로 오린다.

❹ ❶의 네모 칸 속에 ❷의 캐릭터 사진을 붙인 후 투명시트지를 씌운다.

❺ 병뚜껑 위에 손잡이용 볼을 붙인다.

**활동방법**

❶ 밑판에 어떤 그림이 있는지 살펴본다.

❷ 같은 그림이 어디에 있는지 찾아서 위치를 기억해 둔다.

❸ 병뚜껑으로 그림을 덮은 후 같은 그림이 있는 것을 선택하여 두 개를 동시에 열어 본다.

❹ 같은 그림인지 확인한다.

나와 가족/유치원
활동 2-1-8
조작 · 언어

# 집을 찾아가요

**활동목표**
- 공간지각 능력을 기른다.
- 게임을 통해서 방향을 인식할 수 있다.

**자료** 우드락, 마스킹테이프, 칼라점토, 오공본드, 벽돌 시트지.

**제작방법**

❶ 우드락으로 4절크기의 직사각형 상자를 만든다.
❷ 미로 길을 바닥에 그린 후 우드락을 잘라 세워 붙인다.
❸ 벽돌시트지를 붙인 후 가장자리를 마스킹테이프로 붙인다.
❹ 칼라 점토를 이용하여 남자인형과 여자인형을 입체로 만든다.

**활동방법**

❶ 출발점에서 도착점까지의 길을 살펴본다.
❷ 막히지 않고 길을 통과하려면 어떤 길로 가면 좋을지 이야기해 본다.
❸ 출발점에 인형을 놓고 길을 찾아서 미로를 통과한다.
❹ 유아가 활동을 하다가 길이 막히면 어디로 가야할지 이야기를 나누고 유아가 방향을 정하도록 한다.

**관련교구**

〔곰돌이 집을 찾아가요〕

나와 가족/유치원
활동 2-1-9
조작 · 언어

# 나는 정리대장

**활동목표**
- 자신의 물건을 정리해야 함을 안다.
- 생활 속에서 물건을 정리할 수 있다.

**자료** 할핀, 색도화지, 색연필, 하드보드지, 우드락, 폼보드, 시트지, 그림자료.

**제작방법**

〈게임판〉

❶ 우드락을 가로 30㎝, 세로 30㎝의 크기로 자른 후, 가장자리에 네모칸을 만든다.

❷ 색도화지를 가로 26㎝, 세로 26㎝의 크기로 오려서 ①의 가운데에 붙인다.

❸ ❷의 판에 출발과 도착점을 인쇄하여 붙이고 투명시트지를 씌운다.

〈돌림판〉

❶ 색도화지를 원모양으로 자른다.

❷ 원을 6등분하여 정리정돈하는 그림과 정리정돈을 하지 않는 그림을 그려서 붙인 후 투명시트지를 씌운다.

❸ 화살표를 만들어 코팅한 후 중앙에 할핀으로 고정시킨다.

❹ ❸의 밑면에 우드락이나 두꺼운 도화지를 붙인다.

**활동방법**

❶ 원판에 그려진 그림을 보고 어떤 내용인지 이야기 나눈다.

❷ 게임의 규칙을 이야기한다.

- 정리를 잘하는 상황이 나오면 앞으로 한 칸 가고, 정리정돈을 잘하지 않는 상황의 그림자료가 나오면 한 칸 뒤로 움직인다.

③ 돌림판을 돌린 후 화살표가 가리키는 상황의 그림에 맞게 말을 움직인다.

④ 정리정돈하는 방법에 대해 이야기 나눈다.

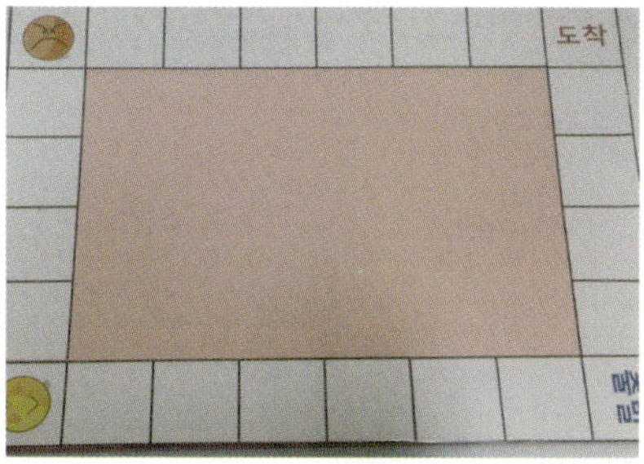

우리동네
활동 2-2-1
조작 · 언어

## 우리동네 지도

**활동목표**
- 우리 동네에 관심을 갖는다.
- 우리 동네를 구성해 볼 수 있다.

**자료** 펠트지, 천, 가위, 실과 바늘, 투명시트지, 벨크로(까슬이, 보들이)

**제작방법**

① 활동판으로 사용할 천을 직사각형으로 자른 후 가장자리를 박음질한다.

② ①의 활동판 가운데에 회색 천을 놓고 바느질하여 도로를 만든다.

③ 펠트지에 건물, 자동차, 나무 등을 그려서 오린 후 2장씩 맞붙여 가장자리를 바느질한다.

④ 도로를 중심으로 건물, 자동차 등을 붙일 수 있도록 적당한 위치에 벨크로(보들이)를 글루건으로 고정시킨다.

⑤ 펠트지로 여러 종류의 건물, 자동차, 나무를 바느질하여 만든 후 뒷면에 벨크로(까슬이)를 붙인다.

⑥ 건물의 앞면에 건물의 명칭을 붙일 수 있도록 벨크로(보들이)를 붙인다.

⑦ 병원, 어린이집, 학교, 도서관 등의 이름표를 만들어 코팅지를 씌운 다음 뒷면에 벨크로(까슬이)를 붙인다.

**활동방법**

① 우리가 살고 있는 동네에는 어떤 것들이 있는지 이야기 나눈다.

② 활동판을 펼쳐놓고 도로 위의 자동차와 도로주변에 있는 건물들을 배치해 본다.

③ 각 건물에 적절한 명칭을 붙여 본다.

④ 함께 꾸민 동네를 보고 어떤 건물이 있는지 이야기한다.

⑤ 다른 친구가 꾸민 것을 보고 자신이 꾸민 것과 어떻게 다른지 이야기한다.

우리동네
활동 2-2-2
조작 · 언어

# 어디로 가야 할까요?

**활동목표**
- 우리동네 기관이 하는 일을 알 수 있다.
- 다양한 직업이 있음을 알 수 있다.

**자료** 박스, 우드락, 하드보드지, 투명시트지, 색도화지, 색시트지, 고무자석, 양면테이프, 펠트지, 솜, 실과 바늘, 코팅지, 고리

**제작방법**

〈활동판〉

❶ 우드락을 잘라서 우리동네에서 볼 수 있는 주요 기관들을 만든다. 이때 우드락을 같은 모양으로 2개를 잘라 붙여 세워질 수 있도록 한다.

❷ 우드락으로 만든 건물 모형 앞면에 병원, 우체국, 소방서 등을 표시하는 그림을 붙인다.

❸ 네모 박스 안은 색도화지를 이용하여 도로표시와 횡단보도, 나무 등을 꾸미고 투명시트지를 씌운다.

❹ 박스 안에 ❷의 모형을 양면테이프를 이용해 붙여 세운다.

〈제시카드〉

❶ 다양한 직업에 종사하는 사람들의 그림과 하는 일을 인쇄하여 색도화지 위에 붙인다.

❷ ❶을 투명시트지로 씌운 후, 하드보드지로 표지를 만들어 구멍을 뚫어 고리로 연결한다.

❸ 펠트지를 이용해 악어 인형과 새 인형을 만들고 그 속에 솜을 채워 입체감 있게 만든다.

## 활동방법

1. 우리동네에는 어떤 기관들이 있는지 유아들과 이야기 나눈다.
2. 제시카드를 보면서 동네의 다양한 기관들에 대해 이야기한다.
3. 그림판 위에 각종기관모형을 원하는 위치에 올려놓는다.
4. 악어와 새를 들고 동네의 기관을 찾아가면서 기관이 하는 일과 직업을 알아본다.

## 관련교구

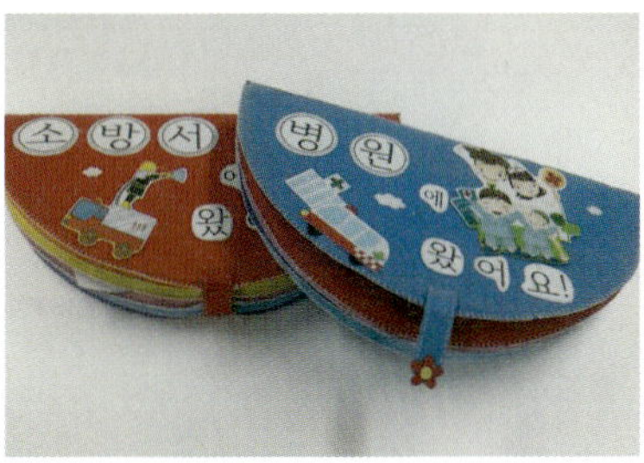


〔소방서에 왔어요.〕

〔병원에 왔어요.〕

우리동네
활동 2-2-3
조작 · 언어

# 표지판을 읽어요

**활동목표**
- 우리동네에 있는 기관들을 알 수 있다.
- 표지판이 의미하는 뜻을 알고 일대일 대응할 수 있다.

**자료** 우리 동네 그림, 기관이름과 표지판, 하드보드지, 벨크로(까슬이, 보들이), 투명접착시트지, 색도화지, 마스킹테이프

**제작방법**

1. 4절 크기의 하드보드지를 반으로 접었다 펼칠수 있도록 칼집을 낸 후 그 위에 색도화지를 이용하여 길과 횡단보도 등을 붙인다.
2. 도로 주변에 동네에서 볼 수 있는 주요 기관이나 건물의 그림을 붙인다.
3. ❷의 가장자리는 마스킹테이프로 두른 후 투명시트지를 씌운다.
4. 건물 위쪽에 벨크로(보들이)를 붙여 표시판을 떼었다 붙였다 할 수 있도록 한다.
5. 표지판과 표지판이름을 인쇄하여 코팅한 후 뒷면에 두꺼운 도화지를 덧댄 후 벨크로(까슬이)를 붙인다.

**활동방법**

1. 우리 동네에는 어떤 기관들이 있는지 이야기 나눈다.
2. 카드를 보며 기관의 이름과 기관 표지판을 알아본다.
3. 활동판을 보고 어떤 일을 하는 곳인지 이야기하고 그에 해당하는 표지판을 찾아 건물 위에 붙인다.

우리동네
약 국
병 원
화 장 실
절

우 체 국
약 국
경 찰 서
장 애 인
소 방 서
목 욕
절
교 회

119 소방서
경찰서

우리동네
활동 2-2-4
조작 · 언어

# 지역 문화 유적지

**활동목표**
- 우리나라의 지도에 관심을 갖는다.
- 우리나라의 문화유적지에 대해 알 수 있다.

**자료** 우드락, 마스킹테이프, 색빨대, 문화재 그림, 투명시트지, 색도화지, 색한지, 함석판

**제작방법**

〈활동판〉

1. 4절 크기의 우드락에 함석판, 색 한지의 순서대로 붙인다.
2. 색도화지에 우리나라의 지도를 그려서 오린 후, 지역별로 다른 색도화지를 붙인다.
3. 지역 이름을 붙인 후 가장자리를 마스킹테이프로 두른 후 투명시트지를 씌운다.

〈표지판〉

1. 색 빨대를 적당한 크기로 자른 후 1/3 정도의 길이로 칼집을 낸다.
2. 지역에 있는 문화재를 인쇄하여 코팅 한 후 잘라 색빨대에 끼운다.
3. 빨대 밑면에 둥근 자석을 붙인다.

〈제시판〉

1. 8절 크기의 하드보드지 위에 우리나라 지도를 인쇄하여 붙인다.
2. 각 지역의 대표적인 문화유적지 그림을 2장씩 인쇄한다.
3. 유적지 그림 1장을 ①의 지도 위에 각 지역별로 붙이고 가장자리를 마스킹테이프로 두른 후 투명시트지를 씌운다.
4. ②의 다른 한 장의 그림은 하드보드지 위에 간단한 설명과 함께 붙인 후 마스킹테이프로 가장자리를 두른 후 투명시트지를 씌워 제시카드를 만든다.

**활동방법**

① 우리나라의 지도를 보면서 이야기 나눈다.

- 지도는 어떤 모양일까?
- 각 지역의 위치와 이름을 알아본다.
- 한국의 세계유산 제시판을 보고 지역의 문화재를 알아본다.

② 각 지역에는 어떤 문화재가 있는지 알아보고 그 지역에 해당하는 문화재가 있는 깃발을 찾아 지도 위에 올려 놓는다.

우리동네
활동 2-2-5
조작 · 언어

# 전화놀이

**활동목표**
- 전화기의 쓰임을 알 수 있다.
- 전화기의 사용법과 지켜야 할 예절을 알 수 있다.

**자료** 전화기, 탁상달력, 부직포, 리본테잎, 풀, 가위, 자, 벨크로(까슬이, 보들이), 우드락

**제작방법**

1. 탁상용 달력 위에 부직포를 붙인 후 리본테잎으로 테두리를 두른다.
2. 전화번호를 적은 숫자 카드를 인쇄하여 색지 위에 붙이고 코팅하여 뒷면에 우드락을 붙인다.
3. ②의 카드 뒷면에 벨크로(까슬이)를 붙인다.

**활동방법**

1. 유아들과 전화기에 대해서 이야기 나눈다.
   - 언제 전화기를 사용하나요?
   - 전화기가 있어서 편리한 점은 무엇일까요?
   - 전화를 받을 때는 어떻게 해야 할까요?
   - 전화를 걸 때는 어떻게 해야 할까요?
   - 만약 전화기가 없다면 소식을 어떻게 전할 수 있을까요?
2. 자신이 알고 있는 전화번호를 말해 본다.
3. 수화기를 들고 제시된 숫자를 눌러서 전화를 걸어본다.

베비폰
OFF
ON

긴급구조
전화번호
①①⑨
아빠
핸드폰번호
⓪①⓪
①③①
①②③④
우리집
아빠
미아신고
할머니댁
엄마
안내
①①④
범죄신고
①①②
⑤⑥⑦⑧
긴급구조
기상안내
①⑧②

우리동네
활동 2-2-6
조작 · 언어

# 표지판 게임

**활동목표**

- 우리 동네의 다양한 기관을 알 수 있다.
- 표지판의 기호와 상징의 의미를 알 수 있다.

**자료** 하드보드지, 펠트지, 그림 자료, 고무줄, 단추, 색도화지, 테이프, 본드

**제작방법**

〈활동판〉

❶ 하드보드지에 열십자 모양으로 오린 후 그 위에 펠트지를 오려서 칸칸이 붙여 활동판을 만든다.

❷ 여러 가지 표지판을 인쇄하여 코팅한 후 활동판의 칸에 적당한 간격으로 붙인다.

❸ 활동판 가장자리에 고무줄과 단추를 달아 상자로 만들수 있도록 한다.

〈주사위와 제시카드〉

❶ 하드보드지에 정육면체 전개도를 그린후, 자른다.

❷ ❶의 주사위 각 면에 웃는 얼굴, 찡그린 얼굴, 우는 얼굴, 삐친 얼굴 등의 표정을 붙인다.

❸ ❷를 칼집을 낸 후 입체로 접어 본드로 붙여 정육면체 주사위를 만든다.

❹ ❸을 투명시트지로 씌운다.

❺ 상징기호를 인쇄하여 색도화지를 덧대고 투명시트지를 씌워서 제시카드를 만든다.

**활동방법**

❶ 유아들과 표지판에 대해서 이야기 나눈다.

- 어느 곳에서 볼 수 있을까?
- 왜 표지판을 사용할까요?
- 우리 주변에서 볼 수 있는 표지판은 어떤 것이 있을까요?

- 표지판이 의미하는 것은 무엇일까요?

❷ 게임의 규칙을 소개한다.

- 주사위의 얼굴을 보고 어떤 표정인지 이야기하고 칸을 정한다.
  (예) 웃는 얼굴(4칸), 찡그린 얼굴(3칸), 우는 얼굴(2칸), 삐친 얼굴(1칸)으로 정한다.
- 순서를 정한 후 주사위를 돌려 나온 수만큼 이동한다.
- 말이 멈춘 칸에 표시된 표지판을 보고 그에 해당하는 기관의 카드를 가져온다.
- 멈춘 칸에 표지판이 없으면 카드를 가져올 수 없다.
- 카드를 많이 가져온 유아가 이긴다.

우리동네
활동 2-2-7
역할 · 언어

# 시장 역할놀이

**활동목표**
- 물건을 사는 방법에 대해 안다.
- 역할놀이를 통해 물건을 사고 파는 경험을 한다.

**자료** 직사각형 상자 4개, 아이클레이, 투명시트지, 펠트지, 골판지, 양면테이프, 가게 배경그림 4장

**제작방법**

① 직사각형 모양의 상자에 양면테이프를 이용하여 색 펠트지를 붙인다.
② 우드락을 ①의 상자 크기만하게 오려서 뒷면을 세로로 세운 후, 가게 배경그림을 붙인다.
③ ②의 지붕을 만들고 그 위에 골판지를 붙인 후, 가게 명칭을 만들어 붙인다.
④ 아이클레이를 이용하여 과일, 생선, 야채, 과자의 모형을 만든다.
⑤ 상자의 아랫부분에 이름을 붙인다.
⑥ 놀이에 필요한 돈을 만든다.

**활동방법**

① 가게에 가서 물건을 사본 경험이 있는지 이야기 나눈다.
② 가게놀이를 하기 위해 필요한 것들에 대해 이야기 나눈다.
③ 활동방법에 대해 이야기를 나눈다.
- 물건의 값을 정한다. 가격을 정할 때 유아가 어려움을 느끼지 않도록 적은 액수로 정한다.
- 물건을 사는 사람과 파는 사람을 정하여 역할 놀이를 한다.

④ 서로 역할을 바꾸어서 활동해 본다.

## 관련교구

우리동네
활동 2-2-8
수 · 조작

## 같은 종류끼리 모아요

**활동목표**
• 우리동네에 있는 가게의 특징을 알 수 있다.
• 여러 가지 사물을 준거에 따라 분류할 수 있다.

**자료** EVA폼, 하드보드지, 여러가지 물건 그림, 본드, 벨크로(까슬이, 보들이)

**제작방법**

〈활동판과 그림카드〉

❶ 하드보드지를 가로 26㎝, 세로 24cm의 크기로 3장 자른다.

❷ EVA폼을 색상별로 잘라 ❶의 밑판에 붙이고 윗부분은 둥글게 모양내어 가게의 지붕을 붙인다.

❸ 여러 가지 물건과 과일 그림을 인쇄한 후, 코팅하여 자른 후 뒷면에 하드보드지를 붙인다.

❹ ❷의 활동판에 벨크로 중 보들이를 ③의 그림카드에는 벨크로 중 까슬이를 붙인다.

〈원판〉

❶ EVA폼을 지름 21cm 크기의 원으로 2장 자른다.

❷ ❶의 한 개의 원에 일정한 간격으로 6칸 나누고, 나머지 한 개는 밑면에 덧붙이고 화살표 표시를 만들어 붙인다.

❸ 옷, 신발, 과일 그림을 2개씩 인쇄한 후 코팅한 후 뒷면에 EVA폼을 붙인 후 원판에 하나씩 번갈아 붙이고 화살표를 붙인다.

**활동방법**

❶ 다양한 그림자료를 살펴보고 이야기 나눈다.

❷ 신발, 옷, 과일을 분류해 본다.

❸ 게임의 규칙을 소개한다.

- 3명의 유아가 신발, 옷, 과일판을 각각 나누어 갖는다.
- 순서를 정한 후 원판을 돌려 나온 물건을 확인한다.
- 자신의 물건이 나온 경우 해당되는 물건을 자신의 판에 붙인다.
- 게임의 규칙을 바꾸어서 원판에서 나온 그림자료에 해당하는 물건을 떼어내는 방법으로도 진행할 수 있다.

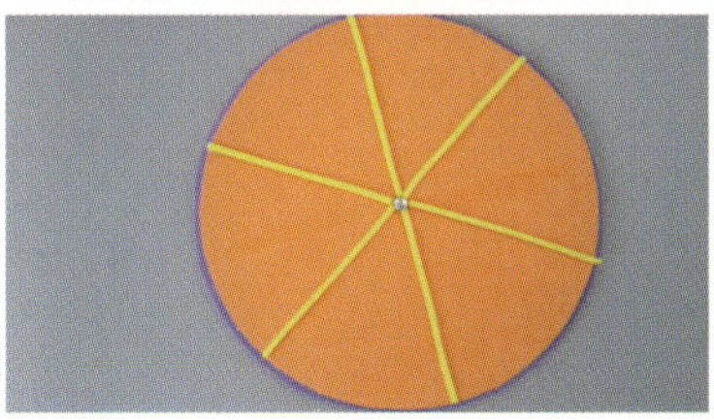

관련교구

〔가게놀이〕

우리동네
활동 2-2-9
역할 · 언어

# 동극 역할놀이

**활동목표**
- 그림책의 내용을 기억할 수 있다.
- 역할극을 통해 다른 사람을 이해할 수 있다.

**자료** 그림책(할머니 집에 가다가), 펠트지, 바늘과 실, 가위, 솜, 글루건, 벨크로(까슬이, 보들이)

**제작방법**

1. 그림동화책 속에 등장하는 인물과 동물을 펠트지에 그려 2장씩 자른다.
2. 펠트지 2장을 겹쳐서 바느질을 하고 중간에 솜을 넣는다.
3. 펠트지로 인물과 동물의 얼굴을 꾸민다.
4. 머리띠로 사용할 펠트지를 일정한 크기로 자른 후 바느질한다.
5. 동물과 인물을 머리띠에 바느질하여 붙인 후 머리띠의 끝부분에 벨크로(까슬이, 보들이)를 붙인다.

**활동방법**

1. 동화(할머니 집에 가다가)를 유아에게 들려준다.
2. 등장인물들의 모습과 특징을 이야기한다.
3. 동화 속의 인물과 동물의 대사를 알려준다.
4. 역할에 해당되는 머리띠를 한 후 역할극을 한다.
5. 역할극이 끝난 후에 언어영역에 자료를 비치하여 유아가 개별 활동으로 이야기를 구성할 수 있다.

건강과 운동
활동 2-3-1
조작 · 언어

# 어떤 운동일까요?

**활동목표**
- 다양한 운동이 있음을 알 수 있다.
- 운동의 종류에 대해 알아본다.

**자료** 하드보드지, 투명시트지, 운동그림, 색도화지, 마스킹테이프, 나무집게

**제작방법**

〈운동사진 카드〉

❶ 하드보드지를 가로 15㎝, 세로 10㎝의 크기로 10장을 자른다.

❷ 운동그림을 ❶의 크기보다 2cm 정도 작은 크기로 인쇄하여 뒷면에 색도화지를 덧붙이고 ❶에 붙인다.

❸ ❷의 그림 밑에 운동이름을 붙일 수 있도록 동그라미를 색깔별로 잘라서 붙인다.

❹ ❷의 모서리 부분에 마스킹테이프를 붙이고 투명시트지를 씌운다.

❺ 운동 이름을 낱자로 한자씩 인쇄하여 동그란 모양으로 오린 후 코팅을 한 다음 나무집게 위에 붙인다.

〈보관 상자〉

❶ 하드보드지로 잘라서 색시트지를 붙이고, 접히는 부분은 마스킹테이프로 붙인다.

❷ 상자 윗부분에 활동명을 프린트해서 붙인다.

❸ 상자 안에 운동그림카드와 이름집게를 분류할 수 있도록 하드보드지로 칸을 만든다.

**활동방법**

❶ 유아들과 운동과 관련된 그림을 보고 이야기 나눈다.

❷ 그림자료를 보고 운동이름을 말해본다.

❸ 그림자료에 해당되는 단어가 붙어있는 나무집게를 찾은후 집게를 손으로 눌러 벌

린 후 그림카드의 밑면에 물린다.

④ 운동그림과 운동의 명칭이 맞는지 살펴본다.

⑤ 글자에 익숙하지 못한 유아는 그림 아래의 동그라미색과 같은 집게의 색으로 맞출 수 있다.

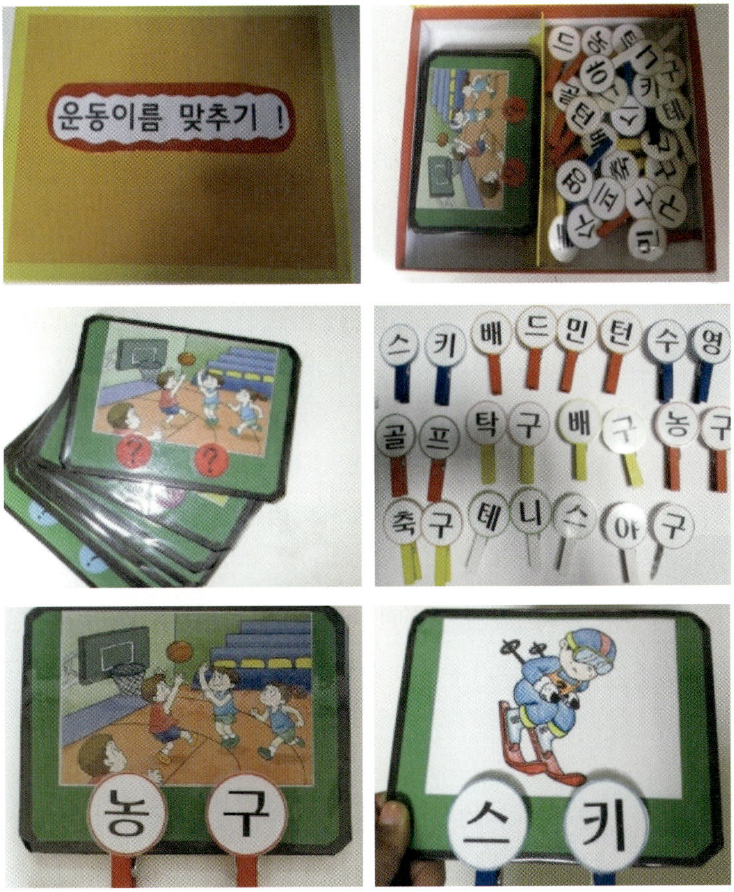

건강과 운동
활동 2-3-2
조작 · 언어

# 운동할 때 필요해요

**활동목표**
- 도구와 공이 필요한 운동이름을 알 수 있다.
- 운동의 종류에 따라 공과 도구를 분류할 수 있다.

**자료** 하드보드지, 그림자료, 할핀, 투명시트지, 운동경기 이름, 벨크로(까슬이, 보들이)

**제작방법**

1. 하드보드지를 동그란 모양으로 점점 작아지도록 크기를 조절하여 3장을 자른다.
2. 원을 4등분하여, 가장 작은 원판에는 공그림을 붙이고, 가운데 원판에는 운동에 필요한 도구그림, 가장 큰 원판에는 운동 경기 하는 장면의 그림자료를 붙인다.
3. 그림자료가 붙은 3개의 원판을 투명시트지로 씌운다.
4. 원판의 중앙에 구멍을 뚫고, 큰 원판, 중간 원판, 작은 원판 순서대로 놓고 할핀으로 고정시킨다. 원판이 돌아갈 수 있도록 약간의 틈새를 두고 고정시킨다.
5. 운동경기의 명칭을 인쇄하여 코팅한 후 뒷면에 벨크로(까슬이)를 붙인다.
6. ④의 가장 큰 원판의 운동경기 그림 옆에는 벨크로(보들이)를 붙인다.

**활동방법**

1. 원판을 보여주며 운동경기에 필요한 공과 도구에 대해 이야기 나눈다.
   - 이 공은 어떤 운동을 할 때 필요할까?
   - 이 도구는 어떻게 사용할 수 있을까?
   - 그림 속의 운동경기에 필요한 공과 도구를 찾아본다.
2. 운동경기 그림과, 도구, 공이 일치하도록 원판을 맞춘다.
3. 운동경기 명칭카드를 붙인다.

운동경기
그림 맞추기
야구

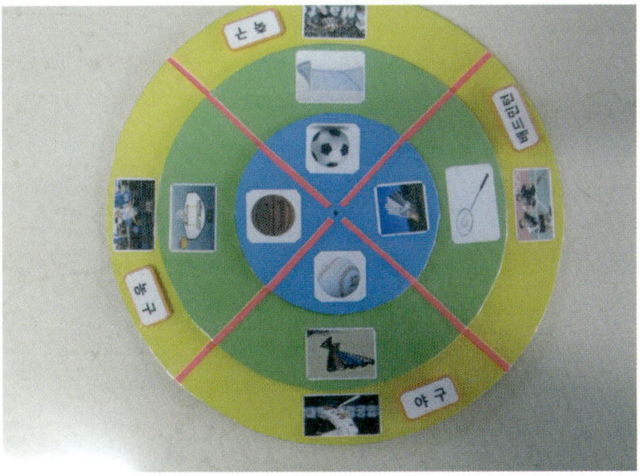
야구

건강과 운동
활동 2-3-3
조작 · 언어

# 우리 몸에 좋은 음식 . 나쁜 음식

**활동목표**
- 음식은 우리몸을 성장시킨다는 것을 안다.
- 우리몸에 좋은 음식과 나쁜 음식을 구별한다.

**자료** 하드보드지, 마스킹테이프, 음식그림, 딱풀, 자, 펠트지, 투명시트지

**제작방법**

〈음식 병풍만들기〉

① 하드보드지를 가로10cm, 세로10cm의 크기로 20장을 자른다.

② 음식그림을 인쇄하여 하드보드지에 붙인 후, 마스킹테이프로 가장자리를 두른 후 투명 시트지로 씌운다.

③ 건강에 좋은 음식그림 10장과 건강에 좋지 않은 음식그림 10장을 각각 이어 붙인다.

〈활동판〉

① 8절지 크기의 하드보드지에 투명시트지를 씌운 후 건강한 아이와 배가 나오고 몸이 뚱뚱한 아이의 모습을 색펠트지로 오려서 붙인다.

② 가장자리를 마스킹테이프로 감싸서 마무리한다.

〈음식카드〉

① 음식병풍 그림에 있는 음식의 그림을 가로 4cm, 세로 4cm의 크기로 자른다.

② 그림크기보다 가장자리가 0.5cm 정도 크게 색도화지를 오려서 그 위에 음식그림을 붙인다.

③ ②를 투명시트지로 씌운다.

**활동방법**

① 음식 병풍그림을 보여주며 우리 몸에 좋은 음식과 나쁜 음식에 대해서 이야기 나

눈다.

- 어떤 음식을 좋아하나요?
- 어떤 음식을 싫어하나요?
- 건강한 아이로 성장하려면 어떤 음식을 먹어야 하나요?
- 몸에 좋지 않은 음식을 먹으면 어떻게 될까요?

② 어떤 음식을 먹으면 건강한 아이가 되고 어떤 음식을 먹으면 뚱뚱한 아이가 되는지 음식그림을 분류하여 붙인다.

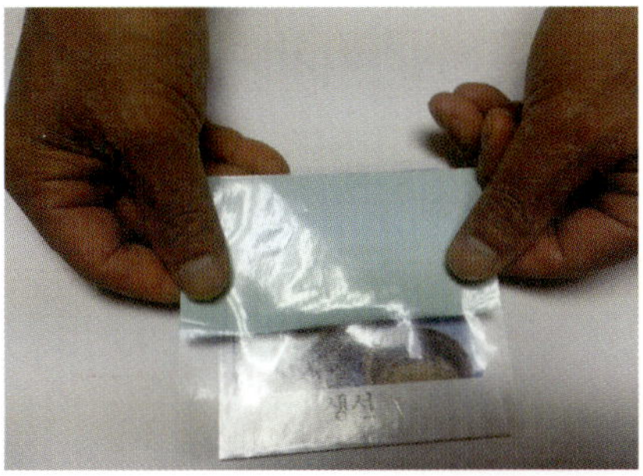

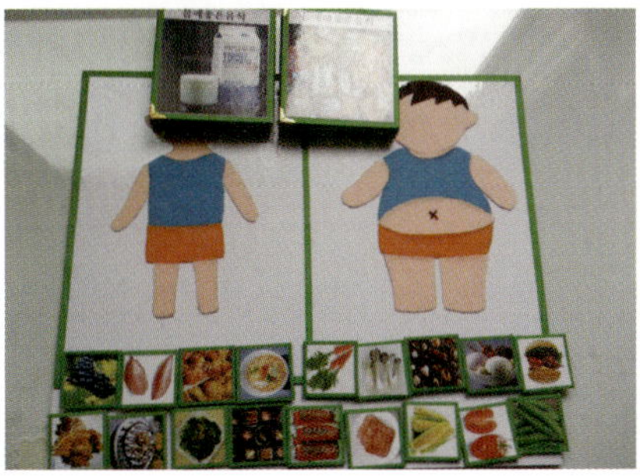

건강과 운동
활동 2-3-4
과학 · 언어

## 5대 영양소가 있어요

**활동목표**
- 우리 몸에 필요한 영양소에 대해 안다.
- 건강한 몸을 위해 음식을 골고루 먹는다.

**자료** 하드보드지, 펠트지, 부직포, 가위, 양면테이프, 실과 바늘, 지퍼, 음식그림, 벨크로(까슬이, 보들이), EVA폼

**제작방법**

1. 부직포를 가로 45cm, 세로 60cm의 크기로 2장 자른다.
2. 하드보드지를 가로 43cm, 세로 55cm의 크기로 2장 자른다.
3. ①의 양쪽에 ②의 하드보드지를 한 장씩 나누어 넣고 바느질을 한다.
4. 펠트지로 다섯 조각의 원뿔 모양을 만들고 가운데 들어갈 크고 작은 원 두 개를 오린다.
5. ④의 원뿔모양과 같은 색의 펠트지를 가로 25cm, 세로 13cm의 크기로 잘라 판 위에 붙인다.
6. 5가지 영양소(탄수화물, 단백질, 지방, 비타민과 무기질, 칼슘)의 음식 그림을 인쇄하여 코팅한 후 뒷면에 EVA폼을 붙이고 벨크로(까슬이)를 붙인다. 이때 5가지 영양소를 색으로 분류하여 같은 영양소의 음식카드는 같은 색상지를 사용한다.
7. 검은색 펠트지를 오려서 글자를 만들어 준 다음 뒷면에 하얀색 펠트지를 덧댄 후 제목을 붙인다.

**활동방법**

1. 우리가 먹는 음식에 대해서 이야기 나눈다.
2. 영양소의 종류에 대해 이야기를 나누고 5대 영양소를 구분해 본다.
3. 5개의 색펠트지 위에 음식 그림을 구분하여 붙여본다.
4. 5대 영양소가 우리 몸에 필요한 이유에 대해 이야기 나눈다.

우리몸에 꼭 필요해요!
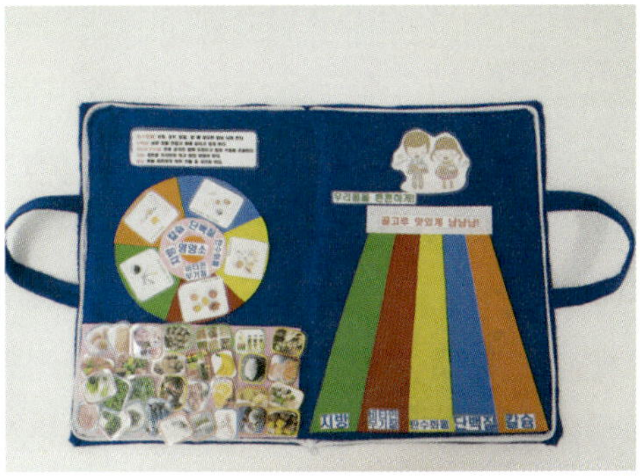

건강과 운동
활동 2-3-5
조작 · 언어

# 김치 게임놀이

**활동목표**
- 우리나라 김치에 관심을 갖는다.
- 김치의 다양한 종류와 이름에 대해 알아본다.

**자료** 하드보드지, 투명시트지, 그림자료, 색도화지, 마스킹테이프

**제작방법**

〈김치카드와 글자카드〉

① 김치의 종류와 역사 및 유래에 관한 그림자료를 1장씩 인쇄하여 오린다.

② ①의 뒷면에 색지를 덧댄 후 투명시트지를 씌운다.

③ ②의 자료를 투명테이프로 연결하여 병풍처럼 책을 만든다.

④ 김치의 이름을 낱자로 인쇄하여 밑면에 색지를 붙이고 투명시트지를 씌워 김치 낱말카드를 만든다.

〈게임판〉

① 8절 크기의 하드보드지 가장자리에 색도화지를 붙인다.

② ①의 가장자리에 칸을 나누고 김치이름을 인쇄하여 낱자로 한자씩 붙인다.

③ ②의 활동판의 가장자리를 마스킹테이프로 두르고, 투명시트지를 씌운다.

**활동방법**

① 김치에 관한 그림자료를 보고 김치에 대하여 이야기 나눈다.

② 게임의 규칙에 대해 이야기한다.

③ 팀을 나누어 게임을 한다.

- 주사위를 던져 나온 수만큼 칸을 이동한다.
- 칸을 이동하면서 모은 글자를 조합하여 김치이름을 만들고 그에 해당되는 김치그림카드를 가져온다.

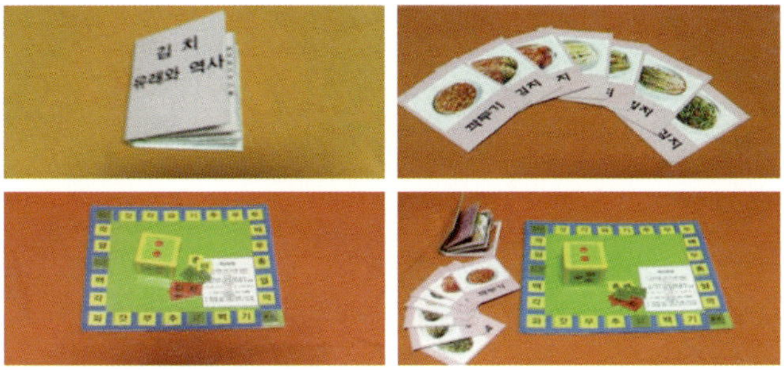


## 관련교구

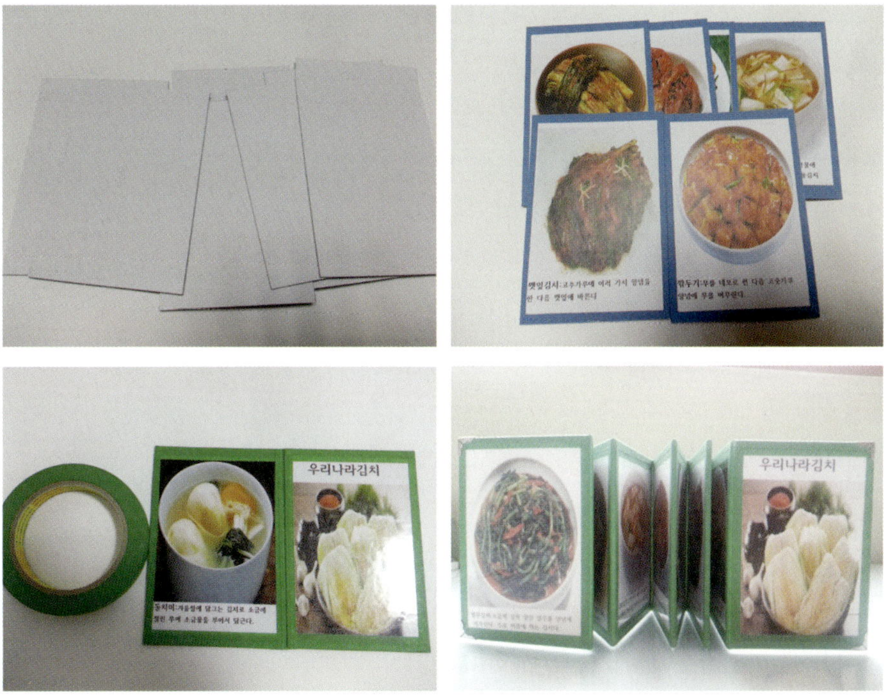


〔김치 소책자〕

건강과 운동
활동 2-3-6
언어 · 신체

## 키 재기

**활동목표**
- 자신의 성장에 관심을 갖는다.
- 키의 성장을 숫자로 알 수 있다.

**자료** 펠트지, 글루건, 솜, 양면테이프, 노끈, 실과 바늘

**제작방법**

① 색펠트지에 동물의 얼굴을 그린 후 두겹으로 자른다.
② ①에 솜을 넣고 바느질을 한다.
③ 펠트지로 동물의 몸부분을 만들고, 여러가지 무늬를 꾸민 후 ②와 연결한다.
④ ③의 가운데 부분에 하얀 펠트지를 붙인 다음, 눈금을 그리고 펠트지로 숫자를 만들어 붙인다.
⑤ 머리 윗부분에 고리를 만들어 바늘로 꿰맨다.

**활동방법**

① 유아들과 키에 대해서 이야기 나눈다.
② 키재기에 대고 키를 재어본다.
③ 키를 재고 숫자를 읽어본다.
④ 친구의 키를 재어주고 숫자를 읽어보고. 자신의 것과 비교해 본다.
⑤ 키가 크려면 어떻게 해야 하는지 이야기한다.

관련교구

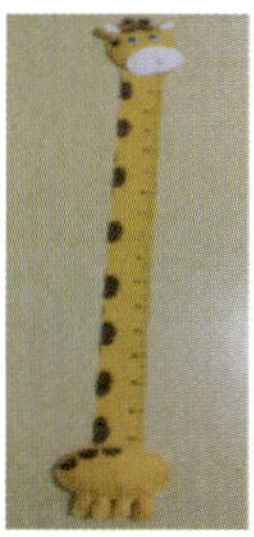

〔기린 키재기〕

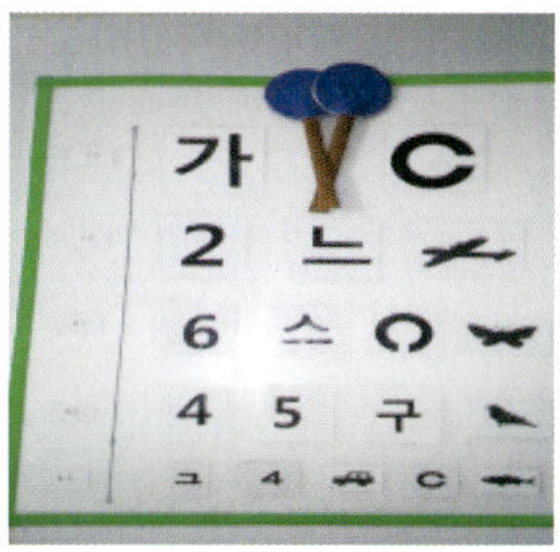


〔시력 검사표〕

건강과 운동
활동 2-3-7
수 · 신체

# 공 던지기

**활동목표**
- 1~7까지의 숫자를 알 수 있다.
- 놀이를 통해 주의 집중력을 향상한다.

**자료** 하드보드지, 펠트지, 인형눈, 방울솜, 벨크로(까슬이, 보들이), 글루건, 함석판, 고무자석, 양면테이프, 단면색지, 코팅필름, 칼, 가위, 자, 우드락

**제작방법**

〈곰돌이 판〉

❶ 하드보드지에 곰돌이 모양을 그린 후 오린다.

❷ ❶위에 색상펠트지를 이용하여 곰돌이를 꾸민다.

❸ 곰돌이 배부분에 동그랗게 펠트지를 오려 붙이고 원 중앙에 1~7까지의 숫자를 붙인다.

❹ 곰돌이 얼굴에 눈, 코, 입 부분을 꾸민다.

❺ 공에 까슬이를 열십자 모양으로 교차하여 붙인다.

〈숫자판〉

❶ 우드락 위에 함석판, 색지의 순서대로 붙인다.

❷ ❶위에 코팅된 숫자와 글씨를 붙인 후 가장자리를 마스킹테이프를 붙이고 투명시트지를 씌운다.

❸ 방울솜 뒷면에 자석을 붙인다.

**활동방법**

❶ 숫자 1~7의 수를 알아본다.

❷ 공을 곰돌이 숫자판에 던져본다.

❸ 해당되는 수만큼 숫자판에 자석방울 솜을 붙인다.

## 관련교구

〔투호놀이〕

건강과 운동
활동 2-3-8
조작 · 수

# 달걀 뒤집기

**활동목표**
- 대근육과 소근육 발달을 돕는다.
- 눈과 손의 협응능력을 기른다.

**자료** 펠트지, 솜, 쟁반, 뒤집기, 실과 바늘

**제작방법**

1. 직사각형인 쟁반의 크기보다 약간 크게 펠트지를 잘라서 쟁반을 감싼 후 바느질한다.
2. 쟁반의 손잡이 부분을 펠트지로 싼 후 바느질한다.
3. 흰색 부직포 위에 한쪽 면은 흰색 그대로 하고, 다른 한쪽 면은 노란색 부직포를 잘라 가운데에 붙인다.
4. 나무뒤집기를 색펠트지로 싼 후 바느질한다.

**활동방법**

1. 달걀을 탐색한다.
2. 달걀을 뒤집어 본다.
3. 두 명의 유아가 자신의 달걀색을 정한다. 한 유아는 흰색부분이 앞으로 나오게 뒤집고 다른 한 유아는 노란색이 있는 부분이 앞으로 나오도록 뒤집는다는 규칙을 알려준다.
4. 게임이 끝난 후 달걀로 만든 요리에 대해 알아본다.

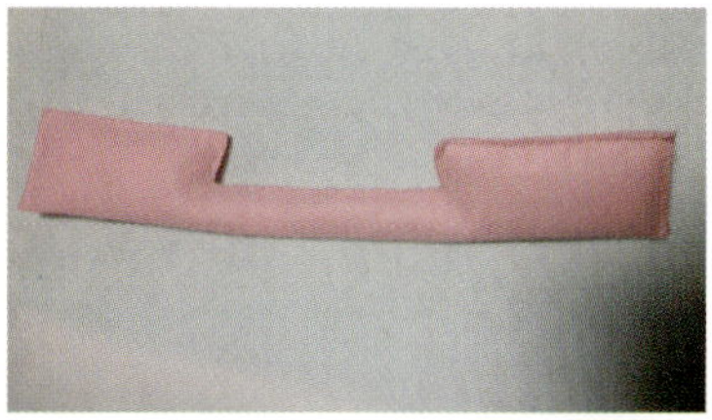

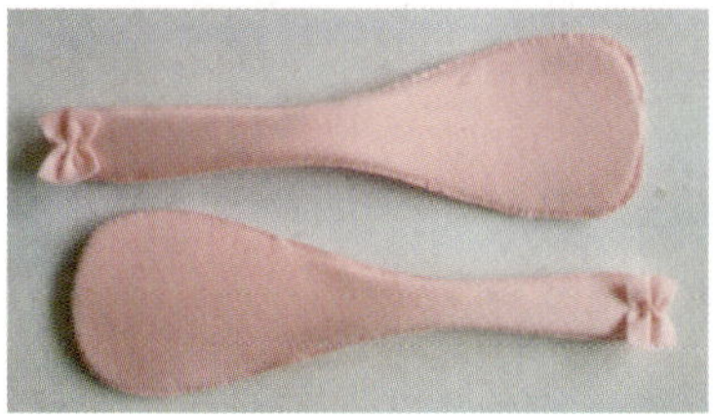

건강과 운동
활동 2-3-9
역할 · 언어

# 떡

**활동목표**
- 우리나라의 전통 떡에 대해 알 수 있다.
- 떡의 이름과 종류를 알 수 있다.

**자료** 아이클레이, 백업, 펠트지, 대소쿠리, 콩, 벨크로(까슬이, 보들이)

**제작방법**

❶ (송편) 흰색과 초록색의 펠트지를 원으로 자른다.

❷ ❶의 원 안에 벨크로(까슬이, 보들이)를 붙인다.

❸ ❷에 콩을 넣고 벨크로를 붙인다.

❹ (가래떡) 흰색 백업을 적당한 길이로 자른다.

❺ (시루떡) 흰색펠트지를 같은 크기의 직사각형으로 2장을 잘라 맞붙여 바느질하고 그 위에 검정색 펠트지를 바느질하여 붙인다.

❻ (화전) 아이클레이로 원형을 만들고 그 위에 꽃을 만들어 붙인다.

**활동방법**

❶ 유아들과 떡에 대해서 이야기 나눈다.
- 떡을 먹어본 경험이 있니?
- 언제 먹어보았니?
- 어떤 모양이었니?
- 무엇으로 만들었을까?

❷ 우리나라의 떡의 종류에 대해 이야기 나눈다.

❸ 바구니에 떡과 다과상을 차려본다.

## 관련교구

〔음식 입체퍼즐〕

〔떡 소책자〕

〔명절과 음식〕

동물과 식물
활동 2-4-1
과학 · 언어

# 겨울 잠자는 동물

**활동목표**
- 겨울잠 자는 동물들을 알 수 있다.
- 동물의 특징과 생활에 대해 안다.

**자료** 펠트지, 실과 바늘, 하드보드지, 스티로폼, EVA폼, 동물그림과 글

**제작방법**

〈동물 소책자〉

❶ 펠트지를 가로 30㎝, 세로 10㎝의 크기로 6장을 자른다.

❷ ❶의 6장을 반으로 접어 바느질하고, 그 위에 동물 그림자료와 동물에 대한 설명글을 코팅하여 붙인다.

❸ ❷를 연결하여 병풍식으로 책을 만든다.

〈활동판〉

❶ 4절크기 하드보드지 밑부분에 겨울잠을 자는 동물의 그림을 붙인다.

❷ EVA폼을 잘라 하드보드지의 아랫부분에 덧붙이고 ①의 동물이 보이도록 창문 모양으로 3면을 자른다.

❸ 우드락으로 겨울나무를 만들어 붙이고, 윗부분은 흰색 스티로폼 볼을 눈처럼 붙인다.

**활동방법**

❶ 겨울의 날씨에 대해서 이야기 나눈다.

❷ 사람들의 겨울생활을 이야기하고 동물들은 어떻게 겨울을 나는지 이야기를 나눈다.

❸ 창문을 열어 어떤 동물들이 있는지 살펴본다.

❹ 겨울잠을 자는 동물의 이름과 동물의 특징, 생활에 대해 이야기 나눈다.

⑤ 겨울잠을 자는 동물의 모습을 신체로 표현해 본다.

**관련교구**

동물과 식물
활동 2-4-2
과학 · 조작

## 공룡의 뼈를 찾아라

**활동목표**

- 공룡에 대해 알 수 있다.
- 공룡의 뼈와 공룡을 일대일 대응할 수 있다.

**자료** 공룡그림 자료, 고무자석, 함석판, 하드보드지, 마스킹테이프, 가위, 코팅지

**제작방법**

❶ 하드보드지와 함석판을 가로 10㎝, 세로 12㎝의 크기로 잘라 하드보드지 위에 함석판을 붙인다.

❷ 공룡의 뼈와 공룡 그림자료를 인쇄한다.

❸ ❶의 종이 위에 얇은 색지를 붙인 후 ②의 공룡 뼈 그림을 붙인다.

❹ ❸의 아랫부분에 공룡의 이름을 붙일 수 있도록 네모 모양의 색한지를 붙인 후 가장자리를 마스킹테이프를 붙이고 투명시트지를 씌운다.

❺ 동물 그림자료는 그 형태대로 오려서 뒷면에는 고무자석을 붙인다.

**활동방법**

❶ 유아들과 공룡에 대해서 이야기 나눈다.

- 공룡은 언제 살았을까?
- 공룡은 어떻게 살았을까?

❷ 공룡뼈를 보고 예상되는 공룡을 찾아 붙인다.

❸ 공룡의 이름을 찾아서 공룡 그림 아래에 붙인다.

**관련교구**

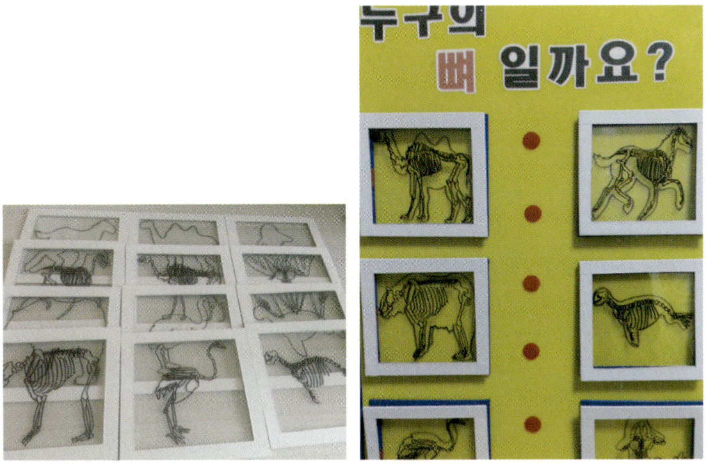


〔누구의 뼈일까요?〕

동물과 식물
활동 2-4-3
과학 · 조작

# 누가 살까요

**활동목표**
- 동물들이 사는 곳이 다름을 알 수 있다.
- 동물과 동물이 사는 곳의 특징을 알 수 있다.

**자료** 우드락, 하드보드지, 뽕뽕이, 펠트지, 주름 레이스, 그림자료, 벨크로 (까슬이, 보들이), 물티슈 뚜껑

**제작방법**

1. 하드보드지와 우드락을 가로 35cm, 세로 40cm의 크기로 잘라 하드보드지 위에 우드락을 붙인다.
2. 물티슈 뚜껑을 적당한 간격으로 6개를 붙인다.
3. 물티슈 뚜껑에는 동물이 사는 곳의 그림을 붙이고, 안쪽에는 동물그림을 붙인다.
4. 윗부분에 레이스를 붙이고 가장자리는 뽕뽕이로 장식한다.

**활동방법**

1. 물티슈 뚜껑에 붙어있는 동물들이 사는 곳의 그림을 보면서 이야기 나눈다.
2. 어떤 동물이 사는 곳인지 예측해 본다.
3. 물티슈 뚜껑을 열어 어떤 동물이 사는지 확인한다.
4. 그림자료의 동물에 대해 이야기 나눈다.

## 관련교구

〔동물들은 사는 곳이 달라요〕

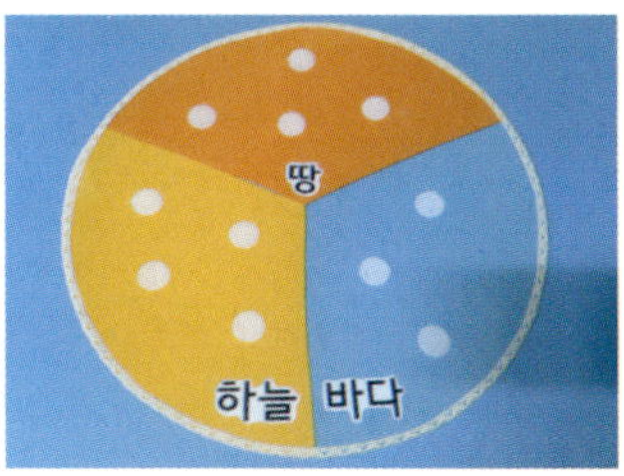

〔사는 곳이 달라요〕

동물과 식물
활동 2-4-4
과학 · 조작

# 곤충 게임

**활동목표**
- 곤충의 특징에 대해 알 수 있다.
- 게임의 방법과 규칙을 지킬 수 있다.

**자료** 하드보드지, 투명 시트지, 곤충그림, 마스킹테이프, 음료뚜껑

**제작방법**

❶ 하드보드지를 가로 40㎝, 세로 40㎝의 크기로 자른 후 안쪽에 칼집을 내어 접혀지도록 한다.

❷ ❶의 위에 ㅁ자 모양으로 가로 6개, 세로 4개의 칸을 그린다.

❸ ❷의 네모칸에 곤충그림을 붙이고 중간 중간에 '쉬어 가세요', '뒤로 가세요' , '앞으로 1칸 전진' 등의 표시를 한다.

❹ ❸의 가장자리를 마스킹테이프로 붙이고 투명시트지를 씌운다.

❺ 음료수 뚜껑으로 말을 만들고, 하드보드지를 이용하여 주사위를 만든다.

**활동방법**

❶ 「곤충 게임」 판을 펼쳐놓고 어떤 곤충이 있는지 이야기 나눈다.

❷ 게임의 규칙에 대해 이야기한다.

- 주사위를 던진다.
- 주사위에 나온 수만큼 말을 옮긴다.
- 말이 멈춘 칸에 있는 곤충과 똑같은 곤충카드를 가져온다.
- 도착지점까지 곤충카드를 많이 모으는 유아가 승리한다.

❸ 그림카드의 곤충이름을 말해 본다.

## 관련교구

〔연못에 살아요〕

동물과 식물
활동 2-4-5
과학 · 조작

# 곤충의 한 살이

**활동목표**
- 생명의 탄생에 관심을 갖는다.
- 곤충의 성장 과정을 알 수 있다.

**자료** 둥글고 긴 막대, 하드보드지, 그림자료, 마스킹테이프, CD케이스

**제작방법**

❶ 하드보드지를 이용하여 직육면체의 상자를 5개 만든다.

❷ 막대 기둥을 끼울 수 있도록 ❶의 가운데 부분을 동그랗게 오려낸다.

❸ 곤충의 성장 과정을 순서대로 직육면체의 상자에 붙인다. 이때 그림이 계속 이어지도록 가장자리 부분에 테두리를 하지 않는다.

❹ 상자를 투명시트지로 씌우고, 밑판 침대를 만들어 가운데 구멍에 막대를 끼운다.

**활동방법**

❶ 곤충의 성장하는 과정을 이야기한다.

❷ 하나의 곤충을 선택하여 성장 순서대로 상자를 돌려 맞추어 본다.

❸ 알에서부터 큰 어미까지 성장하는 과정을 이야기한다.

**관련교구**

〔개구리의 성장과정〕

〔개미의 세계〕

동물과 식물
활동 2-4-6
과학 · 조작

# 누구의 입일까?

**활동목표**
- 곤충의 입이 다름을 알 수 있다.
- 곤충과 곤충의 입을 일대일 대응할 수 있다.

**자료** 하드보드지, 할핀, 그림자료, 색도화지, 투명시트지

**제작방법**

〈활동판〉

❶ 하드보드지를 크기가 다른 동그라미로 3장을 오린다.

❷ ❶의 원판을 6조각으로 나눈다.

❸ 가장 큰 원판에는 곤충의 전체의 모습이 있는 사진을 붙이고, 가운데 원판에는 곤충의 입 그림을 중앙의 작은 원판은 곤충의 이름을 붙인다.

❹ 3개의 원판을 투명시트지로 씌우고 할핀으로 끼워서 3개의 원판을 연결한다.

〈제시카드〉

❶ 하드보드지를 가로 7㎝, 세로 10㎝의 크기로 자른다

❷ 곤충그림과 이름을 인쇄하여 ❶에 붙이고 투명시트지를 씌운다.

**활동방법**

❶ 유아들에게 제시카드를 보여주며 곤충과 곤충의 입에 대해서 이야기 나눈다.

❷ 회전판을 돌려가며 곤충의 이름과 입모양 그리고 전체 모습을 맞춰본다.

❸ 곤충마다 다른 입의 특징을 관찰해 보고 서로 비교해 본다.

## 관련교구

〔누구의 다리일까?〕

동물과 식물
활동 2-4-7
과학 · 조작

## 물고기에 대해 알아보아요

**활동목표**
- 물고기의 생김새를 안다.
- 물고기의 내부 구조와 명칭을 알 수 있다.

**자료** OHP 필름, 색도화지, 마스킹테이프, 유성펜과 매직펜

**제작방법**

〈OHP 필름 책〉

❶ 색도화지를 가로 16cm, 세로 26cm의 크기로 5장을 자른다.

❷ 색도화지를 가로 30cm, 세로 26cm 크기로 자른 다음, 가로를 3cm간격으로 표시를 한 후 앞뒤로 부채 접듯이 지그재그로 접어준다.

❸ ❶의 2장은 표지를 만들고 나머지 3장은 가로 5㎝, 세로 5㎝만 남기고 'ㄴ'자 모양으로 잘라낸다.

❹ OHP 필름 위에 물고기의 내부 구조를 순서대로 4장을 그린다.

❺ ❸의 색도화지의 잘라진 'ㄴ'자 부분에 ❹를 붙이고 가장자리에 명칭을 쓴다.

❻ ❷에 ❺를 한 장씩 계단처럼 접힌 부분에 붙이고 표지를 붙인다.

**활동방법**

❶ 물고기의 겉모양에서 볼 수 있는 것을 이야기한다.

❷ OHP 필름을 넘기면서 물고기의 내부에서부터 차례로 겹쳐서 물고기의 구조를 관찰한다.

❸ 물고기 몸의 명칭을 말해 본다.

물고기의 구조

심장
간
창자
난소

머리뼈
척추
갈비뼈
배 지느러미 뼈

물고기의

물고기의
겉 모습.

동물과 식물
활동 2-4-8
과학 · 언어

# 여러 가지 곡식

**활동목표**
- 다양한 곡식이 있음을 알 수 있다.
- 곡식의 종류에 대해 알아본다.

**자료** 하드보드지, 마스킹테이프, 투명반구, 곡식, 곡식 그림, 우드락, 글루건, 투명시트지

**제작방법**

1. 4절 크기의 하드보드지 위에 곡식그림과 이름을 인쇄하여 일정한 간격을 두고 붙인다.
2. 가장자리를 마스킹테이프로 두른 후 투명시트지를 씌운다.
3. 하드보드지 위에 투명 반구를 1/2 정도 붙인 다음 투명 반구 속에 곡식을 넣은 후 글루건을 이용해 나머지 부분을 붙인다.
4. 하드보드지를 가로 10㎝, 세로 12㎝의 크기로 잘라 곡식의 그림과 설명을 쓴 글을 인쇄하여 붙인 후 투명시트지를 씌운다. 카드를 연결하여 병풍식으로 소책자를 만든다.

**활동방법**

1. 우리가 먹는 곡식에 대해서 이야기 나눈다.
2. 곡식을 관찰하고 이름을 알아본다.
3. 자신이 먹어 본 곡식의 맛에 대해 이야기한다.
4. 돋보기를 이용하여 곡식의 특징을 관찰하고 비교해 본다.

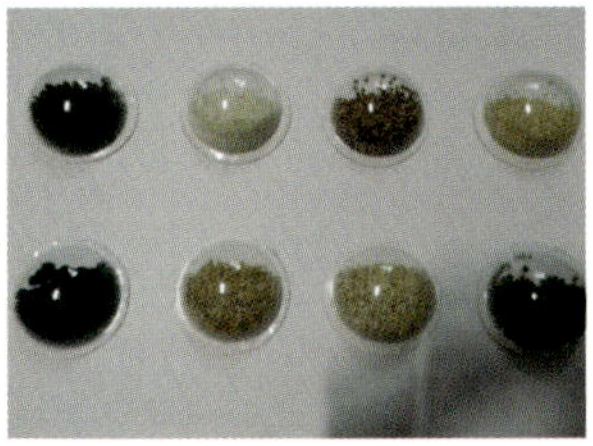

## 관련교구

동물과 식물
활동 2-4-9
과학 · 조작

## 과일, 채소, 꽃 분류하기

**활동목표**
- 사물을 같은 범주에 따라 분류할 수 있다.
- 과일, 채소, 꽃을 분류할 수 있다.

**자료** 우드락, 색상지, 하드보드지, 할핀, 코팅지, 그림자료, 양면테이프, 마스킹테이프, 투명시트지.

**제작방법**

〈원판과 그림카드〉

❶ 하드보드지와 우드락을 같은 크기의 원으로 자른다.

❷ 하드보드지를 12칸으로 나누고 꽃, 채소, 과일의 그림을 인쇄하여 각 칸에 붙이고, 투명시트지를 씌운다.

❸ ❷의 뒷면에 우드락을 붙이고, 화살표를 만들어 할핀으로 고정시켜 원판이 돌아가도록 한다.

❹ 원판에 붙여진 꽃, 채소, 과일의 그림을 작게 인쇄하여 하드보드지에 붙이고 투명시트지를 씌워 그림카드를 만든다.

〈병풍제시카드〉

❶ 하드보드지를 가로 8㎝, 세로 10㎝의 크기로 12장 자른다.

❷ 카드에 그림자료를 붙이고 시트지를 씌운 후 꽃, 채소, 과일을 분류하여 각각 병풍식으로 연결한다.

〈활동판〉

❶ 우드락을 가로 30㎝, 세로 42㎝ 크기의 직사각형으로 자르고, 모서리 부분을 마스킹테이프로 붙인다.

❷ 그림자료를 올려 놓을 수 있도록 가로 3칸, 세로 4칸으로 나누어 색지를 붙이고 투

명시트지를 씌운다.

**활동방법**

① 제시카드를 보고 채소, 꽃, 과일의 종류를 알아본다.

② 원판에 제시된 그림을 가리키며 꽃, 채소, 과일 중 어느 것에 속하는지 이야기한다.

③ 원판을 돌린 후 화살표가 멈춘 칸에 있는 그림자료를 보고 어디에 속하는지 결정한다.

④ 채소, 과일, 꽃을 분류하여 활동판을 채운다.

**관련교구**

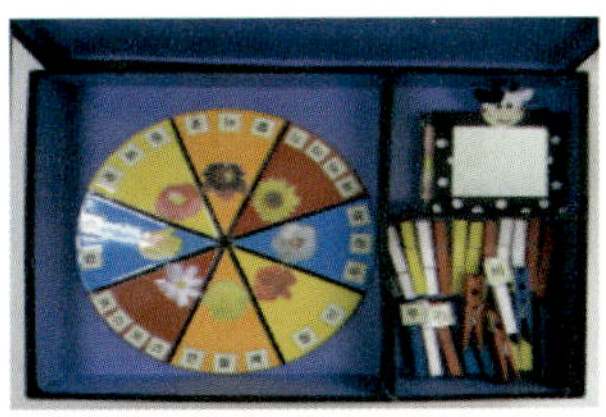

〔채소, 과일 찾기놀이〕

〔꽃이름을 알아보아요〕

우리나라와 세계 여러 나라

활동 2-5-1

조형

# 전통문양 도장

**활동목표**
- 우리나라의 전통문양에 관심을 갖는다.
- 찍기놀이를 통해 패턴을 안다.

**자료** 고무판, EVA폼, 조각칼, 양면테이프, 손잡이용 나무토막

**제작방법**

① 고무판과 EVA폼을 같은 크기의 정사각형으로 자른다.

② 고무판에 문양을 그린 후 조각칼로 판다.

③ EVA폼 위에 무늬가 새겨진 고무판을 양면테이프로 붙인다.

④ ③의 뒷면 가운데를 살짝 오려낸 후 손잡이용 나무를 고정시켜 붙인다.

**활동방법**

① 전통문양에 대해서 이야기 나눈다.
- 이런 문양을 본 적이 있니?
- 어디에서 보았니?
- 무늬는 무엇을 의미할까?

② 손잡이를 잡고 잉크나 물감을 묻혀 찍어본다.

③ 일정한 순서대로 무늬를 찍어본다.

④ 찍힌 무늬를 보고 어떤 순서로 찍었는지 이야기 나눈다. 처음에는 교사가 패턴카드를 제시할 수 있다.

⑤ 무늬의 특징을 살펴보고 무늬가 의미하는 뜻을 알아본다.

## 관련교구

〔전통문양 반쪽 찾기〕

우리나라와 세계 여러 나라

활동 2-5-2

조작 · 언어

## 전통 악기 입체퍼즐

**활동목표**

- 우리나라 전통악기에 관심을 갖는다.
- 악기의 특징과 이름을 안다.

**자료** 코르크판, 정육면체 나무조각 8개, 아크릴물감, 악기그림자료, 우드락, 색도화지, 할핀

**제작방법**

〈입체퍼즐〉

❶ 나무조각 4개를 모아 정사각형을 만든다.

❷ 4개의 면에 하나의 악기그림이 나오도록 나누어서 그림을 그린 후 색칠을 한다. 같은 방법으로 6면에 악기그림을 그린다.

❸ 코르크판을 원형으로 자르고 가운데 부분을 ❶의 크기와 같은 정사각형으로 살짝 오려낸다.

❹ ❸의 판 위에 ❷를 올려 놓는다.

〈악기소책자〉

❶ 악기그림과 악기에 대한 설명서를 인쇄하여 동그랗게 오린다.

❷ 우드락을 둥글게 오린 후 ❶의 그림자료와 설명글을 붙이고 할핀으로 연결한다.

**활동방법**

❶ 우리나라 전통악기에 대해 이야기 나눈다.

- 우리나라 악기를 본 적이 있나요?
- 어떻게 소리를 낼까요?
- 어떤 소리가 날까요?

❷ 악기그림과 모형을 보고 악기의 특징에 대해 이야기 나눈다.

③ 한부분을 제시하면 나머지 부분을 맞춰 악기그림을 완성한다.

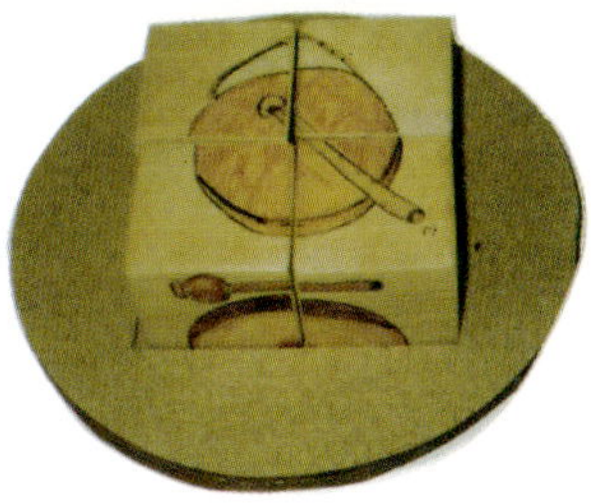

**관련교구**

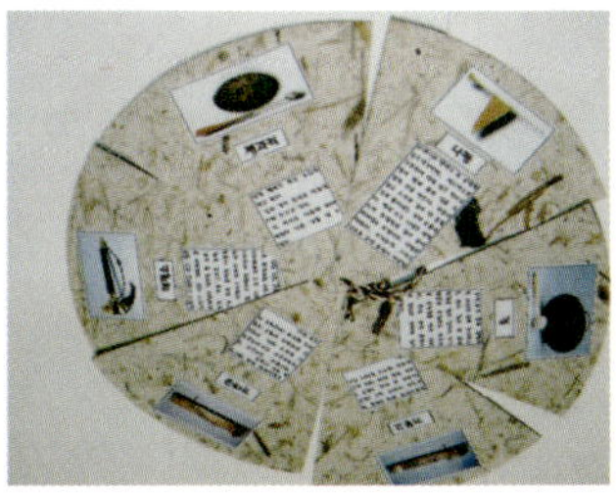

〔악기 소책자〕

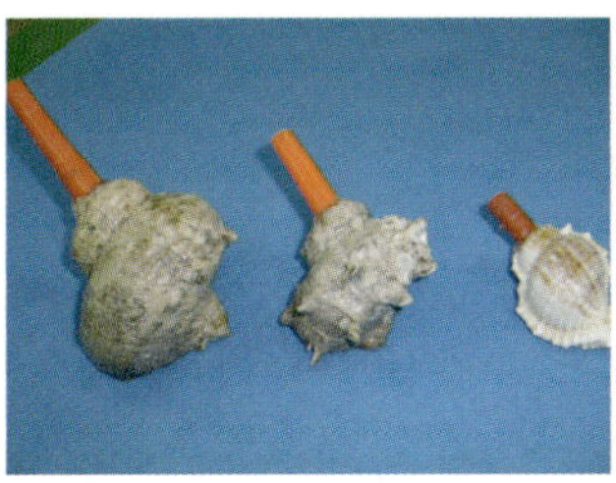
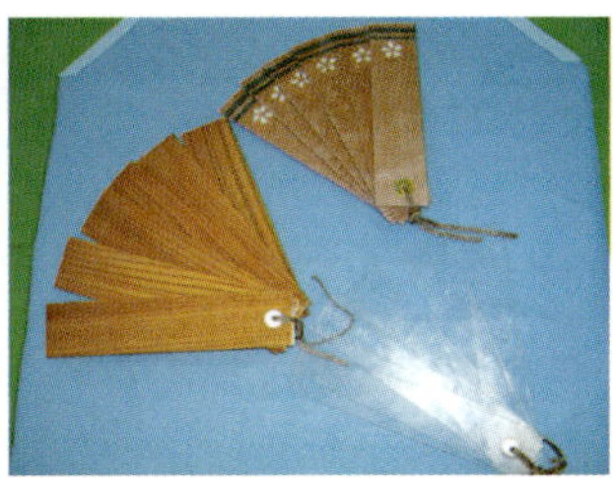

〔폐품을 이용한 악기〕

우리나라와 세계 여러 나라

활동 2-5-3

조작 · 언어

## 전통 한옥 짓기

**활동목표**
- 우리나라 전통 한옥에 관심을 갖는다.
- 한옥 짓는 과정을 알 수 있다.

**자료** 색도화지, 그림자료, OHP필름, 네임펜, 유성펜

**제작방법**

① 색도화지 6장을 가로 30cm, 세로 20cm의 크기로 자른다.

② ①의 종이를 가로 22cm, 세로 17cm의 크기로 잘라낸다.

③ OHP 필름을 ②의 잘라낸 부분보다 1cm 크게 자른다.

④ ③의 필름 위에 기와집을 짓는 순서를 6장면으로 나누어서 그린다.

⑤ ④의 OHP 필름을 ②의 색도화지에 순서대로 붙인다. 이때 집의 터를 잡고 기둥을 세운 장면에서부터 집의 완성까지 하나씩 겹쳐지도록 순서를 정하여 붙인다.

⑥ ⑤의 각 장면에 그림에 대한 설명을 인쇄하여 붙인다.

**활동방법**

① 유아들과 우리나라 전통집에 대해서 이야기 나눈다.
- 기와집을 본 적이 있니?
- 이 집은 어떤 재료로 지었을까?
- 어떻게 집을 지었을까?

② 그림자료를 한 장씩 넘기면서 기와집을 짓는 순서를 이야기한다.

③ OHP필름을 넘겨가며 집짓는 순서를 이야기해 본다.

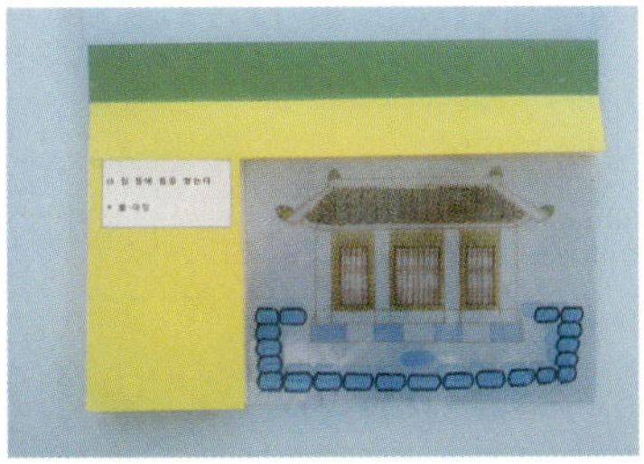

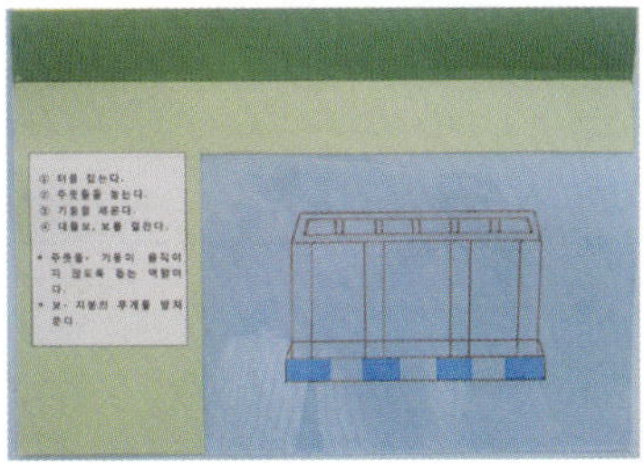

**관련교구**

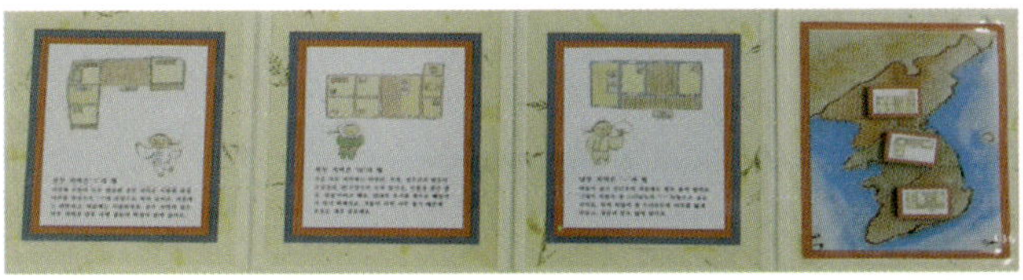

〔지역마다 집의 구조가 달라요〕

〔기와의 명칭 알아보기〕

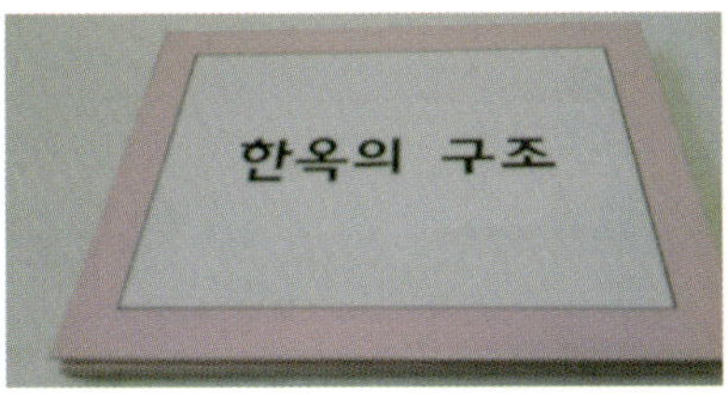

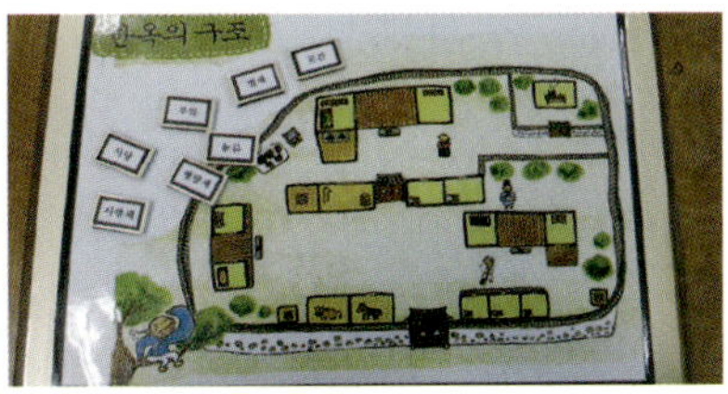
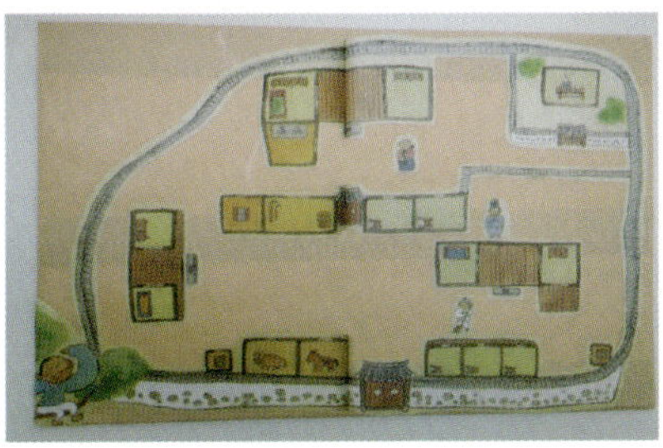

〔한옥의 구조에 대해서 알아보기〕

우리나라와 세계 여러 나라

활동 2-5-4

조작 · 언어

# 전통탈 퍼즐

**활동목표**
- 우리나라 전통탈에 관심을 갖는다.
- 탈의 특징과 이름을 안다.

**자료** 하드보드지, 전통 탈그림, 투명시트지, 코르크판, 색도화지, 구슬끈, OHP필름

**제작방법**

① 하드보드지와 코르크판을 정사각형으로 6장 자른다.

② 전통탈 그림을 인쇄한 후, 코르크 판, 색도화지, 탈사진, 투명시트지의 순서대로 붙인다.

③ ②를 8~10조각으로 나누고, 뒷면에 하드보드지를 붙인다.

④ ③의 가장자리를 구슬끈으로 붙여 테두리를 만든다.

⑤ OHP 필름을 직사각형 모양으로 길게 잘라 유아들이 손쉽게 퍼즐 조각을 잡을 수 있도록 모서리의 그림조각에 세워 붙인다.

**활동방법**

① 유아들과 탈에 대해서 이야기 나눈다.
- 탈을 본 적이 있니?
- 어디에서 보았니?
- 언제 탈을 쓸까?

② 탈 그림을 보고 그 느낌을 이야기한다.
- 탈을 보니 어떤 생각이 드니?

③ 조각을 맞추어 탈을 완성해 본다.

**관련교구**

〔연 도미노 카드〕

우리나라와 세계 여러 나라

활동 2-5-5

조작 · 언어

## 도자기 퍼즐

**활동목표**
- 도자기의 다양한 문양을 감상한다.
- 전체와 부분의 개념을 안다.

**자료** 하드보드지, 함석판, 고무자석, 투명시트지, 문양그림자료, 마스킹테이프, 색도화지

**제작방법**

❶ 하드보드지를 8절 크기로 자르고, 색도화지를 붙인다.

❷ 도자기를 인쇄하여 도자기 형태만 오려서 파낸 후 나머지 부분만 함석판 위에 붙인다.

❸ ❷에서 파낸 도자기 그림은 코팅한 후 고무자석 위에 붙이고 9조각으로 자른다.

**활동방법**

❶ 유아들과 우리나라 도자기에 대해 이야기 나눈다.
- 도자기란 무엇일까요?
- 도자기는 무엇에 사용했을까요?
- 어떤 모양의 도자기가 있나요?
- 도자기에는 어떤 무늬가 있나요?

❷ 도자기의 조각을 맞추어 도자기를 완성해 본다.

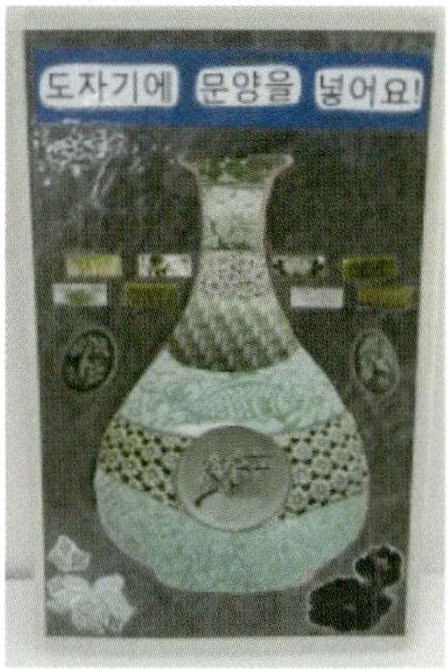

**관련교구**

〔도자기 퍼즐놀이〕

우리나라와 세계 여러 나라

활동 2-5-6

조작 · 언어

# 오각기둥 퍼즐

**활동목표**
- 세계 여러 나라의 민속의상과 국기에 관심을 갖는다.
- 세계 여러 나라의 민속의상과 국기, 국가이름을 알 수 있다.

**자료** 한지, 그림자료(세계 여러 나라의 의상, 국기) 호일 심, 하드보드지, 니스, 풀

**제작방법**

❶ 하드보드지로 오각형상자를 만든다. 상자의 넓이는 같으나 길이는 약간씩 다르게 한다.

❷ ❶의 상자 겉면을 색한지로 싼 후, 지름 5㎝ 크기의 구멍을 파낸다.

❸ 오각형 상자의 각 면에 나라의 이름, 의상그림, 국기 등을 붙인다.

❹ ❸에 투명 래커를 바른 후, 가운데에 호일 심을 끼운다.

❺ 아랫부분에 받침대를 만들어 오각기둥을 세운다.

**활동방법**

❶ 유아들과 각 나라의 이름과 의상, 국기에 대해 이야기 나눈다.
- 이 옷은 어느 나라의 민속의상일까요?
- 의상의 이름은 무엇일까요?

❷ 「오각기둥 퍼즐」 교구를 보면서 국가이름, 민속의상, 국가명, 국기 등을 살펴본다.

❸ 오각형기둥을 돌려가면서 나라이름, 민속의상, 민속의상 명칭, 국기의 순으로 연결되도록 맞춘다.

## 관련교구

〔민속의상 퍼즐〕

〔전통의상, 나라의 국기 일대일 대응하기〕

우리나라와 세계 여러 나라
활동 2-5-7
조작 · 언어

## 세계 여러 나라의 화폐

**활동목표**
- 나라마다 화폐가 다름을 알 수 있다.
- 나라와 화폐를 일대일 대응할 수 있다.

**자료** 우드락, 함석판, 색도화지, 투명시트지, 코팅지, 하드보드지, EVA폼, 고무자석, 원자석, 빨대, 마스킹테이프, 글루건, 세계 여러 나라 국기와 화폐그림

**제작방법**

〈활동판〉

❶ 우드락 위에 함석판을 붙이고 그 위에 하늘색 색도화지를 붙인다.

❷ 세계지도를 파랑색 도화지에 인쇄하여 오린 후 ❶위에 붙인다.

❸ 세계 여러 나라 화폐와 나라이름을 인쇄하여 오린 후 ❷의 판에 붙이고 가장자리를 마스킹테이프로 두른 후 투명시트지를 씌운다.

❹ 각 나라의 화폐를 가로 5.5㎝, 세로 3㎝ 크기로 인쇄하고 코팅한 후 EVE폼과 고무자석을 덧대어 화폐카드를 만든다.

❺ 각 나라의 국기와 국가명을 가로 3㎝, 세로 2㎝의 크기로 인쇄하여 양면으로 붙인 후 코팅한다.

❻ ❺를 빨대 끝에 고정시키고 밑에는 원자석을 붙인다.

〈제시카드〉

❶ 하드보드지를 가로 12.5㎝, 세로 13㎝의 크기로 10장 자르고 각 면에 국기, 국가명, 화폐와 화폐에 대한 설명글 등을 인쇄하여 붙인다.

❷ ❶의 가장자리를 마스킹테이프로 마무리하고 투명시트지를 씌운 후 구멍을 두 개 뚫어 고리로 연결한다.

**활동방법**

① 유아들과 다른나라의 화폐에 대해서 이야기 나눈다.

- 다른 나라의 화폐는 어떻게 생겼을까요?
- 제시카드를 펼쳐놓고 다른나라의 화폐 그림자료를 보면서 서로 비교해 본다.

② 활동판에서 나라를 찾은 후 해당되는 화폐카드를 가져온 후 나라의 국기를 찾아 지도 위에 깃발을 세운다.

**관련교구**

〔세계 여러 나라의 음식〕

우리나라와 세계 여러 나라

활동 2-5-8

조작 · 언어

## 세계 여러 나라 건축물게임

**활동목표**

- 세계 여러 나라에는 다양한 건축물이 있음을 안다.
- 세계 여러 나라의 건축물의 특성을 알 수 있다.

**자료** 하드보드지, 색도화지, 종이테이프, 건축물 그림자료, 코팅지, 투명시트지, 파란색 네임펜, 음료수 뚜껑 2개, 스폰지볼 2개,

**제작방법**

〈활동판〉

❶ 하드보드지를 가로 24㎝, 세로 24㎝ 크기의 정사각형으로 5장을 자른 후 종이테이프로 연결하여 열십자 모양을 만든다. 이때 연결부분은 0.5㎝ 정도 간격을 두고 붙여 접힐 수 있도록 한다.

❷ ❶에 색도화지를 입히고, 출발과 도착 표시를 하고 길을 만든다. 칸 사이 사이에 건축물 그림을 작게 인쇄해서 붙인다.

❸ ❷의 가장자리를 종이테이프로 두르고 투명시트지를 씌운다.

〈제시카드와 말〉

❶ 색도화지를 가로 11㎝, 세로 22㎝ 크기로 8장을 자른다.

❷ 건축물 그림을 가로 4.5㎝, 세로 4.5㎝의 크기로 인쇄하여 오려서 코팅한다.

❸ ❶의 윗부분에 건축물 이름, 아랫부분에 건축물의 설명을 붙인 후 투명시트지를 씌우고, 반을 접어 편 후 접힌 부분의 가운데 부분을 잘라 반대 방향으로 구부려 편다.

❹ ❸에 건축물 그림을 붙여 카드를 펴면 입체적으로 튀어나오도록 붙인다.

❺ 병뚜껑에 글루건을 이용하여 스폰지볼을 붙이고 인조눈을 붙여 말을 만든다.

**활동방법**

❶ 유아들과 세계 여러 나라의 건축물에 대해서 이야기 나눈다.

- 우리나라의 널리 알려진 건축물은 어떤 것이 있을까요?
- 다른나라의 건축물은 어떤 것이 있을까요?

② 유아들에게 게임방법에 대해 이야기한다.

- 팀을 정하고 말의 색을 정한다.
- 주사위를 던져 나온 수만큼 이동한다.
- 말이 멈춘 칸에 건축그림이 있으면 같은 건축그림카드를 가져온다.
- 건축그림카드를 많이 가져온 유아가 이긴다.

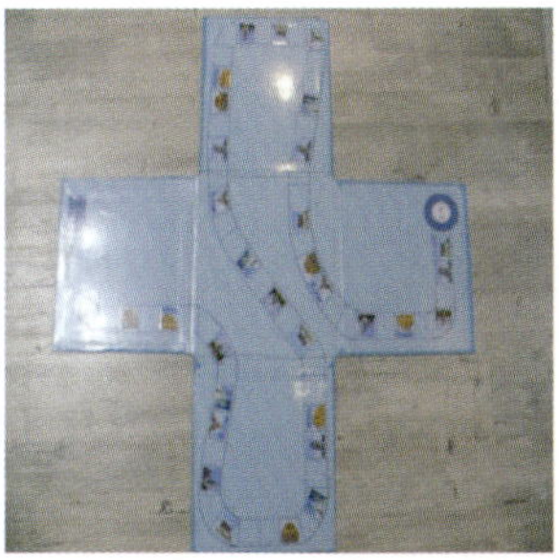

우리나라와 세계 여러 나라
활동 2-5-9
조작 · 언어

# 세계 여러 나라의 의상퍼즐

**활동목표**
- 세계 여러 나라의 전통 옷에 관심을 갖는다.
- 세계 여러 나라 의상의 특징에 대해 알아본다.

**자료** 세계 여러 나라 의상 그림자료, 코팅지, 테이프, 색지, 풀, 원통형 깡통

**제작방법**

① 세계 여러 나라의 의상그림을 인쇄하여 코팅한다.

② ①의 코팅한 그림을 같은 크기로 4조각 자른다.

③ ②의 자른 그림을 원기둥 통에 감싸서 붙인다. 이때, 그림을 돌릴 수 있도록 약간의 틈을 두어 그림을 붙인다.

**활동방법**

① 유아들과 세계 여러 나라의 의상에 대하여 이야기 나눈다.
- 이런 옷들을 본 적이 있니?
- 어느 나라 사람들일까?
- 어떤 옷을 입고 있나요?

② 통을 돌려가면서 그림을 완성한다.

③ 각 나라의 의상이 어떻게 다른지 이야기한다.

생활도구
활동 2-6-1
조작 · 언어

## 내가 필요해요

**활동목표**
- 일상생활에서 사용하는 생활도구에 대해 알아본다.
- 생활도구를 쓰임에 따라 분류할 수 있다.

**자료** 하드보드지, 투명시트지, 벨크로(까슬이, 보들이), 할핀, 생활도구 그림자료

**제작방법**

1. 하드보드지를 동그란 모양으로 3장을 자르고, 제목을 붙일 작은 동그란 모양을 3장 자른다.
2. 3개의 작은 원판에 각각에 주방, 청소, 미술이라는 제목을 인쇄하여 붙인다.
3. 3개의 큰 원판과 작은 원판을 투명시트지로 씌운다.
4. 큰 원판 가운데에 제목이 붙은 작은 원판을 붙인다.
5. 큰 원판에는 생활도구를 붙일 수 있도록 벨크로(보들이)를 붙인다.
6. 생활도구 그림을 인쇄하여 코팅을 한 다음 뒷면에 두꺼운 도화지를 붙인 후 벨크로(까슬이)를 붙인다.

**활동방법**

1. 유아들과 우리가 사용하는 생활도구에 대해 이야기 나눈다.
2. 생활도구 그림자료를 보여주면서 언제 사용하는지 이야기한다.
3. 주방에서 쓰는 도구, 청소할 때 쓰는 도구, 미술활동을 할 때 쓰이는 도구들을 분류하여 각각 붙인다.
4. 생활도구의 편리함과 생활도구 사용 시 주의할 점에 대해서 이야기 나눈다.

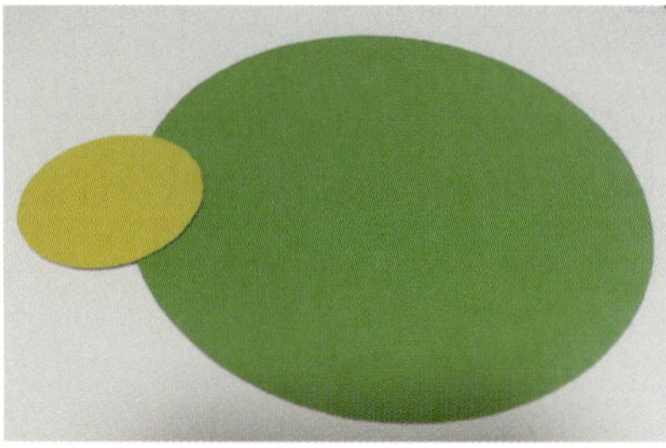

청소
주방
미술

미술
크레파스
각도기
색연필
색도화지
붓
풀

주방
미술
청소
크레파스
각도기
냄비
후라이팬
젓가락
숟가락
대걸레
세탁기
빨래판
빗자루

관련교구

생활도구
활동 2-6-2
조작 · 언어

## 자석놀이

**활동목표**
- 자석의 성질에 대해 관심 갖는다.
- 자석에 붙는 물건과 붙지 않는 물건을 알 수 있다.

**자료** 하드보드지, 자석, 투명시트지, 마스킹테이프, 투명하트, 옷핀, 클립, 병따개, 고리링, 철가루, 글루건, 금줄, 붙박이고리, 투명주머니 2개

**제작방법**

❶ 4절 크기의 하드보드지를 투명시트지로 씌운다.

❷ 투명 하트 안에 고리, 병따개, 클립, 철가루, 옷핀, 클립, 링 등을 넣고 ① 위에 글루건으로 붙인 후 가장자리를 금색끈으로 붙인다.

❸ 말굽자석을 넣을 수 있도록 투명주머니를 붙인다.

❹ 활동판의 가장자리를 마스킹테이프로 감싸서 마무리한다.

**활동방법**

❶ 투명 하트 모양 속에 있는 물질을 탐색해 본다.
- 어떤 것일까?
- 어디에 쓰는 걸까?
- 자석을 가까이에 대면 물체들이 어떻게 될까?

❷ 투명 하트 안에 있는 물체 가까이에 자석을 대어본다.

❸ 자석을 가까이 대고 물체의 움직임을 관찰해 본다.

❹ 자석에 붙는 것과 붙지 않는 것을 알아본다.

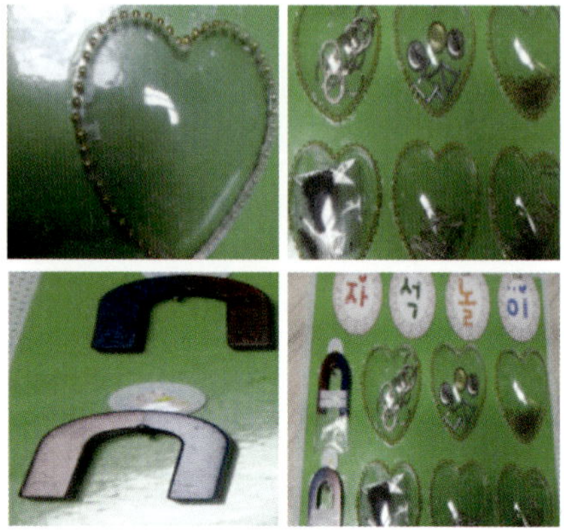


## 관련교구

생활도구
활동 2-6-3
과학 · 조작

# 옛날과 오늘날의 도구

**활동목표**
- 도구의 기능에 대해 알아본다.
- 옛날 도구와 오늘날 도구의 특징에 대해 알아본다.

**자료** 하드보드지, EVA폼, 인쇄자료, 코팅지, 벨크로(까슬이, 보들이), 할핀, 색고무줄, 우드락, 투명접착시트지, 테이프, 글루건

**제작방법**

〈활동판〉

❶ 4절 크기의 하드보드지를 투명시트지로 씌워 활동판을 만든다.

❷ 옛날 도구와 오늘날 도구 중 용도가 비슷한 그림자료를 인쇄하여 오린 후 코팅하여 도구의 모양대로 자른다.

❸ ❷의 그림자료 뒷면에 벨크로(까슬이)를 붙인다.

❹ 활동판 위에 도구를 붙일 수 있도록 양쪽에 4개씩 벨크로(보들이)를 붙인다.

❺ ❹의 도구 그림을 붙일 공간 옆에 구멍을 뚫어 할핀을 끼운다. 뒷면에서 할핀을 고정한 후 그 위에 테이프를 붙이고 EVA폼을 덧대어 붙인다.

❻ ❷의 그림자료를 4개씩 양쪽에 알맞게 배치하여 붙인다.

〈제시카드〉

❶ 옛날 도구와 오늘날 도구의 그림을 나란히 붙인다. 예를 들면, 청소기/ 빗자루, 전기밥솥/가마솥, 전등/호롱불 등으로 붙인다.

❷ 제시카드를 투명시트지로 씌운다.

**활동방법**

❶ 활동판에 있는 도구들이 어떤 것인지 이야기 나눈다.

❷ 옛날에 사용한 도구들의 용도와 쓰임에 대해 알아본다.

③ 제시카드를 보고 옛날 도구와 오늘날 도구를 비교하여 본다.

④ 고무줄을 이용하여 같은 용도의 물건끼리 연결한다.

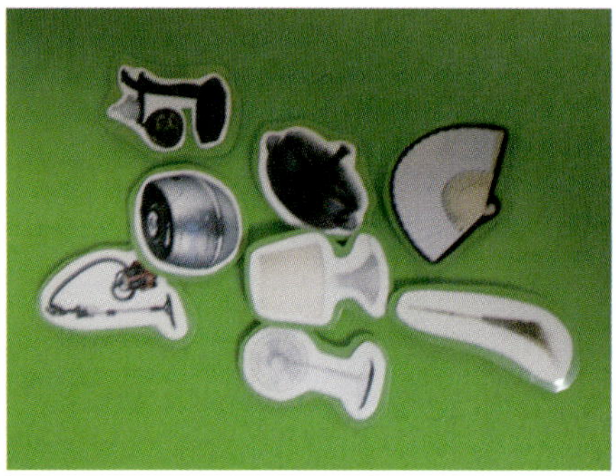

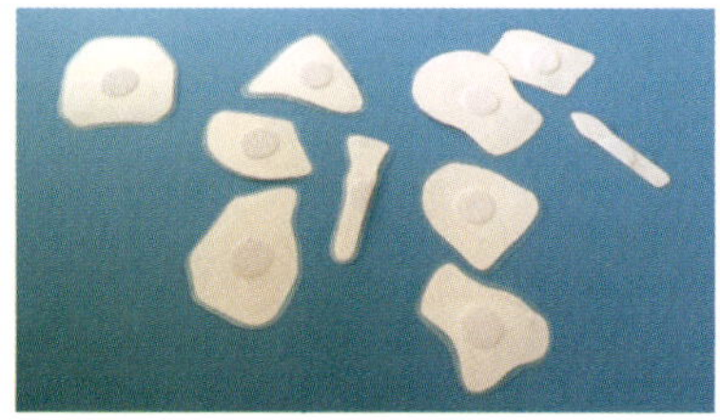

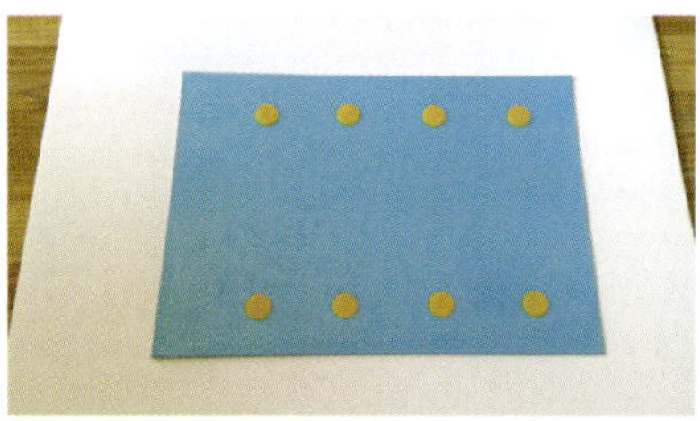

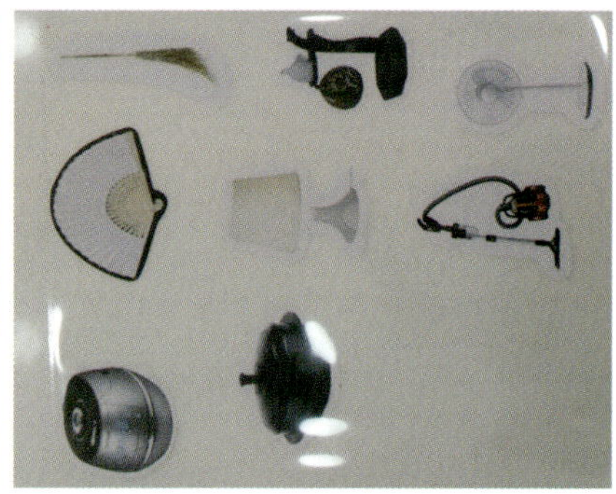

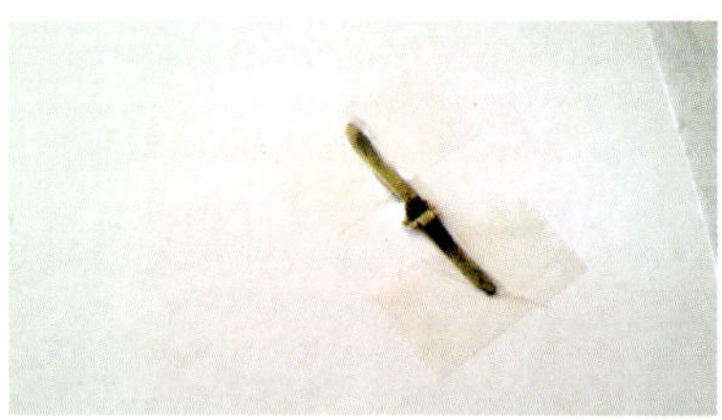

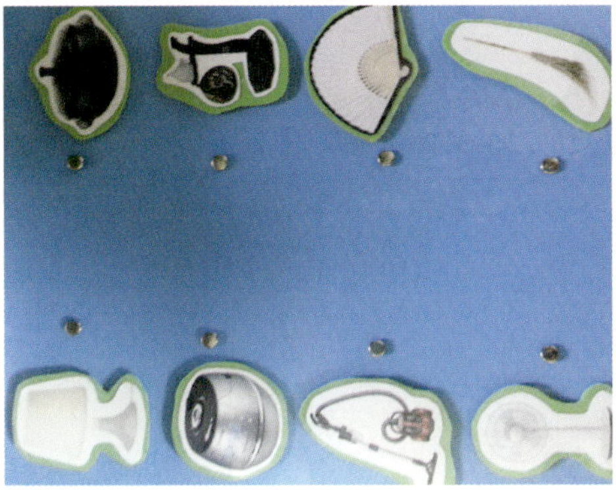

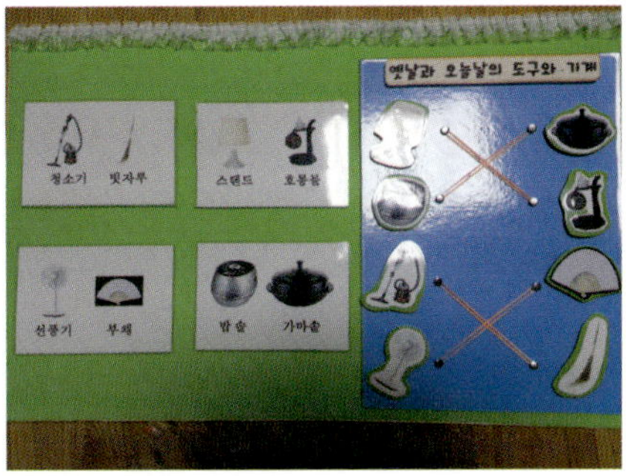


관련교구

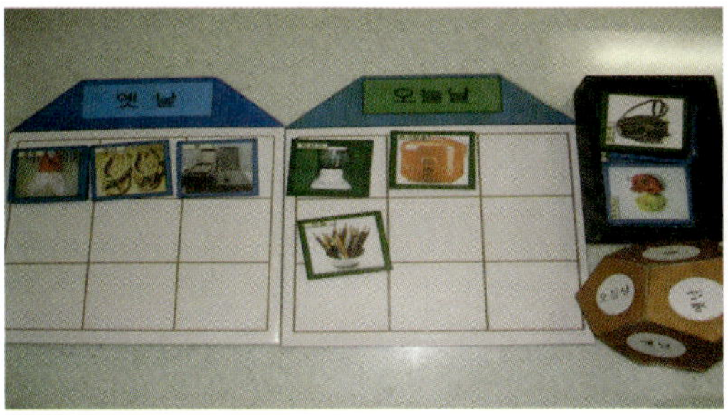


〔옛날 도구와 오늘날 도구를 분류하여 보기〕

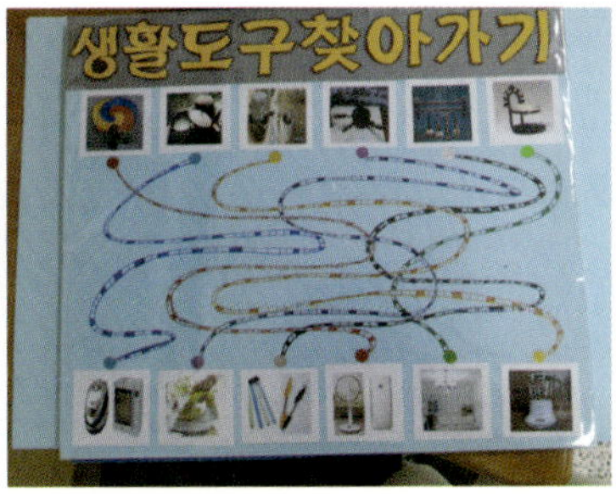


〔옛날 도구와 오늘날 도구를 줄로 이어보기〕

생활도구
활동 2-6-4
과학 · 조작

# 무엇으로 움직이나요?

**활동목표**
- 도구와 기계가 어떻게 움직이는지 알 수 있다.
- 도구와 기계를 움직이는 에너지의 종류를 안다.

**자료** 그림, 하드보드지, 함석판, 색종이, 가위, 풀, 테이프, 고무자석, 글루건, 시트지, 코팅지, 우드락, 할핀, 고무자석

**제작방법**

〈활동판〉

① 하드보드지를 가로 20cm, 세로 25cm의 크기로 4장 자른다.
② ①의 하드보드지 위에 함석판, 4개의 칸이 그려진 바탕그림을 붙이고 투명시트지를 씌운다.
③ 석유, 손, 전기로 움직이는 도구나 기계들의 그림자료를 인쇄한다.
④ ③의 그림자료 뒷면에 하드보드지를 붙이고 고무자석을 붙인다.

〈돌림판〉

① 우드락을 원모양으로 자른다.
② 흰색도화지에 ①과 같은 크기의 원을 그려 3개의 칸으로 나누고 손, 전기, 석유 그림을 붙여 코팅을 한다.
③ ②를 ①에 붙이고, 우드락으로 화살표를 만들어 움직일 수 있도록 할핀으로 고정시킨다.

**활동방법**

① 유아들과 우리주변에서 볼 수 있는 도구와 기계에 대해 이야기 나눈다.
- 어떤 도구와 기계가 있나요?
- 도구와 기계는 어떻게 움직이나요?

② 유아들에게 게임의 규칙에 대해 이야기한다.

— 돌림판을 돌려 멈춘 칸의 그림을 보고 그에 해당되는 그림자료를 분류해 본다.

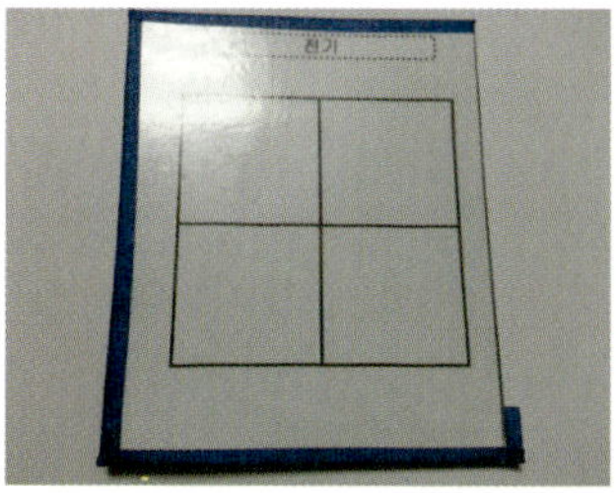

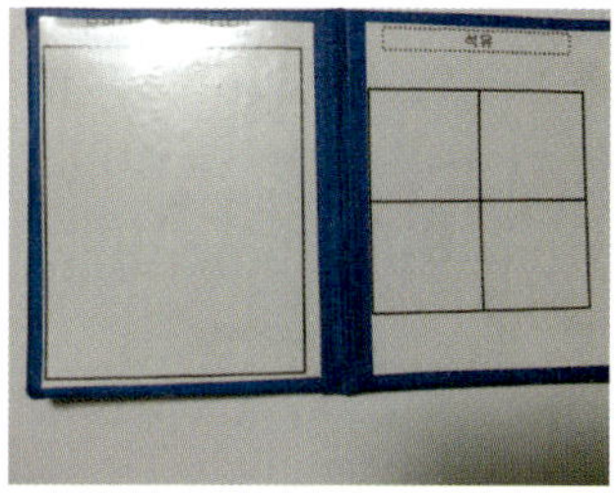

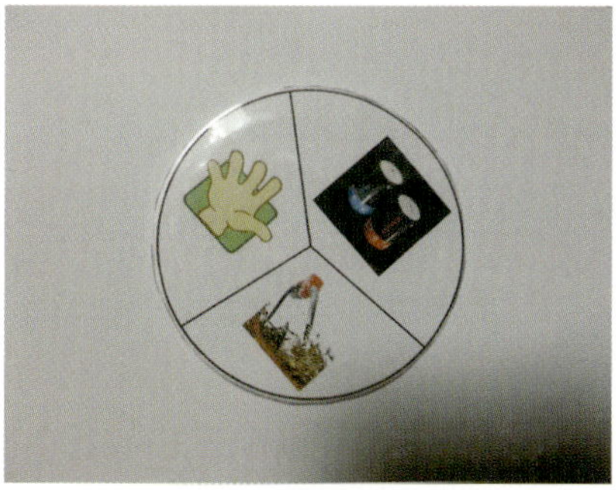

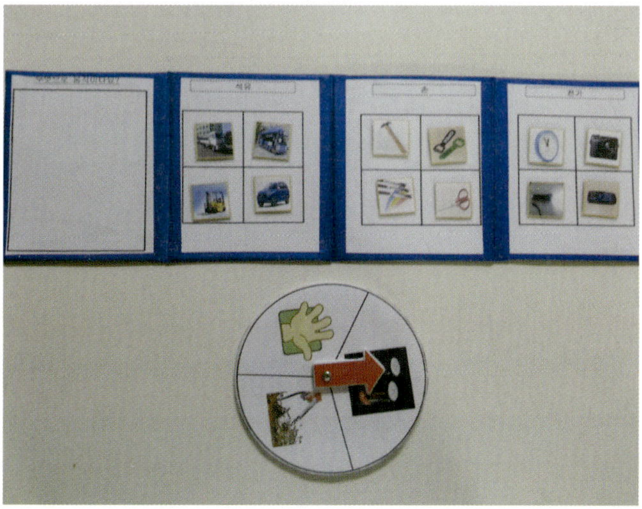

생활도구
활동 2-6-5
과학 · 조작

# 나는 무엇일까요?

**활동목표**
- 그림자를 보고 형태를 변별할 수 있다.
- 옛날과 오늘날 도구의 쓰임을 알 수 있다.

**자료** 함석판, 검정색도화지, 고무자석판, 끈, 자석, 색시트지, 도구 그림, 단추

**제작방법**

① 4절 크기의 하드보드지를 직사각형 모양으로 4등분하여 함석판을 붙이고 색시트지를 씌운다.

② ①의 직사각형판 중 첫번째 판과 네번째 판 위에는 옛날 도구와 오늘날 도구의 이름과 그림자료를 붙이고, 두번째와 세번째 판에는 옛날 도구와 오늘날 도구의 형태를 검정색 도화지로 오려서 그림자 형태로 코팅 한 후 붙인다.

③ ②의 4개의 판을 종이테이프로 붙여 병풍처럼 연결한다.

④ 옛날 도구와 오늘날 도구의 그림자료를 인쇄하여 뒷면에 고무자석을 붙인다.

**활동방법**

① 유아들과 옛날 도구와 오늘날 도구에 대해서 이야기 나눈다.

② 교구를 펼쳐놓고 어떤 도구가 있는지 살펴본다.

③ 검정색 도구의 형태를 살펴보고 어떤 도구인지 이야기해 본다.

④ 그림자와 같은 형태의 도구그림을 찾아 그림자 위에 놓아본다.

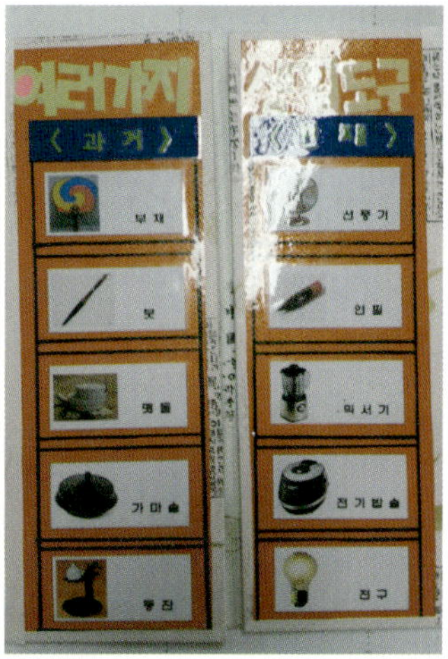


## 관련교구

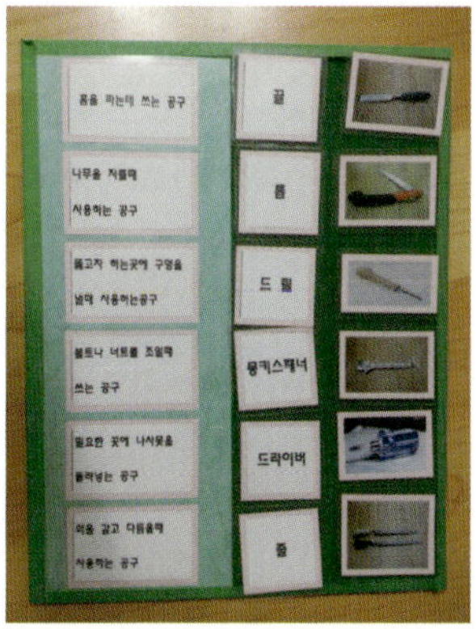


〔도구 수수께끼 카드〕

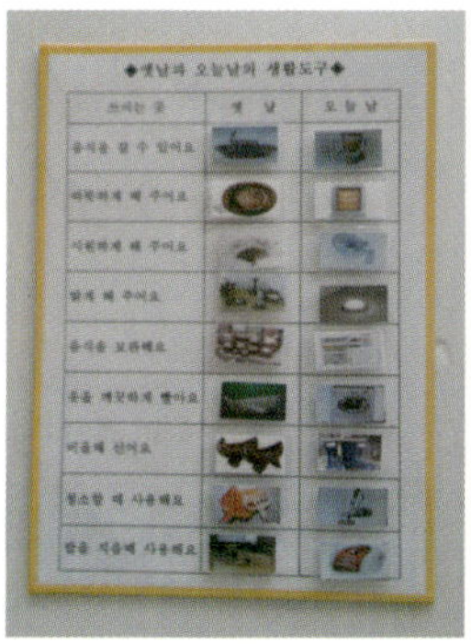

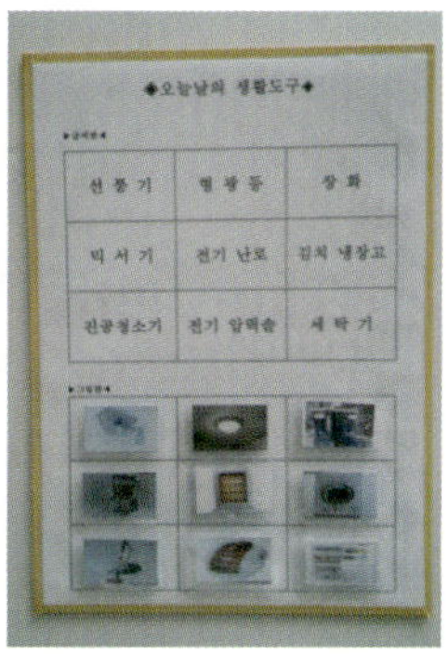


〔같은 용도로 쓰인 도구를 알아보아요〕

생활도구
활동 2-6-6
과학 · 조작

## 기계와 도구 보드게임

**활동목표**
- 우리나라의 옛날 도구와 기계에 대해 알 수 있다.
- 게임을 통해 도구와 기계의 이름과 쓰임을 알 수 있다.

**자료** 옛날 도구와 기계의 그림자료, 하드보드지, 스티로폼공, 마스킹테이프, 유성매직, 투명시트지

**제작방법**

〈게임판〉

❶ 8절 크기의 하드보드지에 5cm의 폭으로 색도화지를 길게 오려서 ❶의 가장자리 둘레에 사각형으로 붙인다.

❷ 옛날에 사용했던 기계와 도구그림을 가로 4cm, 세로 4cm의 크기로 인쇄하여 자른다.

❸ 초록색 도화지를 가로 4cm, 세로 4cm 크기로 잘라 ❶의 판 위에 ❷의 그림자료와 함께 적절하게 배치하여 붙인다.

❹ ❸의 게임판을 반으로 자른 후 테두리를 마스킹테이프로 붙이고 두 개의 판을 반으로 접을 수 있도록 중간에 여유를 주고 투명시트지를 앞 뒤로 씌운다.

〈그림카드, 주사위, 말〉

❶ 그림카드는 가로 5cm, 세로 5cm 크기의 정사각형 모양으로 자른 후 뒷면에 색지를 붙이고 투명시트지를 씌운다.

❷ 원모양의 스티로폼으로 눈사람 모양을 만들고 꾸민다.

❸ 하드보드지로 정육면체의 전개도를 그려 오린 후 정육면체를 만들어 본드로 붙인다. 테두리를 마스킹테이프로 붙이고 숫자를 쓴 다음 투명시트지를 씌운다.

**활동방법**

① 유아들과 보드판에 있는 기계와 도구를 보고 이야기 나눈다.

② 유아들에게 게임의 규칙을 알려준다. 유아들과 의논하여 규칙을 정할 수 있다.

- 주사위를 굴려 나온 수만큼 이동한다.
- 말이 멈춘 칸에 있는 그림자료를 보고 같은 그림카드를 가져온다.
- 말이 멈춘 칸이 초록색 칸이면 그림 카드를 가져올 수 없다.
- 그림카드를 많이 가져온 유아가 이긴다.

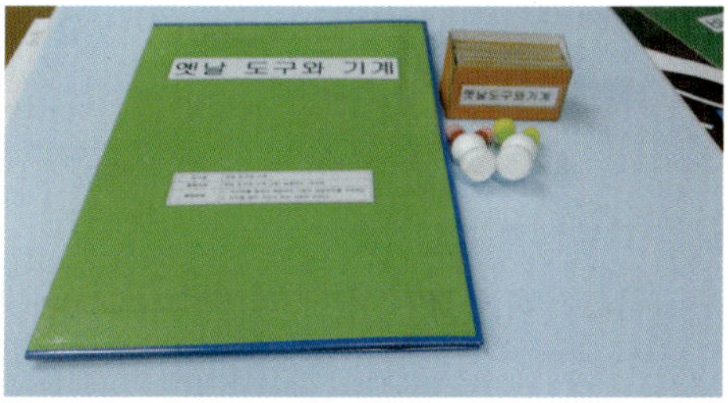

**관련교구**

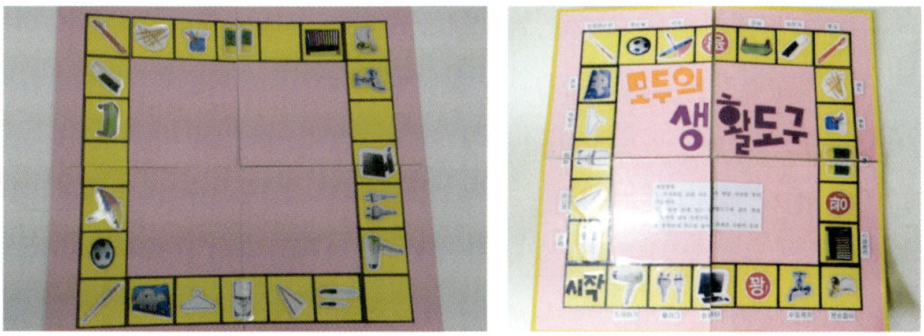


〔생활도구 게임〕

생활도구
활동 2-6-7
과학 · 조작

## 어떤 바퀴일까요?

**활동목표**
- 바퀴가 있어서 편리한 점에 대해 관심을 갖는다.
- 기계와 바퀴를 일대일 대응할 수 있다.

**자료** 하드보드지, 머메이드지, 색테이프, 투명시트지, 그림자료, 벨크로(까슬이, 보들이), 글루건

**제작방법**

① 하드보드지를 가로 15㎝, 세로 19㎝ 크기로 6장 자른다.
② 하드보드지 앞면에 머메이드지를 붙이고, 가장자리를 마스킹테이프로 두른 후 투명시트지를 씌운다.
③ ②의 하드보드지를 일렬로 배열한 후 색테이프로 0.5㎝ 정도 간격을 두고 이어 붙인다.
④ 그림자료의 바퀴 부분을 오려낸 후 오려진 그림과 바퀴를 구분하여 코팅한다.
⑤ 하드보드지 앞면에 코팅된 그림자료를 붙이고 바퀴부분에 벨크로(보들이)를 붙인다.
⑥ 코팅된 바퀴 뒷면에 하드보드지를 덧댄 후 벨크로(까슬이)를 붙인다.
⑦ 제목과 각각의 명칭들을 붙인다.

**활동방법**

① 유아들과 여러 가지 탈것들의 바퀴에 대해서 이야기 나눈다.
- 우리가 탈 수 있는 것에는 어떤 바퀴가 있을까?
- 바퀴가 있어서 편리한 점은 무엇일까?
- 탈것들의 바퀴는 어떻게 생겼을까?

② 그림자료를 보면서 탈것의 바퀴를 찾아보고 해당되는 것에 붙여본다.

내
바퀴
어디에

포크레인
마차
자전거
유모차

교통

생활도구
활동 2-6-8
과학 · 조작

## 민화속의 도구를 찾아라

**활동목표**
- 우리나라 풍속화를 감상한다.
- 옛날 생활도구의 쓰임을 알 수 있다.

**자료** 함석판, 테이프, 색한지, 투명코팅지, 자료그림, 고무자석

**제작방법**

❶ 하드보드지를 가로 21cm, 세로 30cm 크기로 2장 자른 후 함석판, 색한지의 순서대로 붙인다.

❷ ❶의 한 장에는 김홍도 풍속화를 가로 12cm, 세로 15cm 크기로 인쇄하여 붙이고, 그 밑에 그림설명서를 붙인다.

❸ ❷의 가장자리를 마스킹테이프로 두른 후 투명시트지를 씌운다.

❹ ❶의 한 장은 가장자리를 마스킹테이프로 두른 후 투명시트지를 씌운다.

❺ 민화 속에 있는 도구와 이름을 인쇄하여 오린 후 그 뒷면에 고무자석을 붙여 ❹ 위에 붙인다.

❻ ❷와 ❺를 0.5cm 간격을 두고 색테이프로 연결하여 접히도록 한다.

**활동방법**

❶ 유아들과 옛날 풍속화를 보면서 이야기 나눈다.
- 그림 속에서 무엇을 볼 수 있니?
- 그림 속의 사람들은 무엇을 하고 있을까?
- 그림 속의 사람들이 사용하는 도구는 무엇일까?

❷ 풍속화 그림에 나오는 옛날 생활도구를 찾아본다.

❸ 글자를 찾아 생활도구에 연결해 본다.

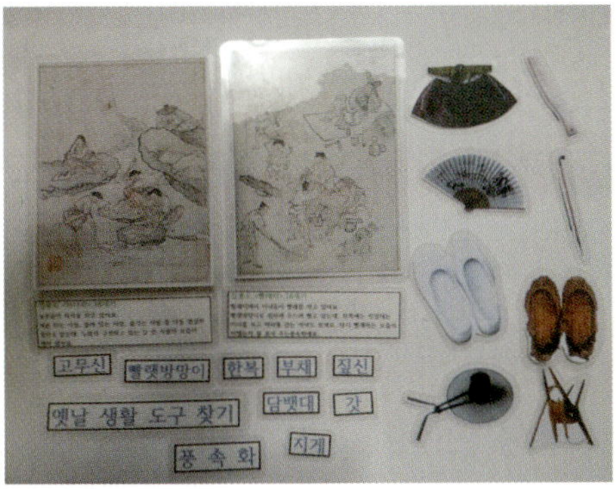


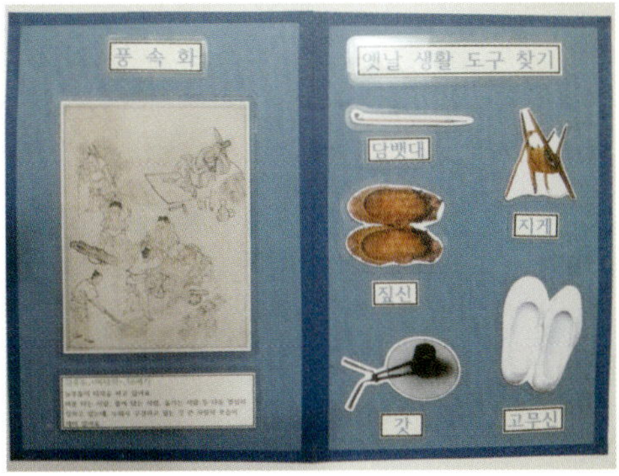


## 관련교구

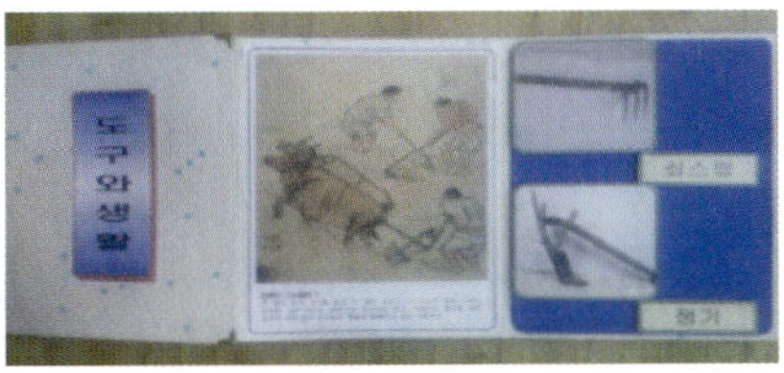


〔풍속화 속의 도구〕

〔전통 의생활 도구 소책자〕

생활도구
활동 2-6-9
조작 · 언어

## 누가 사용할까?

**활동목표**
- 직업마다 사용하는 도구가 있음을 안다.
- 직업에 필요한 도구를 분류할 수 있다.

**자료** 하드보드지, 그림 자료, 우유곽(200㎖), 부직포, 코팅지, 양면테이프, 우드락

**제작방법**

① 직업을 나타내는 사람과 그와 관련된 기계와 도구 그림자료를 각각 2장씩 인쇄하여 오린다.

② ①의 그림 뒷면에 하드보드지를 붙이고 투명시트지를 씌운다.

③ ②의 그림자료 중 1장은 직업관련 인물과 해당되는 도구그림을 붙여 직업에 따른 소책자를 만든다.

④ ②의 나머지 1장의 그림들은 뒷면에 우드락을 덧붙이고 막대를 붙여 손잡이를 만든다.

⑤ 우유곽을 부직포로 붙인 후 5개를 연결한다.

⑥ ⑤의 우유곽 앞에 직업관련 인물 사진을 붙인다.

**활동방법**

① 유아들과 활동판을 보면서 어떤 직업들이 있는지 이야기 나눈다.

② 그 직업들이 쓰는 도구에 대해 알아본다.

③ 제시카드를 직업과 관련된 도구그림을 찾아 우유곽에 분류하여 넣는다.

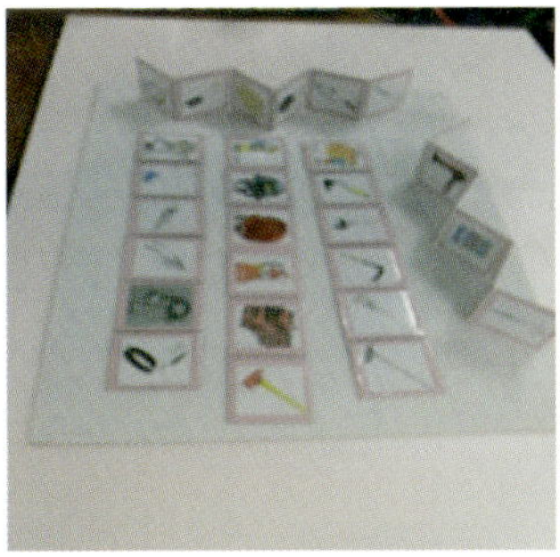

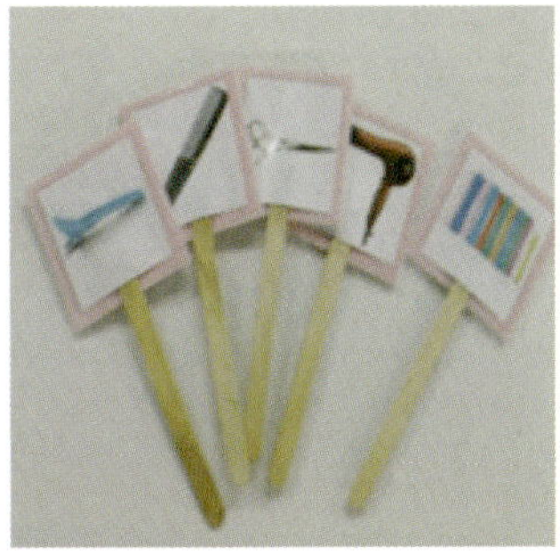

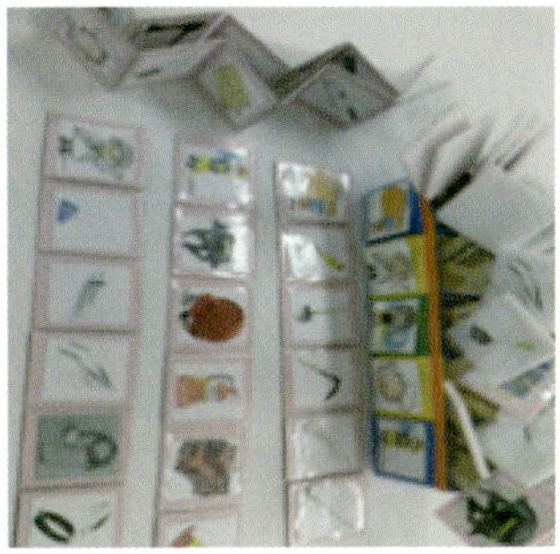

관련교구

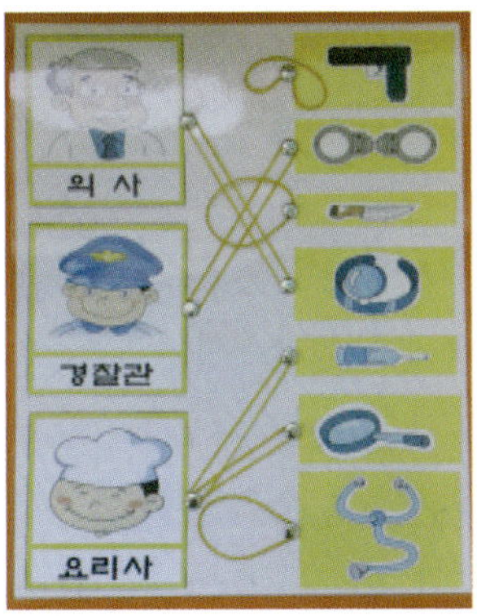


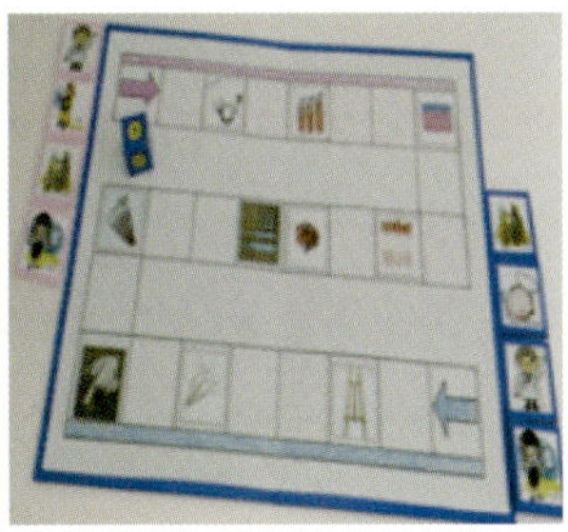

교통기관
활동 2-7-1
조작 · 언어

## 교통기관 이름찾기

**활동목표**
- 여러가지 교통기관의 종류에 대해 관심을 갖는다.
- 교통기관의 그림과 이름을 일대일 대응한다.

**자료** 하드보드지 4절크기 2장, 그림자료, 코팅지(접착시트지), 벨크로(보들이,까슬이), 컴퍼스, 색도화지, 할핀

**제작방법**

1. 하드보드지를 지름 35㎝, 30㎝ 크기로 각각 잘라 8각형으로 오린다.
2. 큰 원판은 8조각으로 칸을 나누어 각 칸에 교통기관의 그림을 붙인 후 테두리에 색도화지를 붙인다.
3. 작은 원판에는 [교통수단 이름찾기] 제목을 붙이고, 8조각 중 한 곳을 정하여 2/3정도의 크기로 창을 낸 후 투명시트지를 씌운다. 이때 창문으로 교통기관의 그림자료가 나올 수 있도록 창문의 크기를 조절하여 파낸다.
4. 우드락을 작은 원판과 같은 크기로 잘라서 작은 원판 뒷면에 붙여준다.
5. 큰 원판과 작은 원판을 할핀으로 연결한다.
6. 교통기관의 이름 8장을 코팅하여 집게에 붙인다.

**활동방법**

1. 교구를 탐색하며 활동방법에 대해 이야기 나눈다.
   - 어떤 그림들을 볼 수 있니?
   - 교통기관의 이름을 말해 본다.
2. 원판을 하나씩 돌리면서 그림자료의 이름을 말해 본다.
3. 교통기관의 이름을 찾아 그림자료 밑의 원판에 붙인다.

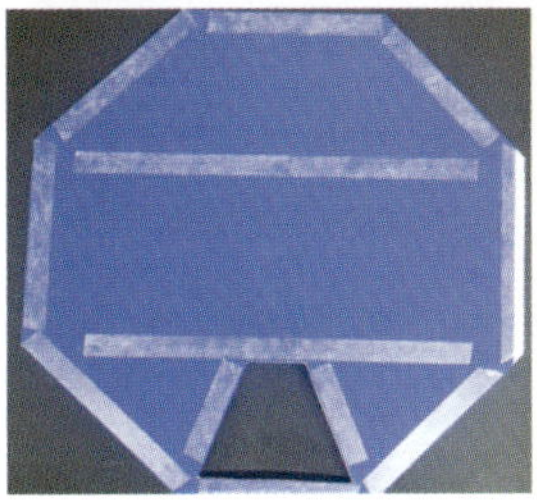

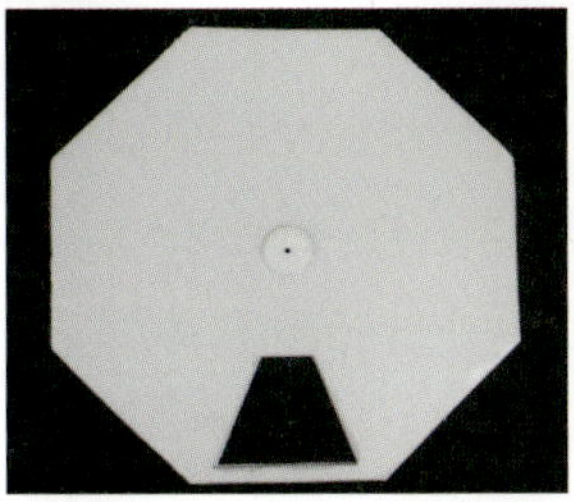

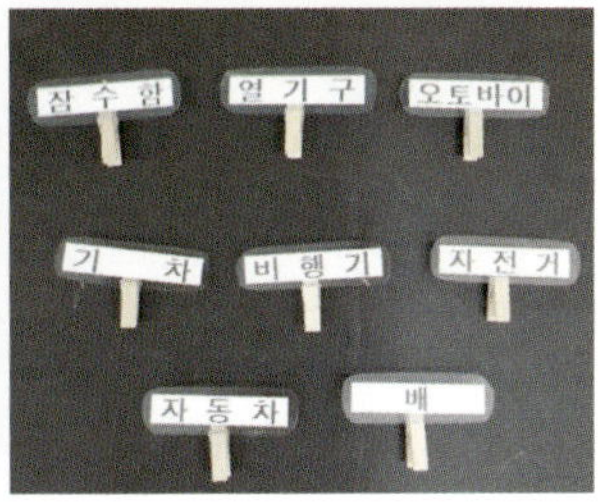

## 관련교구

〔교통기관 이름찾기〕

〔교통기관 글자놀이〕

교통기관
활동 2-7-2
조작 · 언어

# 교통기관 캡슐게임

**활동목표**
- 교통기관의 이름에 대해서 안다.
- 게임을 통해 기억력을 기른다.

**자료** 하드보드지, 종이달걀판, 물감, 래커, 스티로폼, 장난감 캡슐, 탈것과 글자카드

**제작방법**

1. 30구짜리 종이달걀판을 물감으로 색을 칠한 후, 마르면 투명 래커를 뿌린다.
2. 장난감 캡슐뚜껑을 열고 둥근 모양에 알맞게 스티로폼을 잘라 색을 칠한다.
3. 색칠한 스티로폼 위에 낱말카드나 그림자료를 각각 붙이고 캡슐에 끼워 넣는다.
4. 장구핀의 삐쭉한 부분을 잘라낸 후, 캡슐뚜껑에 붙여 손잡이를 만든다.

**활동방법**

1. 교구를 탐색하며 활동방법에 대해 이야기 나눈다.
   - 캡슐의 뚜껑을 열어 무엇이 있는지 확인한다.
   - 교통기관의 그림자료가 들어있는 캡슐을 빼면 그이름이 있는 캡슐을 찾아서 빼낸다.
2. 순서를 정한 후 그림자료와 이름을 찾아내는 활동을 한다.
3. 게임에 익숙해지면 교통기관의 그림자료와 이름의 위치를 기억하게 한 후 뚜껑을 닫은 후 동시에 뚜껑을 열어서 교통기관 그림과 이름의 위치를 찾아본다.

교통기관
활동 2-7-3
조작 · 언어

## 탈 것 그림자 찾기

**활동목표**
- 다양한 교통기관에 대해 알아본다.
- 그림자와 교통기관의 모양을 변별하여 일대일 대응할 수 있다.

**자료** 우드락, 함석판, 고무자석, 한지, 마스킹테이프, 투명접착시트지, 코팅지, 교통기관 그림 자료(실물그림 자료, 그림자자료, 단어카드)

**제작방법**

1. 교통기관의 그림 자료(실물그림, 그림자, 단어카드)를 인쇄하여 오린다.
2. ①의 그림 자료를 코팅하고 뒷면에 우드락, 고무자석의 순서대로 붙인다.
3. 우드락 위에 함석판, 한지의 순서대로 붙이고, 그림 자료를 붙일 칸을 구분하여 마스킹테이프로 붙인다.
4. 첫 번째 칸에 교통기관의 검정색 그림자를 붙이고 투명 접착 시트지를 씌운다.

**활동방법**

1. 우리가 사용하는 교통기관에 대해서 이야기 나눈다.
2. 교통기관의 그림자료를 보여주면서 이야기 나눈다.
3. 그림자를 보고 무엇인지 추측해 본다.
4. 그림자에 해당되는 교통기관의 그림카드를 찾아 붙인다.
5. 교통기관의 단어카드를 찾아 붙여서 완성한다.

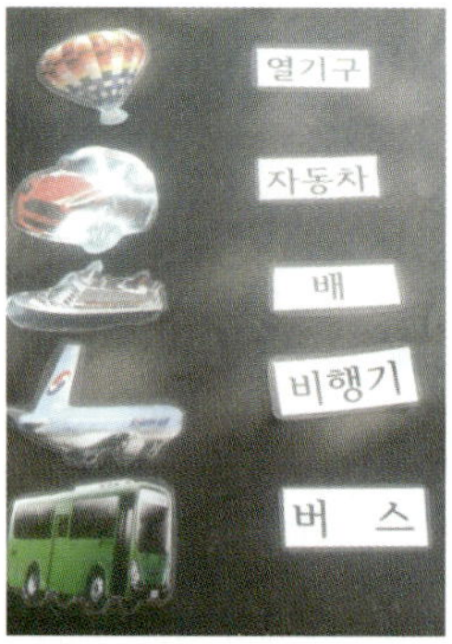

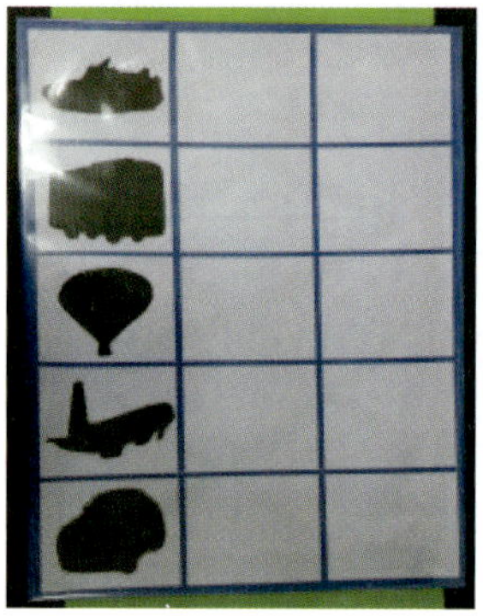

## 관련교구

교통기관
활동 2-7-4
조작 · 수

# 안전하게 걸어요

**활동목표**

- 교통 표지판의 기능을 알 수 있다.
- 게임을 통해 교통안전을 경험할 수 있다.

**자료** 하드보드지, EVA폼, 접착스프레이, 투명시트지, 색시트지, 표지판 · 설명인쇄물, 할핀, 색도화지, 벨크로(까슬이, 보들이), 마스킹테이프

**제작방법**

〈게임판〉

① 8절 크기의 하드보드지 위에 초록색 도화지를 붙인다.

② ①위에 노란색 도화지를 직사각형 모양으로 오려서 게임판을 만든다.

③ ②위의 네모칸 중간 중간에 교통표지판을 붙이고 그림 밑에 간단하게 설명서를 붙인다.

④ ③의 게임판 위에 투명시트지를 씌운다.

〈돌림판 부분〉

① 8절크기의 하드보드지에 초록색 도화지를 붙인다.

② 하드보드지를 원형으로 자른 후, 6각형으로 자르고 칸마다 교통표지판을 붙여 게임판 위에 할핀으로 연결한다.

③ 아랫부분에는 교통표지판의 규칙을 글자로 인쇄하여 붙인다.

④ 두 개의 판을 마스킹 테이프로 연결한다.

⑤ 판의 가장자리를 마스킹테이프로 두른다.

⑥ 게임판 표지에 펠트지를 이용하여 '교통안전' 글자를 붙인다.

**활동방법**

① 교통표지판을 어디서 보았는지 이야기를 나누고 교통표지판에 대하여 설명해 준다.

② 활동판을 펼친 후 게임의 규칙에 대해 이야기한다.

- 육각판을 돌려 화살표가 멈춘 표시의 지시를 따른다.
- 게임판에서 횡단보도를 걷는 사람의 표시가 나오면 황단보도 표시를 지나 신호등이 있는 칸까지 올 수 있고, 공사중인 표시에 멈추면 한 번 쉰다.

③ 안전한 생활을 위해 지켜야 할 규칙에 대해 이야기 나눈다.

교통기관
활동 2-7-5
조작 · 언어

## 교통표지판을 맞춰요!

**활동목표**
- 교통표지판의 의미를 알 수 있다.
- 교통표지판과 표지판의 설명서를 일대일 대응할 수 있다.

**자료** 하드보드지, 색지, 마스킹테이프, 투명시트지, 글루건

**제작방법**

〈교통표지판 그림카드와 설명카드〉

① 교통표지판에 관한 그림과 설명카드를 가로 6cm, 세로 6cm 크기로 각각 12장을 인쇄하고 코팅한다.

② 그림카드보다 한 변이 0.5cm 정도 여유있게 색도화지를 잘라서 인쇄한 그림자료의 뒤에 덧대고, 하드보드지를 붙인 후 투명시트지를 씌운다.

〈게임판〉

① 하드보드지를 가로 32cm, 세로 28cm의 크기로 2장 자른다.

② 게임판 위에 가로 4칸, 세로 3칸으로 칸을 나누고 마스킹테이프를 붙여 표시한다.

③ 게임판 위에 활동명이 들어가도록 세로 5.5cm 크기를 남겨둔다.

④ 가장자리를 마스킹테이프로 마무리한 후, 투명시트지를 씌운다.

⑤ 게임판을 같은 방법으로 2개를 만든다.

〈카드 상자〉

① 적당한 크기의 상자에 색시트지를 붙여 상자 안쪽에 하드보드지를 세워 2칸으로 나눈다.

② 모서리부분에 마스킹테이프를 일정한 크기로 붙여주고, 상자 윗부분에 활동명 '교통표지판을 맞춰요' 글씨를 검정색 색지를 잘라 붙이고 투명시트지를 씌운다.

**활동방법**

① 교통표지판을 보면서 어떤 표시인지 이야기 나눈다.

- 표지판을 어디에서 본 적이 있니?
- 표지판을 보면 어떻게 행동해야 할까?

② 게임의 규칙에 대해서 이야기한다.

- 두 명의 유아가 각각 게임판을 나누어 갖는다.
- 한 유아는 표지 그림판을 갖고, 다른 한 유아는 표지판의 설명카드가 붙은 게임판을 각각 나누어 갖는다.
- 교통표지 그림판을 갖고 있는 유아가 먼저 그림판을 칸에 붙이면 다른 유아는 그것을 보고 그에 해당되는 설명카드를 자신의 게임판에서 상대방과 같은 칸에 놓는다.

③ 순서를 바꾸어서 설명카드를 먼저 제시하면 그에 해당되는 그림카드를 붙이는 방법으로 게임을 진행할 수 있다.

## 관련교구

〔마을지도를 펼쳐놓고, 교통표지판을
곳곳에 세워둔다. 자동차를 가지고
운전하면서 교통표지판에 따라 활동을 한다.〕

교통기관
활동 2-7-6
조작 · 언어

## 교통기관 입체퍼즐

**활동목표**
- 하늘과 바다로 다니는 교통기관을 알 수 있다.
- 부분과 전체의 개념을 알 수 있다.

**자료** 하드스펀지, 색펠트지, 실과 바늘

**제작방법**

① 같은 크기의 정육면체 스펀지 4개를 준비한다.

② 정육면체의 한 면보다 0.5㎝ 여유있게 색펠트지를 4조각씩 잘라 바탕을 만든다.

③ 색펠트지를 이용하여 6가지의 교통기관을 꾸민다.

④ ③을 스펀지 4조각에 각각 나누어 바느질하여 붙인다.

⑤ 6면에 6가지 교통기관의 펠트 그림조각이 붙여지도록 한다.

**활동방법**

① 입체 퍼즐 조각을 보고 어떤 교통기관인지 이야기한다.

② 주사위의 한 면을 제시하면 나머지 부분을 찾아서 완성해 본다.

관련교구

〔교통기관 평면 퍼즐〕

교통기관
활동 2-7-7
조작 · 언어

## 어디로 다닐까요?

**활동목표**

- 교통기관의 특성에 대하여 관심을 가진다.
- 교통기관을 하늘, 땅, 바다로 분류할 수 있다.

**자료** 하드보드지, 하늘, 바다, 육지의 배경판, 투명시트지, 교통기관 그림15장, 고무자석, 색도화지

**제작방법**

〈활동판〉

1. 8절 크기의 하드보드지 위에 함석판, 색도화지의 순서로 붙인다.
2. 하늘, 바다, 땅의 배경을 색도화지를 이용하여 꾸미고 투명시트지를 씌운다.
3. 교통기관 그림을 인쇄하여 그 형태대로 오린다.
4. 그림자료를 코팅하고 그 뒷면에 약간 두꺼운 도화지를 붙인 후 자석을 붙인다.

〈제시카드〉

1. 하드보드지를 세로 9㎝, 가로 14㎝의 크기로 18장을 자른다.
2. 카드 위에 교통기관의 그림을 바다, 육지, 하늘로 구분하여 그림과 설명글을 인쇄하여 붙인다.
3. 투명시트지를 씌운 후, 카드를 병풍처럼 연결하여 붙인다.

**활동방법**

1. 하늘, 바다, 땅 교통기관에 대해 제시카드를 보며 이야기 나눈다.
2. 하늘을 배경으로 하는 판을 제시한 후 여러 교통기관 중에서 해당되는 교통기관 그림자료를 가져와 배경판에 붙인다.

**관련교구**

교통기관
활동 2-7-8
조작 · 언어

# 신호등 게임

**활동목표**
- 안전을 위해 교통 신호등이 있음을 안다.
- 게임을 통하여 신호등의 규칙을 알 수 있다.

**자료** 하드보드지, 색도화지, 투명시트지, 우유곽(200ml), 스티커(빨강, 초록, 노랑), 그림자료(안전벨트 그림), 마스킹테이프

**제작방법**

① 4절 크기의 하드보드지 위에 색도화지를 붙여 길을 만든다.

② 게임판 위에 신호등 스티커와 안전띠 그림자료를 배열하여 붙인다.

③ ②의 게임판의 가장자리를 마스킹테이프로 붙여주고 투명시트지를 씌운다.

④ 우유곽을 잘라 주사위를 만든다.

**활동방법**

① 신호등에 대한 이야기 나눈다.
- 신호등은 왜 필요할까요?
- 만약 신호등이 없다면 어떻게 될까?

② 게임의 규칙에 대해 이야기한다. 규칙은 유아들과 함께 정한다.
- 빨간색은 멈춤, 노란색은 1칸 앞으로 가기, 초록색은 2칸 앞으로 가기
- 안전띠 착용 그림은 1칸 앞으로 가기, 안전띠 미착용 그림은 3칸 뒤로 가기

③ 주사위를 던져 규칙대로 활동을 한다.

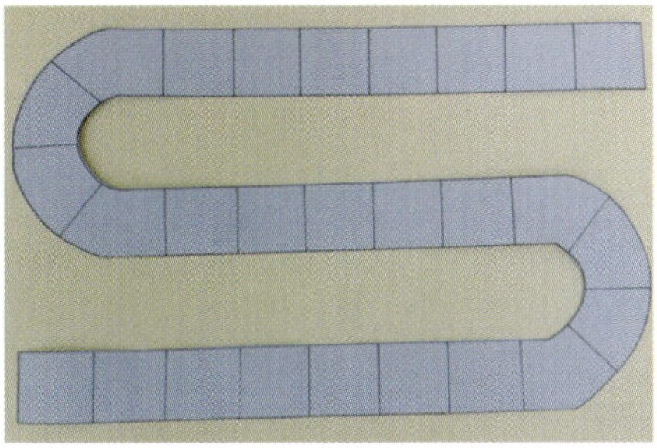

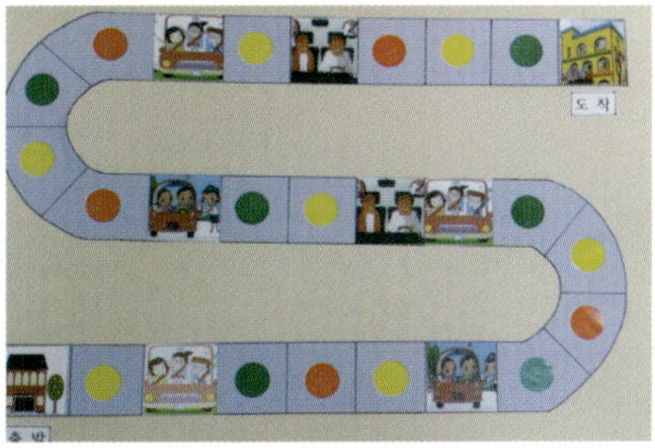


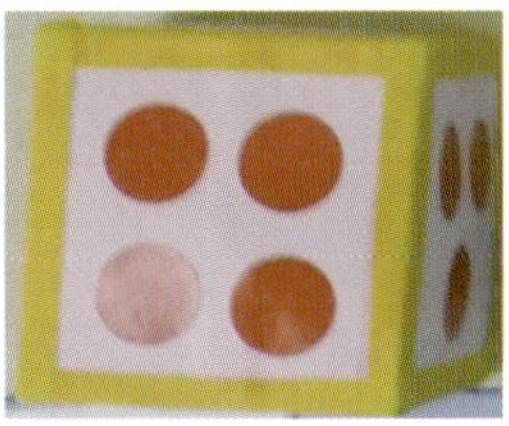

## 관련교구

교통기관
활동 2-7-9
조작 · 언어

## 자동차 패턴놀이

**활동목표**
- 패턴 카드에서 반복되는 규칙을 알아본다.
- 색을 변별할 수 있다.

**자료** 펠트지, 바늘과 실, 솜, 양면테이프, 하드보드지, 색도화지, 투명시트지, 고리, 그림자료, 종이테이프, 벨크로(까슬이, 보들이)

**제작방법**

〈활동판〉

❶ 기차의 앞 칸과 객실 칸을 오리고, 다양한 색상의 창문 등을 꾸민다.
❷ ❶에 솜을 넣어 바늘과 실로 꿰맨 뒤, 펠트지로 기차 바퀴를 오려 붙인다.
❸ 헝겊 테이프를 기차의 앞부분에서부터 길게 붙이고, 그 위에 기차를 붙일 수 있도록 벨크로(보들이)를 일정한 간격으로 붙인다.
❹ ❷의 기차 뒷면에 벨크로(까슬이)를 붙인다.

〈제시카드〉

❶ 색깔기차를 규칙에 따라 배열한 후 사진을 찍는다.
❷ ❶을 칼라복사하여 뒷면에 하드보드지를 덧대고 투명시트지를 씌운다.

**활동방법**

❶ 패턴에 대해 이야기한다.
❷ 교사가 제시카드를 보여주면 유아가 그 순서대로 따라서 붙여본다.
❸ 유아가 패턴의 형식을 정하여 색기차를 놓아볼 수 있다.

다음에는 무엇이 올까요?
다음에는
무엇이 올까요?

환경과 우주/사계절
활동 2-8-1
과학 · 조작

# 별자리 망원경

**활동목표**
- 별자리에 대해서 관심을 갖는다.
- 별자리에 있는 별의 갯수와 모양에 대해 안다.

**자료** 하드보드지, 투명시트지, 별자리 그림, 야광 스티커, 색지, 본드

**제작방법**

〈망원경 만들기〉

① 검정색 하드보드지를 이용하여 가로 9㎝, 세로 9㎝, 높이 27㎝의 직사각형 기둥을 만든다.

② ①의 윗면에 지름 1㎝의 구멍을 만든다.

③ ②의 구멍이 뚫린 반대편의 끝에서 2~3㎝ 정도 안쪽에 가로 9㎝, 세로 9㎝ 크기의 카드를 넣을 수 있도록 칼집을 낸다.

〈별자리 카드 만들기〉

① 하드보드지로 직사각형모양의 카드 12장을 만들어 앞 뒤로 검정색 색상지를 붙인다.

② ①의 위에 별자리그림을 붙이고 투명시트지를 씌운다.

③ ②의 별자리 그림 위에 야광별 스티커를 붙인다.

**활동방법**

① 별자리에 대해 유아들과 이야기 나눈다.

- 별을 본 적이 있나요?
- 어떤 모양의 별자리를 보았나요?

② 별자리 그림을 보면서 어떤 모양인지 이야기 나눈다.

③ 망원경의 홈 부분에 카드를 집어넣는다.

④ 구멍을 통해 별자리를 관찰한다.

⑤ 별자리의 모양과 갯수에 대해 이야기한다.

**관련교구**

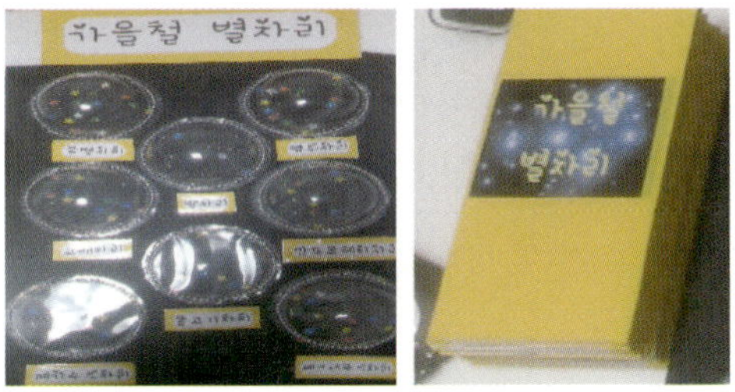


〔가을철 별자리를 알아보아요〕

환경과 우주/사계절
활동 2-8-2
수 · 과학

# 지구를 지키자

**활동목표**
- 분리수거의 개념을 안다.
- 실생활에서 분리수거를 실천할 수 있다.

**자료** 하드보드지, 투명시트지, 할핀, 고무자석, 세계지도그림, 쓰레기그림, 우유곽(500ml), 마스킹테이프, 색도화지

**제작방법**

〈활동판〉

❶ 하드보드지를 동그란 모양으로 2개 자른 후 각각 세계지도를 인쇄하여 붙인다.

❷ ❶에 투명시트지를 씌운다. 활동판이 동그란 모양이기 때문에 투명시트지를 씌울 때 뒷면에 칼집을 많이 내어 자연스럽게 붙인다.

❸ ❷의 활동판 위에 할핀을 20개 정도 꽂는다.

〈분리 수거함〉

❶ 우유곽 4개를 색시트지로 씌운 후 서로 연결한다.

❷ 하드보드지로 우유곽 4개를 붙인 길이만큼 자른 후 윗부분을 둥글게 자른다.

❸ '분리수거를 해요'라는 글씨를 붙이고 투명시트지를 씌운다.

❹ 각 우유곽에 종이류, 캔류, 플라스틱류, 병류 등을 각각 분리수거할 수 있도록 이름을 붙인다.

〈돌림판과 쓰레기 그림자료〉

❶ 하드보드지로 원판을 만들어 5칸으로 나눈 후 색도화지를 붙인다.

❷ 꽝, 쓰레기 그림 등을 인쇄하여 오려서 각 칸에 붙이고 마스킹테이프로 칸을 나누어 붙인다.

❸ 화살표를 만들어 코팅한 후 할핀을 이용하여 ②의 원판에 붙인다.

④ 종이류, 캔류, 플라스틱류, 병류 등의 쓰레기그림을 인쇄하여 그 모양대로 오려서 코팅한다.

⑤ ④의 쓰레기 그림 뒷면에 약간 두꺼운 도화지를 붙인 후, 고무자석을 붙여준다.

**활동방법**

① 유아들과 분리수거에 대해 이야기 나눈다.
- 분리수거란 무엇일까?
- 쓰레기를 어떻게 분류할 수 있을까?

② 교구의 활용법과 규칙에 대해 이야기한다.
- 지구모양의 활동판을 하나씩 나누어 갖는다. 유아 2명~4명이 함께 할 수 있다.
- 지구모양의 활동판에 쓰레기를 섞어놓는다.
- 원판을 돌려서 나온 쓰레기의 종류를 하나씩 떼어 분리수거함에 넣어준다.
- 활동판의 쓰레기가 다 채워지면 활동을 끝낸다.

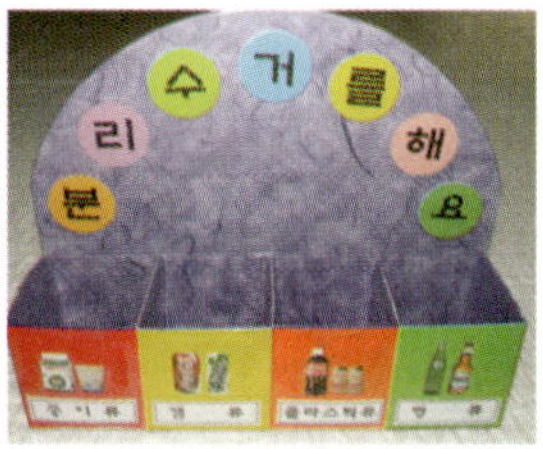

**관련교구**

(분리수거를 할 수 있어요)

환경과 우주/사계절
활동 2-8-3
과학 · 조작

# 일기예보

**활동목표**
- 일기예보에 관심을 갖는다.
- 날씨의 기호를 이해할 수 있다.

**자료** 일기예보 자료, 하드보드지, 한지, 마스킹테이프, 함석판, 동그란 자석, 색테이프

**제작방법**

〈활동판〉

❶ 8절 크기의 하드보드지를 2장 준비하여 1장은 밑판을 만들고 다른 1장은 이등분하여 오른쪽과 왼쪽으로 나누어서 서로 연결한다.

❷ 밑판의 가운데 부분은 양면테이프를 이용하여 함석판과 파란색 색지를 순서대로 붙인다.

❸ ❷의 가운데 판에 우리나라 지도를 인쇄하여 붙이고 왼쪽부분에는 날씨 기호를 인쇄하여 붙인다.

❹ ❸의 가장자리를 마스킹테이프로 감싼 후 투명시트지를 씌운다.

❺ 날씨를 나타내는 기호를 작게 복사해 자른 뒤 코팅을 하고 뒷면에 양면테이프를 이용하여 고무자석을 붙여 오른쪽 판에 놓는다.

〈제시판〉

❶ 각 지역의 날씨가 나와 있는 그림자료를 인쇄한다.

❷ ❶의 뒷면에 하드보드지를 붙이고 투명시트지를 씌운다.

**활동방법**

❶ 유아들과 날씨에 대해서 이야기 나눈다.

— 오늘 날씨는 어떤가요?

- 날씨를 어떻게 알 수 있을까?
- 날씨를 나타내는 기호에는 어떤 것이 있을까요?

② 「일기예보」 교구를 보며 날씨를 나타내는 기호에 대해 이야기 나눈다.

③ 제시판을 보고 지역의 날씨에 해당되는 날씨기호를 붙인다.

④ 역할을 정하여 날씨를 알려주는 아나운서 역할놀이를 한다.

환경과 우주/사계절
활동 2-8-4
과학 · 수

# 깨끗한 바다

**활동목표**
- 자연환경의 소중함을 알 수 있다.
- 깨끗한 바다환경을 구성해 볼 수 있다.

**자료** 하드보드지, 색도화지, 비닐테이프, 시트지, 할핀, 털실 공, 물고기와 쓰레기 그림 자료, 벨크로(까슬이, 보들이)

**제작방법**

〈활동판과 그림자료〉

❶ 8절 크기의 하드보드지 2장을 준비하여 그 위에 색도화지를 붙인다.

❷ ❶의 한 장은 바다를 배경으로 붙이고 흰색 부직포를 오려 물결처럼 붙인다.

❸ ❶의 다른 한 장은 2개의 칸으로 나누고 윗면과 아랫부분을 색상지로 배를 꾸민 후, 쓰레기 배와 물고기 배 표시를 한다.

❹ ❷와 ❸의 활동판의 가장자리를 마스킹테이프로 붙인 후, 투명시트지를 씌운 다음, 투명테이프로 2개의 판을 서로 연결한다.

❺ ❹의 쓰레기 배와 물고기 배 위에 벨크로(보들이)를 붙인다.

❻ 쓰레기와 물고기의 그림자료를 인쇄하여 형태대로 오리고, 코팅하여 뒷면에 약간 두꺼운 도화지를 붙인 후 벨크로(까슬이)를 붙인다.

〈돌림판〉

❶ 하드보드지를 동그랗게 자른다.

❷ ❶을 8등분하여 '쓰레기', '물고기' 글자를 4개씩 칸칸이 번갈아 붙이고 투명시트지를 씌운다.

❸ 하드보드지를 ❷의 원판보다 약간 크게 정사각형으로 잘라 밑판을 만들어, 색도화지를 붙이고 화살표를 고정시킨 후 투명시트지를 씌운다.

④ ③의 하드보드지 판위에 ②의 원판을 올려놓고 할핀으로 고정시킨다. 이때 원판이 잘 돌아가도록 밑판과 약간의 틈이 생기도록 붙인다.

**활동방법**

① 유아들과 더러워진 바다를 본 경험이 있는지 이야기 나눈다.

- 바닷가에 가본 적이 있니?
- 바다는 어떠했니?
- 더러워진 바다에서 무엇을 볼 수 있을까?
- 바다를 깨끗하게 하려면 어떻게 해야 할까?

② 교구를 유아들에게 소개하고, 활동방법을 이야기한다.

- 바다에 있는 그림자료를 살펴본다.
- 어떤 것들이 있을까?
- 쓰레기와 물고기를 분류해 본다.
- 게임의 규칙을 정한다. 바다 속에서 마지막 쓰레기를 치우는 유아가 이기거나, 물고기의 수가 쓰레기보다 많은 유아가 이기는 등 규칙을 정한다.

③ 순서를 정한 후 주사위와 돌림판을 돌린다.

④ 주사위에 나온 숫자와 원판의 글자에 해당하는 그림자료를 바다풍경에서 떼어내 해당되는 배그림에 붙인다.

⑤ 깨끗한 바다를 만들기 위해 어떤 일을 해야 하는지 이야기 나눈다.

**관련교구**

[바다를 청소해요]

환경과 우주/사계절
활동 2-8-5
과학 · 수

## 달의 변화를 알아보아요

**활동목표**
- 우주에 대하여 관심을 갖는다.
- 달의 변화과정을 알 수 있다.

**자료** 펠트지, 우드락, 글루건, 가위, 풀, 색도화지, 할핀

**제작방법**

〈활동판 만들기〉

❶ 우드락을 가로 36㎝, 세로 25㎝ 크기의 사각형 2장과 가로 36㎝, 세로 3㎝ 크기의 사각형 1장으로 자른다.

❷ ❶을 가로 36㎝, 세로 25㎝의 사각형 모양의 우드락 2장 사이에 가로 36㎝, 세로 3㎝의 사각형 1장을 붙인 후 겉면을 검정색 펠트지로 싼다.

❸ ❷의 겉면에 벨크로(까슬이, 보들이)를 붙여 열고 닫을 수 있도록 만든다.

❹ ❷의 윗부분은 달의 변화과정을 그린 자료를 붙이고 달의 명칭을 붙인다.

❺ 하드보드지를 동그랗게 자른 후 원 안에 동그란 모양을 8개 그리고나서 칼로 달의 변화부분을 오려낸다.

❻ ❷의 아랫부분에 화살표 방향을 붙이고, 노랑색으로 작은 원을 오려 붙인다.

❼ ❺의 원판을 ❻의 판 위에 할핀으로 고정시켜 회전되도록 하고 회전했을 때 달이 부분적으로 나타나도록 한다.

〈달 소책자 만들기〉

❶ 하드보드지를 가로 8㎝, 세로 6㎝ 크기의 직사각형으로 8장 자른다.

❷ 실제 달 변화 과정을 그림과 날짜별로 붙어준다.

❸ 투명테이프를 이용하여 8장의 그림을 병풍처럼 연결한다.

**활동방법**

① 유아와 달에 대해여 이야기 나눈다.
- 달을 본 적이 있니?
- 달은 어떤 모양이었니?
- 달의 모양이 달라지는 이유는 무엇일까?

② 교구를 보여주고 활동방법을 이야기한다.
- 달 소책자를 보면서 달의 변화에 대해서 알아본다.

③ 돌림판을 돌려가면서 달의 변화를 살펴본다.

④ 달이 변화되는 과정과 명칭을 알아본다.

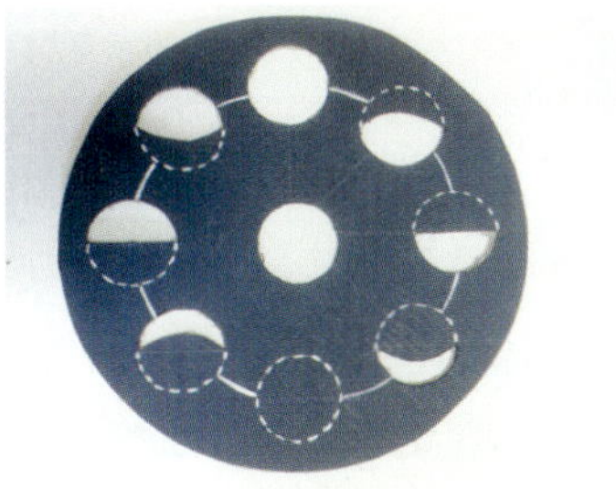
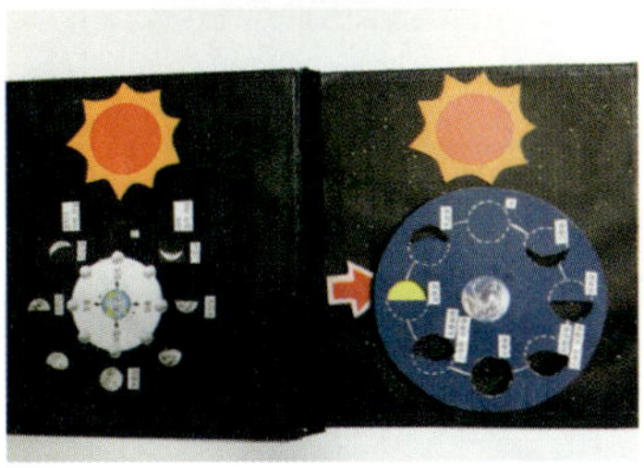

**관련교구**

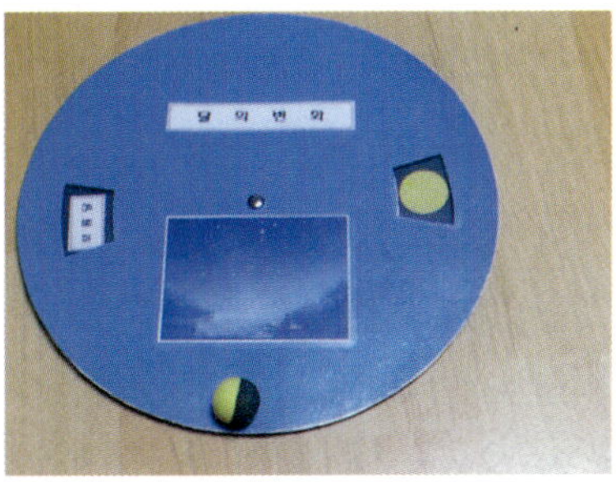

〔달의 변화〕

환경과 우주/사계절
활동 2-8-6
과학 · 조작

# 전기를 아껴요

**활동목표**

- 전기를 절약해야 하는 이유를 안다.
- 전기를 절약하는 방법을 실천할 수 있다.

**자료** 하드보드지, 투명 시트지, 그림카드, 칼, 가위, 글루건, 색도화지, 함석판, 고무자석, 검정색 도화지

**제작방법**

〈활동판〉

❶ 8절 크기의 하드보드지 위에 함석판, 색도화지의 순서대로 붙인다.

❷ 가로 4칸, 세로 5칸을 그린 후 검정색 도화지로 전구모양을 오려붙인다.

❸ 마스킹테이프로 가장자리를 붙인 후 투명시트지를 씌운다.

❹ ❷의 판 위에 붙여진 전구모양과 똑같은 모양으로 노랑색 고무자석을 20개 오린다.

〈주사위〉

❶ 하드보드지를 이용해 정육면체 주사위를 만든다.

❷ 전기를 절약하는 그림자료 3개와 전기를 낭비하는 그림자료 3개를 인쇄한다.

❸ ❶의 주사위에 ❷의 그림자료를 각 면에 붙인다.

**활동방법**

❶ 유아들과 전기를 절약하는 방법에 대해서 이야기 나눈다.

- 우리생활 속에서 전기는 언제 사용하나요?
- 전기를 많이 사용하면 어떻게 될까요?
- 만약 전기가 없다면 우리는 어떻게 생활할 수 있을까요?
- 생활 속에서 전기를 아끼려면 어떻게 해야 할까요?

❷ 게임 방법에 대해서 설명한다.

- 주사위를 던져 전기를 아끼는 그림자료가 나오면 노란색 전등자석을 검정색 전구 위에 붙인다.
- 주사위를 던져 전기를 낭비하는 그림자료가 나오면 검정색 전구를 덮지 못한다.
- 게임판에 노란색 전구가 다 덮어지면 활동을 끝낸다.

③ 게임을 한 후 전기를 절약할 수 있는 방법에 대해 이야기한다.

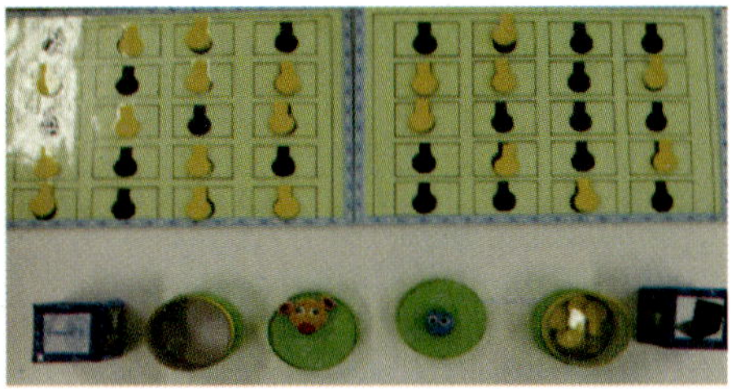

환경과 우주/사계절
활동 2-8-7
조작 · 언어

# 겨울에 필요해요

**활동목표**
- 겨울의 날씨와 특징에 대해서 안다.
- 겨울과 관련된 단어를 알 수 있다.

**자료** 겨울에 필요한 물건그림, 탁상용 달력, 코팅지, 가위, EVA폼, 색지, 우드락, 종이테이프, 고리, 양면테이프, 벨크로(까슬이, 보들이)

**제작방법**

〈활동판과 제시자료〉

① 겨울에 필요한 물건 그림을 2장씩 인쇄하여 오려 붙인다.

② 탁상용 달력을 색도화지로 붙인 후 ①의 그림자료를 붙이고 그 밑에 글자를 붙일 수 있도록 보들이를 붙인다.

③ ①의 그림자료를 직사각형 모양으로 오린 후 그림 밑에 글씨를 쓰고 코팅하여 고리로 묶어 제시카드를 만든다.

〈글자와 글자판〉

① 겨울에 필요한 물건의 글자를 인쇄하여 원모양으로 오린다.

② ①을 코팅하여 뒷면에 EVA폼을 댄 후 벨크로(까슬이)를 붙인다.

③ 하드보드지를 이용하여 삼각형모양으로 만들어 세운다.

④ ③의 면에 벨크로(보들이)를 붙인다.

**활동방법**

① 겨울에 대해서 유아들과 이야기 나눈다.

- 겨울의 날씨는 어떠하나요?
- 추운 겨울을 따뜻하게 보내려면 어떤 것들이 필요할까요?

② 제시자료를 보며 겨울에 필요한 물건에 대해 이야기한다.

③ 달력판을 한장씩 넘겨가면서 그림을 보고 그에 해당되는 글자를 찾아 붙인다.

④ 글자에 익숙해지면 제시카드를 보지 않고 그림자료만 보고 글자를 찾아 붙인다.

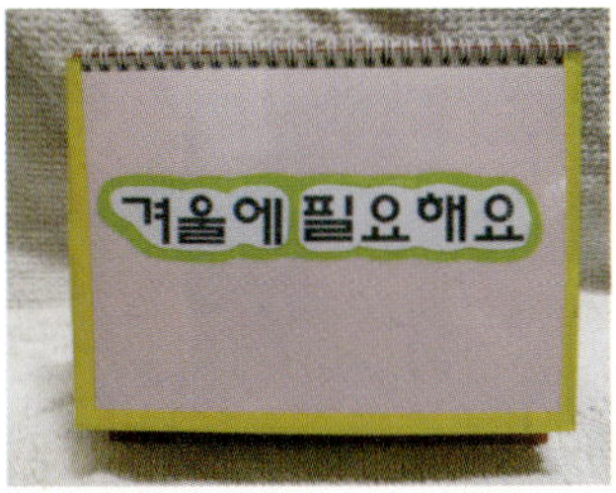

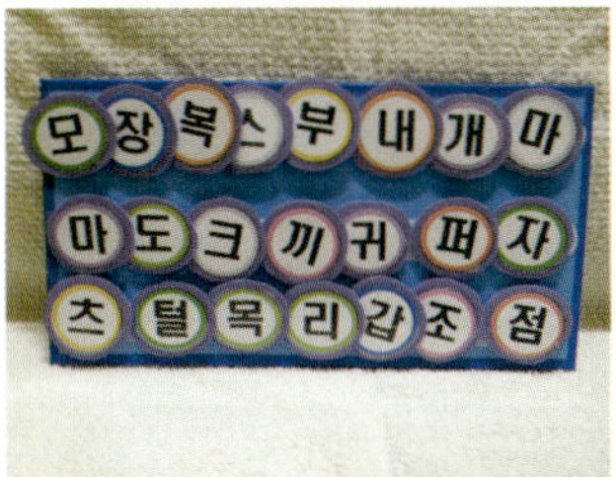

관련교구

(여름과 겨울은 달라요)

(여름용품과 겨울용품)

환경과 우주/사계절
활동 2-8-8
과학 · 조작

# 가을에 먹는 과일

**활동목표**
- 가을에 먹는 과일에 대해 알아본다.
- 게임의 규칙을 지키며 놀이를 할 수 있다.

**자료** 하드보드지, 자료그림과 글자, 코팅지, 종이 색테이프, 색지, 시트지, 풀, 가위, 칼, 우드락, 할핀

**제작방법**

〈활동판〉

❶ 하드보드지 2장을 가로 30cm, 세로 25cm의 크기로 자른 후 각각 다른 색도화지를 붙인다.

❷ 게임판을 프린트하여 하드보드지 위에 붙인다. 가장자리를 마스킹테이프로 붙인 후 투명시트지를 씌운다.

❸ ❷의 판 위에 시작 표시를 하고 빨간 색도화지로 화살표를 오려 붙인다.

〈돌림판과 과일카드〉

❶ 하드보드지를 동그랗게 오린 후 4칸으로 나누어 검정테이프로 표시를 한다.

❷ 원판 위에 감, 1칸 앞으로, 2칸 앞으로, 1칸 뒤로 등의 표시를 한다.

❸ 직사각형의 상자뚜껑 위에 ❷의 돌림판을 올려놓고, 할핀으로 고정시켜 돌아갈 수 있게 한다.

❹ 화살표 표시를 만들어 상자 위에 붙인다.

**활동방법**

❶ 가을에 먹는 과일에 대해서 이야기 나눈다.

- 가을에는 어떤 과일들을 먹을 수 있을까?
- 계절에 관계없이 과일을 먹을 수 있는 이유는 무엇일까?

❷ 게임의 규칙에 대해서 이야기 나눈다.

- 두 사람이 각자 게임판을 갖는다.
- 상자 위에 있는 원판을 돌린다.
- 원판이 가리킨 대로 게임판에 말을 올려놓는다.
- '감'이 나오면 제자리에 그대로 있고, 나머지는 지시대로 따른다.

❸ 먼저 게임판을 한바퀴 돈 유아가 승리한다. 게임 규칙을 변경해 볼 수 있다.

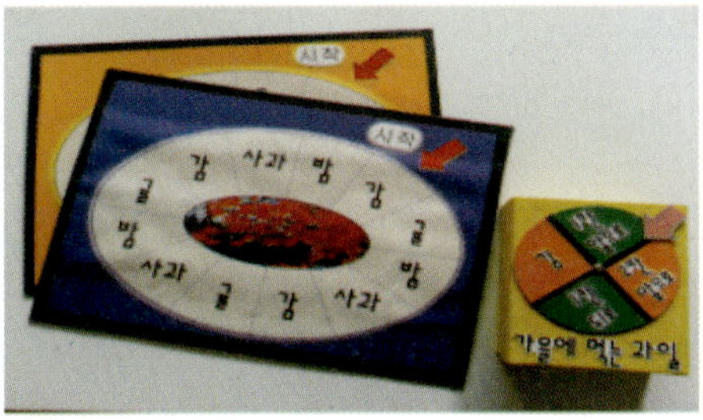

환경과 우주/사계절
활동 2-8-9
조작 · 언어

# 가을 숨은 글자를 찾아보자

**활동목표**
- 글자에 관심을 갖는다.
- 가을과 관련된 단어를 알 수 있다.

**자료** 하드보드지, 가을 관련 그림, 부채 2개, 색도화지, 투명시트지, 칼, 가위

**제작방법**

〈글자판과 그림판〉

1. 가을과 관련된 글자를 가로 6칸, 세로 5칸으로 나누어 쓴다. 이때 1칸씩 띄어서 글자가 만들어지게 쓴다.
2. ❶의 글자판을 하드보드지판 위에 붙이고 투명시트지를 씌운다.
3. 가을과 관련된 그림자료를 9장 인쇄하여 붙인 후 투명시트지를 씌운다.

〈부채〉

1. 하드보드지를 오려 부채를 2개 만들고 그 위에 색도화지를 붙인다.
2. 한 개의 부채판 위에는 2개의 구멍을 다른 하나의 부채에는 3개의 구멍을 낸다. 구멍의 간격은 ❶의 글자판의 글자간격에 맞추어 파낸다.
3. ❶의 밑부분에 손잡이를 붙인다.

**활동방법**

1. 유아들과 가을과 관련된 이야기 나눈다.
   - 가을의 날씨는 어떠한가요?
   - '가을'하면 어떤 것이 떠오르나요?
   - 가을에 우리주변에서 볼 수 있는 것은 무엇일까?
2. 그림카드를 하나씩 보면서 무엇인지 이야기한다.
3. 그림카드의 글자가 2개인지, 3개인지 알아본다.

④ 글자판에 부채를 대고 그림자료에 해당되는 글자를 찾아본다.

⑤ 부채 구멍 속에 있는 글자를 읽어본다.

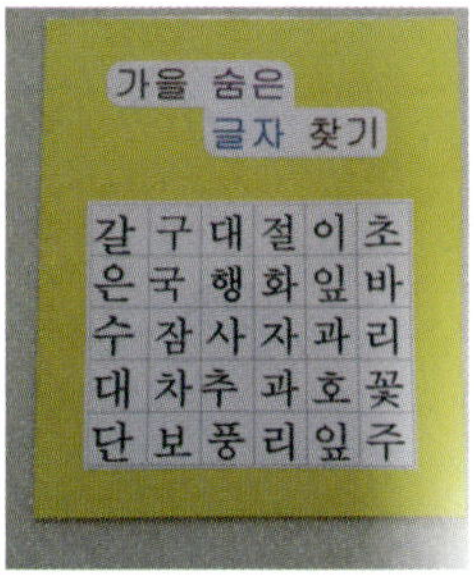

## 관련교구

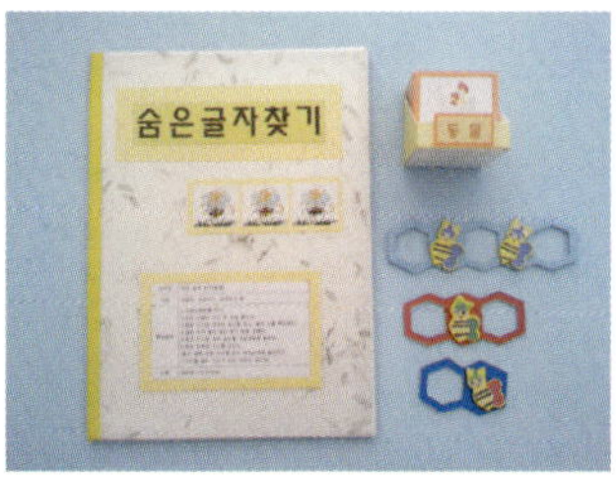

# 03장 유아 문학활동을 위한 매체

다양한 매체를 활용한 문학활동은 유아들에게 문학에 대한 흥미와 관심, 창의성을 높이며 문학을 색다르게 경험하게 한다. 문학활동을 위한 매체는 문학의 장르와 내용, 특성을 살려 전달하기에 가장 적절한 방법을 선택하는 것이 중요하다. 그림동화를 들려주는 방법에는 낱장식 그림동화, 원판동화, 달력동화, 블록동화, TV동화, 융판동화, 자석동화, 앞치마동화 등이 있다. 인형을 이용하는 방법으로는 손 · 손가락인형동화, 막대인형동화, 테이블인형동화, 줄인형동화, 그림자인형동화 등이 있다. 본 장에서는 유아 문학활동을 위한 교수매체의 제작방법과 제시방법에 대해 살펴보고자 한다.

## 1. 그림동화

### 1) 낱장식 그림동화

낱장식 그림동화는 그림동화책의 줄거리를 낱장으로 그린 동화를 말한다. 낱장식 그림동화를 제작할 때 그림책에 있는 그림을 크기만 크게 확대하여 그리거나, 필요에 따라 그림의 일부를 수정하거나 삭제하는 등 적절히 선택하여 제작할 수 있다.

### (1) 제작 방법

❶ 제작할 그림의 장면 수를 정한다.

그림장면의 분량은 보여주는 대상의 연령에 따라 차이가 있으나 대개의 경우 겉표지를 포함하여 10~15장 정도가 적당하다. 이야기의 흐름이 잘 연결되도록 장면을 선정해야 하며 한 장면마다 이야기가 너무 길거나 짧지 않도록 적절한 길이로 배치한다.

❷ 그림을 그릴 종이를 선정한다.

종이는 코팅처리가 되어 있지 않은 것이 좋으며, 너무 얇거나 두껍지 않은 마닐라지를 사용한다. 그림의 크기는 집단의 크기를 고려하여 8절지나 4절지 크기가 적절하다.

❸ 밑그림은 내용이 잘 드러나도록 그리고 적절한 도구로 채색하거나 꾸밀 수 있다. 등장인물은 동일한 형태와 차림새로 표현하여 혼란을 주지 않아야 한다.

밑그림을 그리고 채색을 할 경우 기본적으로 그림물감, 포스터 컬러, 색연필, 파스텔, 마커, 크레파스 등을 사용할 수 있다. 바탕을 마블링기법을 이용하거나 색상지, 부직포, 펠트지를 붙여서 반입체적인 형식으로 표현할 수 있다. 그림책의 느낌을 더 생동감 있게 표현하기 위해서 다양한 질감의 옷감, 솜, 깃털, 한지, 단추 등을 이용하여 꾸밀 수 있다.

〔물감을 이용한 표현〕

〔색상지를 이용한 표현〕

〔부직포를 이용한 표현〕

❹ 그림동화의 재미를 더할 수 있도록 부분적으로 움직이는 장면이나 입체적인 표현을 연출하여 보여줄 수 있다.

〈낱장식 그림동화의 부분적 움직임 표현방법〉

〔낚시줄을 이용한 움직임〕

〔칼집을 이용한 움직임〕

〔자석을 이용한 움직임〕

〔할핀을 이용한 움직임〕

〔부분만 고정〕

〔펼치면 일부만 돌출〕

❺ 동화의 순서와 내용을 적는다.

그림의 뒷면에 동화순서와 내용을 적는다. 동화의 내용은 한 장씩 앞서서 적어야 한다. 첫장의 뒷면에는 둘째 장면의 내용을, 맨앞 장면의 내용은 맨뒷장에 적어야 한다.

❻ 그림 동화자료를 투명 시트지로 씌우고 가방이나 상자 등을 만들어 보관한다.

### (2) 제시 방법

❶ 낱장 그림이 동화의 순서대로 잘 정리 되어 있는지 확인한다.

❷ 모든 유아가 잘 볼 수 있는 적당한 위치에서 낮은 의자에 앉아 무릎 위에 올려 놓고 이야기를 들려준다.

❸ 동화를 들려줄 때 유아에게 자연스럽게 시선을 두고 유아의 반응을 살피면서 들려준다.

❹ 교사는 동화 속의 등장인물의 특징을 살려 분명하고 또렷한 음성으로 들려주되 교사 자신의 언어로 이야기를 들려준다.

❺ 동화를 다 들려준 후 다시 처음부터 끝까지 그림만 보여주어 이야기의 줄거리를 회상해 보도록 한다.

## 2) 원판 동화

원판 동화는 두 장의 원판을 겹쳐 밑판은 부분으로 나누어 그림을 그리고, 앞장의 한 부분을 오려 돌려가면서 한 장면씩 보여주는 동화를 말한다. 이야기의 줄거리가 단순하고 배경이 큰 비중을 차지하지 않거나 동화 속 주인공의 행동이 반복적으로 되풀이되는 내용의 동화가 적당하다.

### (1) 제작 방법

❶ 하드보드지를 지름 40~50㎝ 크기의 원으로 2장을 자른다.

❷ ❶의 한 장을 동화의 장면에 따라 6~8조각으로 나누고 각 칸에 동화그림을 그린다.

❸ 채색은 파스텔, 그림물감, 포스터컬러, 색연필, 크레파스 등을 이용해 채색하거나 헝겊이나 기타 다른 재질을 붙여서 질감을 나타낼 수 있다.

❹ ❸의 뒷면에는 칸을 나누어 각 장면의 이야기를 적어 붙인다.

❺ ❶의 한 장은 겉표지를 만든다. ❷의 밑판의 조각 수에 따라 부채꼴로 한 부분만 오려낸다.

예를 들면 밑판이 6조각이라면 겉표지 중 6분의 1을 부채꼴로 오려낸다. 표지에는 동화의 제목을 적고, 동화의 전체 배경이 될 만한 그림이나 주인공을 그린다.

⑥ ②의 밑판과 ⑤의 윗판의 한 가운데를 할핀으로 고정시키되 돌리면 돌아가게 만든다.
만약 반입체적으로 다른 재료를 덧붙였다면 할핀을 끼울 때 약간의 틈을 두어 원판이 잘 돌아가도록 한다.

## (2) 제시 방법

① 원판이 움직이지 않도록 교사의 무릎이나 책상 위에 고정시키고 동화를 들려준다.

② 동화를 들려줄 때 원판을 돌려 그림이 완전하게 나오게 한 후 그 장면의 이야기를 들려준다.

③ 원판을 돌릴 때 그림이 가려지지 않도록 주의한다. 손잡이를 만들거나 돌림판 부분을 따로 만들면 원판을 돌리기가 수월하다.

### 3) 달력동화

동화의 장면을 그리거나 복사하여 탁상용 달력으로 제시한 동화를 말한다. 동화는 간단하고 짧은 것이 좋으며 스프링으로 된 탁상용 달력을 재활용한다. 그림의 크기가 작기 때문에 개별활동이나 소집단에서 활용할 수 있다.

#### (1) 제작 방법

❶ 달력의 기존 그림을 색상지로 붙여 보이지 않게 한다.
❷ 종이에 그림을 그리고 색칠을 하여 ❶의 위에 붙인다.
❸ 종이에 동화의 내용을 적어서 자른 후 달력의 뒷면에 붙인다.

#### (2) 제시 방법

❶ 달력동화를 유아들의 눈높이에 맞춰 책상 위에 올려 놓는다.
❷ 달력을 한 장씩 넘겨가면서 이야기를 들려준다.

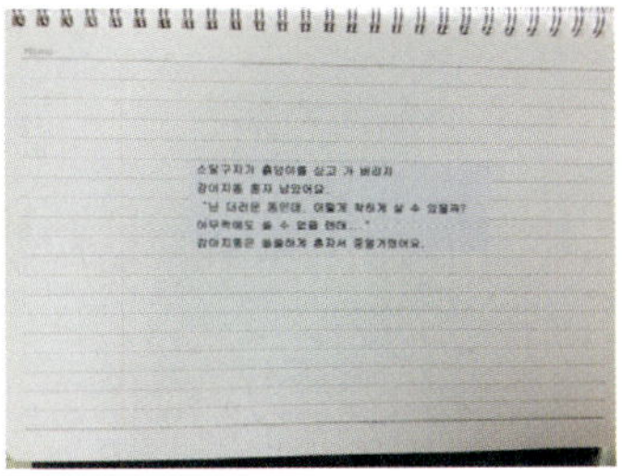

### 4) 블록동화

블록동화는 정육면체나 직육면체 모양의 블록 4개를 이용하여 각각의 면에 그려진 그림이 모여 하나의 장면이 되도록 하여 들려주는 동화를 말한다. 이야기의 내용이 간단하고 그림구성이 단순하여 블록을 움직일 때 변화가 쉽게 나타나는 동화를 선택한다. 블록이 움직이면서 새로운 장면이 연출되기 때문에 마치 마술을 보는 듯한 느낌을 줄 수 있어 유아들이 즐겁게 동화를 들을 수 있다.

#### (1) 제작 과정

❶ 동화의 장면 중 이야기의 중심이 되는 6장면을 선정한다.

❷ 하드보드지나 우드락을 가로와 세로의 길이가 50cm~60cm정도 되는 정육면체나 직육면체의 상자 4개를 만든다.

❸ 선정한 동화 6장면을 블록 4개를 합친 크기와 같은 크기의 도화지에 밑그림을 그리고 색을 칠한다.

❹ ❸의 그림을 4개로 잘라 ❷의 상자에 붙인다. 그림을 붙일 때 한 장면이 다른 장면과 섞이지 않도록 하고 블록을 돌리는 방향을 고려하여 차례로 붙인다.

❺ 4개의 블록으로 이루어지는 각 장면을 사진으로 찍어 두고 각 장면에 숫자로 표시해 둔다.

### (2) 제시 방법

1. 교사는 유아들에게 동화를 제시하기 전에 블록의 움직임을 충분하게 연습하여 동화의 흐름이 자연스럽게 진행되도록 한다.
2. 교사는 이야기를 들려줄 때 유아의 눈높이에 맞는 위치에 블록 동화를 놓고 유아들의 반응을 살피면서 이야기를 들려준다.
3. 블록의 번호 순서에 따라 블록을 바꾸어가면서 진행할 때 교사는 유아들의 주의가 산만하지 않도록 빠르게 바꾸어준다.
4. 블록의 장면이 고정된 상태에서 동화를 들려주고 동화가 끝나면 블록을 다시 움직인다.

## 5) TV동화

TV동화는 TV 모양의 상자나 틀을 이용해서 그림을 보여주며 이야기를 들려주는 동화로 TV 화면에서 이야기가 나오는 느낌을 줄 수 있다. TV동화에는 TV 틀에 그림을 모두 넣은 후 위나 옆으로 그림을 빼내면서 이야기를 들려주는 낱장 TV동화와 그림을 계속 연결하여 그려서 TV 화면 양쪽에 막대 또는 PVC 파이프를 고정하여 이것을 돌려 한쪽으로 종이를 감으면서 이야기를 들려주는 두루마리식 TV동화가 있다. 두루마리식 TV동화 제작 과정과 제시방법을 소개하면 다음과 같다.

### (1) 제작 방법

〈TV 틀〉

❶ TV 틀은 나무판으로 제작하면 튼튼하여 오래가나 제작하기 어려우므로 기존의 상자나 하드보드지, 우드락, 폼보드 등의 보드자료를 이용하여 TV 모양을 만든다. TV 틀의 크기는 8절~4절 크기가 적당하다.

❷ TV 틀 윗부분의 양쪽에 원기둥 막대가 들어갈 수 있도록 구멍을 낸다.
구멍의 크기는 원기둥 막대보다 약 0.2㎝ 정도 더 크게 해야 동화가 잘 감긴다.

❸ 상자의 양쪽 구멍에 꽂을 원형막대 2개를 준비한다. 막대로는 나무나 PVC등을 활용할 수 있다. 길이는 상자의 세로 높이보다 약 5㎝ 정도 긴 것이 적절하다.

〈그림제작 및 연결〉

❶ 동화를 선정한다.

❷ 동화를 그릴 종이를 정한다. TV 동화는 한쪽에서 감아서 돌려야 하기 때문에 잘 말아지면서 비치지 않는 정도의 두께가 좋다. 종이는 낱장으로 그려 옆으로 이어 연결하거나 전지를 길게 잘라 사용할 수 있다.

❸ 종이의 세로 크기는 TV 틀보다 약간 작아야 하지만 TV 화면의 크기보다는 2~3

㎝ 정도 더 커야 한다. 종이의 크기가 TV 틀보다 크면 잘 감아지지 않고, TV 화면 보다 작으면 그림을 돌릴 때 흰 여백이 보이기 때문이다.

④ 긴 종이에 그림을 그릴 때 각 장면이 연결된 느낌이 들도록 그림을 그리고, 분리선을 만들지 않는다. 반면 뒷면에 각장의 분리선을 표시해 두면 TV 틀에 화면이 정확히 제시될 수 있다.

⑤ 동화의 내용을 따로 종이에 적어 각 장면의 뒷면에 붙인다.

⑥ 동화의 첫 장면에는 제목이 나오고 그 다음 장면부터 동화의 내용이 나오며 이야기가 끝나면 마지막 장면에 "끝"자가 나오게 한다.

⑦ TV 틀 양쪽 끝에 있는 기둥에 그림자료를 붙여 고정시킨다. 이때 동화의 처음과 끝부분에는 화면 크기만한 여분을 남겨 두고 붙인다.

### (2) 제시 방법

① 동화를 들려주기 전에 왼쪽 막대 쪽으로 동화장면이 모두 감아지도록 한다.

② 유아들이 모두 잘 볼 수 있도록 위치, 거리, 높이를 고려하여 동화를 제시한다.

③ 교사는 동화를 들려주기 전에 충분히 내용을 이해한 후 유아들과 시선을 마주하고 이야기의 반응을 보면서 동화를 들려준다.

④ 동화를 들려줄 때 막대를 양손으로 잡고, 오른쪽 막대는 오른쪽으로 돌리고 왼손은 시계방향으로 풀어주어 화면이 자연스럽게 바뀔 수 있도록 한다. 동화의 장면이 TV화면에 완전히 나오면 멈추고 동화를 들려준다.

〔낱장씩 그림으로 제시하여 한 장씩 뽑아내는 형태〕

〔앞면〕

〔뒷면〕

〔두루마리 그림으로 제시한 형태〕

## 6) 융판동화

융판 자료는 배경이나 등장인물의 뒷면에 벨크로(찍찍이)를 붙여 융판 위에 붙이거나 떼어내면서 이야기를 들려주는 매체이다. 유아교육기관에서 동화나 동시는 물론 이야기나누기, 게임자료, 요리순서 등과 같은 대집단 활동에 가장 널리 사용된다. 융판 자료는 자료의 뒷면에 벨크로만 붙이면 되기 때문에 비교적 간단하게 제작할 수 있고 활용도 간단하다.

### (1) 제작 방법

1. 동화를 선정한다. 융판 동화는 배경이 단순하고 등장인물의 수가 적으며 내용 중에 점차로 첨가 또는 삭제되는 부분이 있거나 어떤 한가지 요소는 고정되어 있고, 다른 요소들은 계속해서 변화하는 내용의 동화가 적당하다(김정원 외, 2014).
2. 동화를 만들 소재를 정한다.
   종이, 부직포, 헝겊, 펠트지 등 다양한 소재를 이용하여 평면이나 입체로 만들 수 있다.
3. 동화 속에 등장하는 사물이나 인물들의 크기, 색을 고려하여 제작한다. 색의 경우 융판이 대부분 초록색인 점을 고려하여 같은 색을 사용하지 않도록 한다. 만일 부득이 같은 색을 써야 할 경우 테두리를 해서 구분해 준다. 자료의 크기는 객관적인 크기를 고려해야 한다. 예를 들면, 사자와 개미의 경우 개미가 사자보다 크게 표현되어서는 안 된다.
4. 만들어진 자료 뒷면에 벨크로를 붙인다.
5. 배경판은 융판이 깔린 게시대를 이용할 수 있고, 두꺼운 하드보드지를 이용하여 아래와 같이 삼각모양으로 제작할 수 있다.

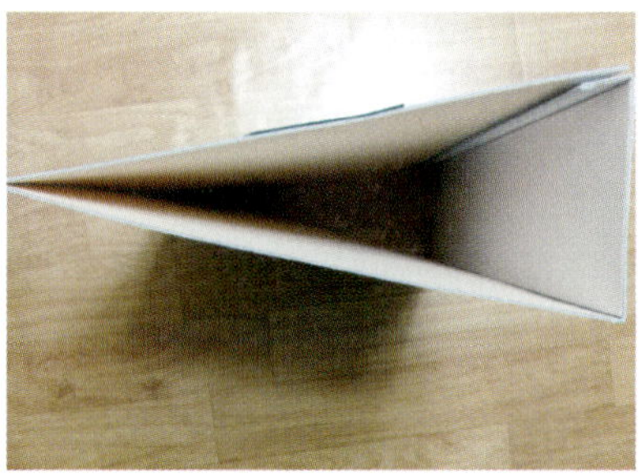

### (2) 제시 방법

1. 동화의 순서가 제대로 되어있는지 확인하고 자료의 뒷면에 번호를 적어둔다.
2. 융판은 유아들이 잘 볼 수 있는 위치에 두고 교사는 옆으로 비켜 앉되 자신의 어깨가 융판보다 살짝 뒤로 놓이도록 앉는다.
3. 융판에 제시되는 자료는 주제가 분명해야한다. 진행되고 있는 이야기와 관련 없는 자료는 바로 떼어내고 그 이야기 장면에 필요한 자료만 붙여가면서 이야기를 들려준다.
4. 동화를 다 들려주고 난 후 자료를 정리, 보관할 때 사용한 자료를 순서대로 정리하여 상자나 봉투에 동화의 제목, 동화내용, 그림 조각의 갯수를 적어 보관하는 것이 좋다.

## 7) 자석동화

자석동화는 동화 속의 배경이나 등장인물을 각각 만들어 그 뒷면에 자석을 붙여서 자석판에 붙였다 떼었다 하면서 이야기를 들려주는 동화이다. 제작 방법은 융판동화와 비슷하다. 융판동화는 고정되어 있으나 자석동화는 자석을 이용하여 움직임의 효과를 낼 수 있고 자료와 자료를 겹쳐서 제시할 수 있어서 흥미를 더할 수 있다.

### (1) 제작 과정

1. 동화를 선정한다. 자석 동화는 등장인물의 움직임이나 이동을 실감나게 보여줄 수 있기 때문에 등장인물이 달려가거나 새가 날아가는 등 움직임이 나오는 동화를 선정하면 좋다.
2. 자석판이 대부분 흰색으로 되어 있는데 배경색이 동화의 내용과 잘 어울리지 않을 때에는 자석판에 색도화지나 그림을 붙여 배경으로 사용할 수 있다. 자석판을 제작하는 경우 하드보드지 위에 자석이 잘 붙도록 함석판에 색시트지를 붙여서 만들거나 양철통이나 분유같은 깡통을 이용하여 소집단으로 이야기를 들려줄 수 있다.
3. 동화 자료는 뒷면에 붙이는 자석의 크기와 무게를 고려하여 제작한다.

### (2) 제시 방법

1. 자석 동화의 제시방법이나 보관방법 등은 융판 동화와 비슷하다.
2. 자석은 자료의 무게를 견딜 수 있을 만큼 강해야 하며 조정자석으로 자료를 움직이고자 할 때는 자료자석보다 조정자석의 힘이 더 강력해야 잘 움직인다.
3. 자료를 제시할 때 서로 다른 극으로 되어 있어 잘 붙을 수 있는지 확인한다. 특히, 자료를 서로 겹쳐서 제시할 경우 자석의 양극을 잘 고려하여 서로 밀어내는

일이 없도록 양극을 확인한다.

### 8) 앞치마동화

앞치마동화는 구연동화와 융판동화의 복합적인 형태로 융판대신 융으로된 앞치마나 부직포로 만든 앞치마를 입고, 융판자료를 앞치마에 붙여가며 동화를 들려주는 것이다. 융판동화는 융판에 붙인 자료가 고정되어 움직일 수 없지만 앞치마 동화는 앞치마를 입은 교사가 임의대로 움직임을 조절할 수 있어 장소에 구애를 받지 않으며 유아의 주의집중 정도와 몰입 정도가 높은 장점이 있다.

#### (1) 제작 방법

1. 동화를 선정한다. 동화는 주로 배경이 간단하며, 등장인물이 많지 않은 동화 자료가 적절하다.

2. 앞치마를 만든다. 앞치마는 부직포로 제작하고 목, 허리끈은 입고 벗기 쉽게 헝겊으로 만들어 벨크로(찍찍이)를 붙여서 사용한다. 앞치마의 색은 동화의 주된 배경을 고려하여 정하고 앞치마의 길이가 너무 길지 않도록 한다. 기존의 앞치마를 이용할 경우 그림자료를 붙이는 부분에 부직포를 붙여서 사용할 수 있다.
3. 등장인물은 배경색과 구분되는 색으로 만들고 솜을 넣어 입체로도 제작할 수 있으며 완성된 자료의 뒷면에 벨크로(찍찍이)를 붙인다.
4. 동화의 배경판과 어울리는 소품들을 미리 앞치마에 붙여줄 수 있고 부분적으로 그림자료를 붙였다 떼었다 할 수 있도록 한다.
5. 동화의 내용에 따라 등장하는 순서를 자료의 뒷면에 적는다.
6. 앞치마의 뒷부분이나 옆부분에 주머니를 만들어 자료들을 보관할 수 있다.
7. 적당한 크기의 상자와 봉투에 동화의 제목, 동화의 내용, 자료들을 함께 보관하도록 한다.

### (2) 제시 방법

1. 앞치마 동화를 들려줄 때 교사는 유아의 주의 집중도를 높이기 위해 단색이나 흰색의 의상을 입는 것이 좋다.
2. 교사는 앉아서 혹은 서서 동화를 들려 줄 수 있는데 교사의 자세에 따라서 그리고 유아들의 눈높이를 고려하여 자료를 붙이는 위치를 다르게 하여야 한다.
3. 융판 동화와 마찬가지로 등장인물이나 자료를 떼어낼 때 신속하게 떼어내고 교사의 팔로 동화자료가 가려지지 않도록 한다.

## 2. 인형 동화

### 1) 손 · 손가락 인형 동화

손 또는 손가락 인형 동화는 손이나 손가락을 인형 안으로 집어넣어서 인형의 머리와 팔, 입 등을 움직이도록 제작하여 이야기를 들려주는 동화이다.

#### (1) 머리와 팔이 움직이는 손 인형

머리와 팔을 움직이도록 만든 손인형은 인형의 머리와 팔 부분에 손가락을 끼울 수 있는 공간을 비워두고 제작한 인형으로서, 검지손가락은 머리에 넣고 엄지와 장지 또는 엄지와 새끼 손가락은 양팔 부분에 넣어 조작할 수 있다.

〔부직포를 2장 자른다.〕

〔동물모양을 꾸민다.〕

〔맞붙여 바느질 한다.〕

〔머리부분만 입체로 만든 손인형〕

## (2) 입을 움직이게 만든 손인형

### ❶ 상자를 이용한 인형

〔상자의 중앙 부분의 3면을 자르고 펠트지로 싼다.〕

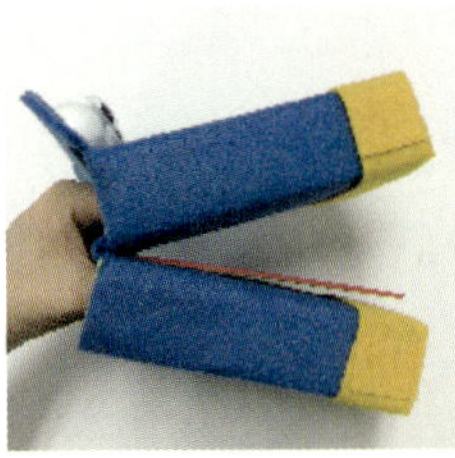
〔남아있는 한 면 쪽으로 접어, 손을 집어넣을 수 있도록 한다.〕

〔펠트지로 동물의 얼굴을 꾸민다.〕

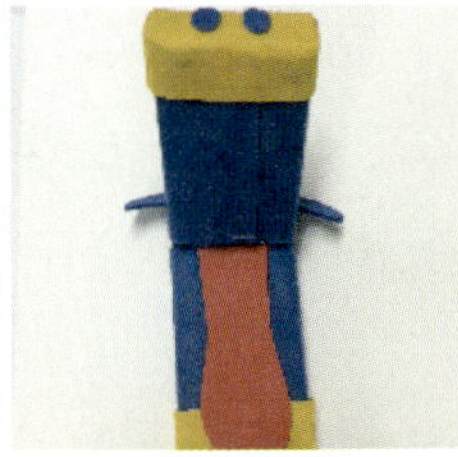
〔손의 움직임에 따라 입을 오므렸다 펴면서 말하는 장면을 연출한다.〕

### ❷ 쇼핑백이나 펠트지를 이용한 인형

〔넓이가 있는 쇼핑백〕

〔쇼핑백의 밑부분을 접어서 입으로 꾸민다.〕

〔펠트지를 이용한 인형.〕

### ❸ 양말을 이용한 인형

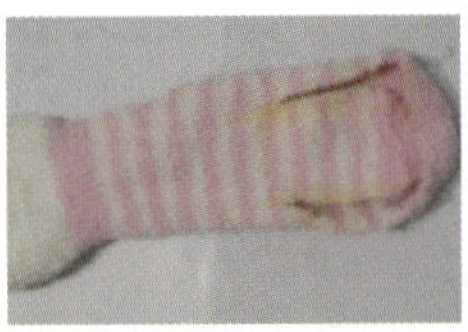
〔양말의 한 부분을 입으로 정한 후 자른다.〕

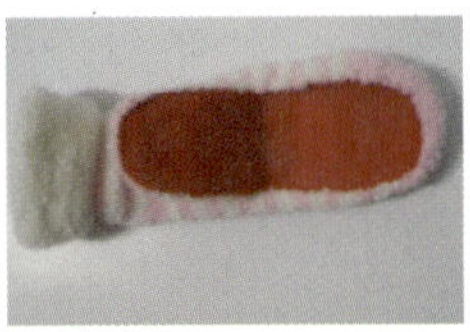
〔잘라진 부분에 부직포나 다른색 헝겊을 대고 바늘로 꿰맨다.〕

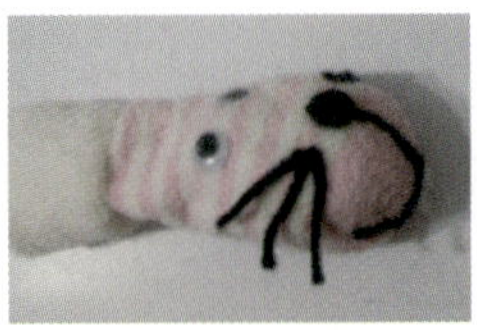

〔눈알, 단추, 털실 등을 이용하여 장식한다.〕

### (3) 손가락인형

**1 손가락이 인형의 일부가 되는 인형**

인형을 만들 때 팔이나 다리, 코, 귀 등의 일부를 미완성시켜 그 부분에 구멍을 내어 손가락을 끼울 수 있도록 한다. 동화장면에서 손가락을 움직여 동화를 들려주는 방식이다.

(움직이고자 하는 부분에 구멍을 낸다.)

(손가락을 집어넣어 움직임을 연출할 수 있다. )

**2 손가락에 끼우는 인형**

등장하는 캐릭터를 손가락에 끼워서 동화를 들려준다. 골무나 반지모양으로 만들어 손가락을 끼워서 활용할 수 있다.

(부직포로 손가락에 끼울 수 있는 골무를 만든다.)

(동물의 얼굴 부분을 만든다.)

(골무에 얼굴을 붙인다.)

(손가락에 끼워서 이야기를 들려준다.)

#### (4) 장갑인형

면장갑을 이용하여 부직포, 실, 단추 등으로 꾸미거나 고무장갑에 유성펜이나 매직펜으로 그려서 인형을 꾸민다. 벨크로(찍찍이)를 활용하여 장갑에 동화의 내용에 따라 떼었다 붙일 수 있도록 제작할 수 있다.

### 2) 막대인형 동화

막대인형 동화는 종이에 동화의 등장인물이나 필요한 배경들을 그리거나 만들어서 그림 뒷면 또는 인형 사이에 막대나 철사를 이용하여 손으로 잡고 인형을 조절하면서 동화를 들려주는 것이다. 막대인형은 그림을 복사해서 오린 것부터 부직포, 스펀지, 종이컵 등을 이용한 입체 인형까지 다양하다. 막대로는 나무젓가락, 철사, 빨대, 수수깡, PVC관, 아크릴 막대, 나무 주걱, 일회용 수저 등을 활용할 수 있다.

동화의 배경없이 막대인형으로만 이야기를 들려줄 때는 막대를 아래부분에 붙여서 손으로 잡고 이야기를 들려준다. 배경판을 만들어 삼각대로 세우고 이야기를 들려 줄 때는 막대를 윗 부분에 붙여서 활용할 수 있다. 막대인형을 양면으로 사용하려면 인형을 양면으로 제작하고 그 사이에 막대를 끼운다. 인형의 팔, 다리, 머리 등을 부분적으로 움직이게 하려면 움직이고자 하는 부분을 따로 분리하여 할핀이나 고무밴드 등으로 연결한다. 막대동화자료는 제작방법이 간편하고 손쉽다는 점 이외에 활용법도 간단하여 유아들도 쉽게 참여할 수 있다.

〔평면막대인형〕

〔입체 막대인형〕

〔배경판을 이용한 막대인형극〕

### 3) 테이블 인형동화

테이블 인형동화는 테이블을 무대로 해서 세울 수 있는 인형과 배경을 만들어 테이블 위에서 이야기의 줄거리에 따라 인형을 세우거나 이리저리 움직이면서 동화를 들려주는 것이다. 테이블 인형은 그림을 그려서 색칠하고 오린 후에 작은 유리병, 요구르트병, 음료캔, 우유팩, 상자 등의 전면에 붙여서 세울 수 있도록 만든다.

## (1) 빈병 등을 이용한 인형

〔그림자료를 만든다.〕

〔뒷면에 벨크로(까슬이)를 붙인다.〕

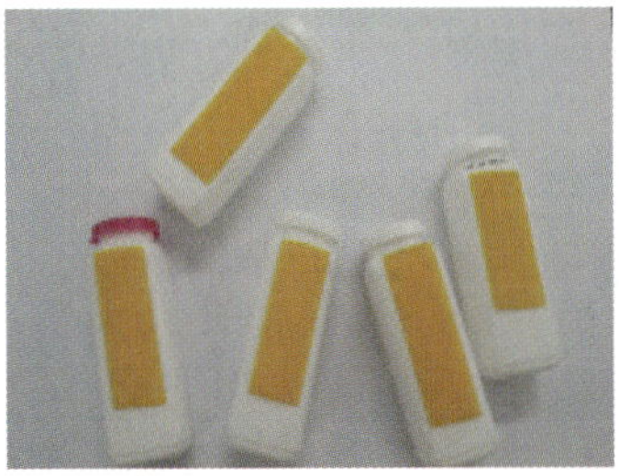

〔빈병에 벨크로(보들이)를 붙인다.〕

〔무대에 세워 이야기를 들려준다.〕

## (2) 원뿔을 이용한 인형

〔두꺼운 도화지로 원뿔을 만든다.〕

〔인형을 만들고 꾸민다.〕

〔원뿔에 완성한 인형을 붙인다.〕

### 4) 줄인형동화

줄 인형동화는 마리오네트(Marionettes)라고 부르며 위에서 줄이나 철사로 조종하는 인형으로 조작적인 인형 중에서 가장 발달된 형태의 것이다. 줄 인형동화는 인형극의 원조라고도 하는데 줄이 많으면 많을수록 세밀하고 자연스러운 연기가 가능하다. 그러나 숙련된 기술을 요구하기 때문에 보통 각 인형마다 십자 막대나 두 개의 막대를 사용하여 얼굴, 팔 다리의 움직임, 춤추는 장면을 표현할 수 있다.

### 5) 그림자 인형동화

그림자 인형동화는 평면적인 인형으로 인형극 틀의 스크린(흰색 천이나 얇은 종이)뒤에서 조명을 비추어 그림자를 움직이면서 동화를 들려주는 인형극이다. 그림자 인형은 다른 어떤 매체보다 신비감을 줄 수 있으며 그림자를 통해 동화를 듣게 되므로 유아들의 상상력을 발전시킬 수 있다. 인형을 반투명 스크린 뒤에서 조작하면 오버헤드 프로젝터(OHP:Overhead Projector)를 이용해 화면에 투영하거나 전구나 랜턴 등으로 간편하게 사용할 수 있다.

#### (1) 제작 방법

❶ 마닐라지나 검정 색지에 밑그림을 그리고 그림자료의 윤곽을 나타내기 위한 선을 그린 후 오린다.
❷ 인형의 눈, 코, 입 등 조명이 비춰지게 하고 싶은 특정 부분을 칼로 도려낸다.
❸ ❷의 도려낸 부분에 색 셀로판지나 OHP용 컬러필름을 붙이거나 코팅하여 유성펜으로 색을 칠한다.
❹ 인형의 움직임을 표현할 때는 움직이고자 하는 부분을 따로 그려서 오린 후 할핀을 이용하여 고정시키고 낚시줄을 달아 손으로 조정할 수 있게 한다.
❺ ❸의 뒷면에 철사나 아크릴 막대를 붙여 손잡이를 만든다. 조정 막대는 빛을 투과했을 때 그림자가 생기지 않도록 투명아크릴 막대를 사용하면 좋다.

#### (2) 제시 방법

❶ 스크린을 준비한다. 만약 스크린이 없다면 나무나 상자를 이용하여 틀을 만들고 광목천이나 한지를 팽팽하게 고정시켜 스크린을 만들 수 있다.
❷ 조명은 전구 외에 슬라이드용 환등기나 OHP 기기를 활용할 수 있으며 조명과

스크린과의 거리에 따라 인형의 그림자 크기가 달라지므로 적절히 조절한다.

❸ 움직임이 없을 경우 단조로울 수 있으므로 막대를 좌우로 조금씩 움직이면서 이야기를 들려준다.

## 3. 디오라마

디오라마는 실제 장면이나 상황을 축소 또는 확대하여 전시할 수 있는 입체적 모형을 말한다. 디오라마는 어떤 상황이나 장면을 한눈에 보여줄 수 있기 때문에 구체적인 현실감을 제공한다. 디오라마는 십자형이나 섀도우 박스형, 회전문 형식으로 제작할 수 있다.

디오라마를 활용한 동화는 배경장면이 1~4장면 정도가 적절하며 동화의 배경을 칸으로 나누어 입체적으로 제작하고 등장인물이나 소품을 모형으로 만들어 사용한다.

디오라마의 틀은 나무, 하드보드지, 우드락, 폼보드, 스티로폼 등을 이용하여 제작한다. 소품이나 배경은 폼클레이, 색지, 펠트지, 요구르트병, 풀뚜껑 등 다양한 재료를 활용할 수 있다.

〔새도우박스형 디오라마〕

〔십자형 디오라마〕

〔회전문 형식의 디오라마〕

〔아기돼지 삼형제 이야기를 십자형 디오라마로 제작〕

# 참고문헌

교육과학기술부 · 보건복지부(2013). 3~5세 연령별 누리과정:교사용 지침서

교육과학기술부(2013). 3~5세 연령별 누리과정

구경선(2005). 영유아 교사를 위한 몬테소리 교육의 사상과 실제. 서울:교육아카데미

곽노의(1996). 프뢰벨 생애와 교육. 경기도:양서원

권옥자 · 유혜숙(1999). 유아교사를 위한 창의적인 교재 · 교구 활동집Ⅱ. 서울:다음세대

권옥자 · 유혜숙 · 배인자 · 윤애희 · 정은주 · 박정민(2004). 유아를 위한 교수매체의 이론과 실제. 서울: 형설출판사

김신옥 · 민혜영 · 엄덕실(2006). 유아교수매체. 서울:창지사

김유정 · 김정원(2011). 영유아 교육과정을 중심으로 한 교재 · 교구 연구 및 지도법. 서울:양서원

김은심 · 문용은(2009). 교수매체의 이론과 실제. 서울:창지사

김은심 · 문용은 · 유향선 · 전선영(2013). 유아교사를 위한 교수매체의 이론과 실제. 서울:창지사

김정규 · 이광자 · 조정숙(2004). 교과 · 교재연구 및 지도법. 서울:정민사

김정원 · 김유정 · 박현미(2009). 영유아를 위한 교재 · 교구 연구 및 지도법. 경기:양서원

김정원 · 전선옥 · 이연규(2014). 유아문학교육. 서울:학지사

김정준 · 김정화 · 신유림(1999). 유아에게 적합한 125가지 놀잇감. 서울: 창지사

김정희(2009). 교수매체 이론과 활용. 서울:파란마음

김준권 · 옥장흠(2008). 교육방법 및 교육공학. 서울:학이당

김희진 · 박은혜 · 이지현(2004). 유아교육기관에서의 관찰. 서울:창지사

박경희 · 이성숙(2011). 몬테소리이론. 서울:공동체

박남숙 · 안은정(2010). 유아교수매체의 이론과 실제. 경기도:공동체

박숙희 · 엄명숙(2013). 교수학습과 교육공학. 서울:학지사

박찬옥 · 정남미 · 곽현주(2008). 놀이지도. 경기도:정민사

보건복지부(2013). 제3차 어린이집 표준보육과정

서예석 · 김미량 · 김현진(2012). 교재 교구 개발. 경기도:양서원

신화식(2007). 몬테소리 이론과 실제. 서울:양서원

엄정례 · 유향선(2005). 유아교재교구 연구 및 지도법. 서울:정민사

오연주 · 안은숙 · 김혜수 · 이은상 · 이경실 · 고영주 · 이명희(2003). 제작과정중심의 교재 · 교구 이론과 실제. 서울:창지사

유재봉(2005). 몬테소리 교육의 이해. 서울:교육과학사

이기숙 · 장영희 · 정미라 · 엄정애(2013). (제3판)유아교육개론. 경기도:양서원

이대균 · 송정원(2001). 최신 유아교재 · 교구 연구 및 지도. 서울:양서원

이상현(2015). 유아교육사상의 이해. 서울:정민사

이정환 · 박은혜(1995). 유아관찰 워크북. 서울:한국어린이육영회

전선영 · 유향선 · 김은심 · 문용은(2004). 유아교사를 위한 교수매체의 이론과 실제. 서울:창지사

조성자 · 정동희(2008). 프뢰벨 가베교육의 이론과 실제. 서울:창지사

정상녀 · 박미자 · 박형신 · 김경란(2010). 교과교재 연구 및 지도법. 경기도:공동체

차춘희 · 이수정 · 오정옥 · 손영한 · 박희숙(2003). 교재 · 교구 연구 및 지도법. 서울:창지사

한성희 · 임연진(2005). 교수 · 학습 방법 향상을 위한 영유아 교재교구 연구. 서울:창지사

Bronson, Martha B.(1995). 신생아부터 8세아까지 발달단계로 본 우리 아이들의 놀잇감 선택방법(이기숙 · 오은순 역). 서울:양서원, 1998

Berlo, D.K.(1960). *The process of communication : An introduction theory and practice.* New York : Holt, Rinehart & Winston

Bruner, J.S.(1960). *The process of education.* Cambridge : Harvard University Press

Commenius, J.A.(1632). 대교수학(정확실 역). 서울:교육과학사, 1998

Commenius, J.A.(1658). 세계도회(김은경 · 이경영 역). 서울:교육과학사, 1998

Dale, E.(1969). *Audiovisual methods in teaching.* New York : Holt, Rinehart & Winston

Day, B.E.(1983). *Early childhood education : A human ecological*, Glenview Illinois :Scoft Foresman

Decker, C.A.& Decker, J.R.(1992). *Planning and adminstering early childhood programs(6th ed).* Ohio, USA : Charles E. Merril Publishing Co

Essa, E.V.(1999). *Introduction to early childhood education(3ed ed.).* NY : Delmer Publishing

Hoban, C.F.(1960). *The usable residue of educational film research, in new teaching aids for the American classroom.* California : Standford University press

Montessorl, M.(1967). 몬테소리의 어린이 발견(조성자 역). 서울:창지사, 1995

Sylvester, R.(1994). How emotions affect learning. *Educational Leadership,52(2)*, 60-65.

www.hanamontessori.co.kr

www.stern.co.kr

## 저자소개

### 김영애

이화여자대학교 사범대학 유아교육학과(문학사)
이화여자대학교 대학원 유아교육학과(문학석사)
전남대학교 대학원 교육학과(교육학박사)
현, 서영대학교 유아교육과 교수
  서영대학교 부설유치원장

**〈저서〉**

「유아를 위한 창의적 교과교육」(공저, 동문사, 2000)
「유아 문학교육의 이론과 실제」(저, 해동문화사, 2008)
「유아를 위한 교과교육학」(공저, 공동체, 2010)
「유아교육기관 운영관리」(공저, 양서원, 2010)
「아동건강교육」(공저, 양서원, 2011)
「영유아교육과정」(공서, 양서원, 2013) 외 논문 다수

### 이형선

전북대학교 인문대학 사학과(문학사)
광주대학교 유아교육학과(문학사)
전남대학교 교육대학원 유아교육학과(교육학석사)
전남대학교 대학원 생활환경복지학과(생활환경박사/아동학 전공)
현, 담양도립대학교 사회복지과, 보건대학교 사회복지과 외래교수
  서영대학교 유아교육과 겸임교수
  혜윰심리상담연구소 연구위원

**〈저서/논문〉**

「아동 독서치료 이론과 실제」(공저, 양서원, 2010)
「영아발달」(공저, 양서원, 2015)
박물관 교육프로그램이 유아의 전통문화 인지 및 미술활동능력에 미치는 효과(2004)
발달적 독서치료 프로그램이 유아의 갈등해결전략 및 또래 유능성에 미치는 효과(2010)
초등학교 1학년 아동의 ADHD 특성에 대한 어머니와 교사간 인식차 연구(2013)
초등학교 1학년 아동의 ADHD 성향에 영향을 미치는 요인(2013)

유아교사를 위한

# 교재 교구 중심의 창의적 교수매체

초판 1쇄 발행 2015년 8월 31일
초판 2쇄 발행 2018년 1월 10일

지 은 이 | 김영애 이형선
펴 낸 이 | 김기섭
책임편집 | 엄지연
펴 낸 곳 | 창지사 www.changjisa.com
08589서울시 금천구 가산디지털1로 83(가산동 345-13) 파트너스타워1차 9층
전화 (02) 719-2211~3
팩스 (02) 701-9386
등 록 | 1977년 4월 28일·제1-421호



ISBN 978-89-426-0838-6 (93370)

값 20,000원

「이 도서의 국립중앙도서관 출판예정도서목록(CIP)은 서지정보유통지원시스템 홈페이지(http://seoji.nl.go.kr)와 국가자료공동목록시스템(http://www.nl.go.kr/kolisnet)에서 이용하실 수 있습니다.(CIP제어번호: CIP2015023471)」